U0514797

中国社会科学院创新工程学术出版资助项目

国家社科基金重大特别委托项目

西南边疆历史与现状综合研究项目·研究系列

中国社会科学院创新工程学术出版资助项目

国家社科基金重大特别委托项目
西南边疆历史与现状综合研究项目·研究系列

广西国际河流研究

莫小莎 等/著

社会科学文献出版社
SOCIAL SCIENCES ACADEMIC PRESS (CHINA)

总　序

　　"西南边疆历史与现状综合研究项目"（以下简称"西南边疆项目"）为国家社科基金重大特别委托项目，由全国哲学社会科学规划办公室委托中国社会科学院科研局组织管理。"西南边疆项目"分为基础研究和应用研究两个研究方向，其中基础研究类课题成果结集出版，定名为"西南边疆历史与现状综合研究项目·研究系列"（以下简称"西南边疆研究系列"）。

　　西南边疆研究课题涵盖面很广，其中包括西南区域地方史与民族史等内容，也包括西南边疆地区与内地、与境外区域的政治、经济、文化关系史研究，还涉及古代中国疆域理论、中国边疆学等研究领域，以及当代西南边疆面临的理论和实践问题等。上述方向的研究课题在"西南边疆项目"进程中正在陆续完成。

　　"西南边疆研究系列"的宗旨是及时向学术界推介高质量的最新研究成果，入选作品必须是学术研究性质的专著，通史类专著，或者是学术综述、评议，尤其强调作品的原创性、科学性和学术价值，"质量第一"是我们遵循的原则。需要说明的是，边疆地区的历史与现状研究必然涉及一些敏感问题，在不给学术研究人为地设置禁区的同时，仍然有必要强调"文责自负"："西南边疆研究系列"所有作品仅代表著作者本人的学术观点，对这些观点的认同或反对都应纳入正常的学术研究范畴，切不可将学者在研究过程中发表的学术论点当成某种政见而给以过度的评价或过分的责难。只有各界人士把学者论点作为一家之言，宽厚待之，学者才能在边疆研究这个颇带敏感性的研究领域中解放思想、开拓创新，惟其如此，才能保证学术研究的科学、公正和客观，也才能促进学术研究的进一步深入和不断繁荣。

自 2008 年正式启动以来，中国社会科学院党组高度重视"西南边疆项目"组织工作，中国社会科学院原副院长、"西南边疆项目"领导小组组长江蓝生同志对项目的有序开展一直给予悉心指导。项目实施过程中，还得到中共中央宣传部、全国哲学社会科学规划办公室、云南省委宣传部、广西壮族自治区党委宣传部、云南省哲学社会科学规划办公室、广西壮族自治区哲学社会科学规划办公室以及云南、广西两省区高校和科研机构领导、专家学者的大力支持和参与，在此一并深表谢意。"西南边疆研究系列"由社会科学文献出版社出版，社会科学文献出版社领导对社会科学研究事业的大力支持，编辑人员严谨求实的工作作风一贯为学人称道，值此丛书出版之际，表达由衷的谢意。

"西南边疆研究系列"编委会

2012 年 10 月

序

当前，由于社会的发展和人口的增殖，许多地区淡水资源短缺日渐显露，其合理开发利用与协调管理成为了国际社会高度关注的重要问题。我国国土与十余个国家接壤，多数有国际河流存在。广西壮族自治区与越南为邻，中越之间的国际河流分属于红河水系的分支百南河水系、珠江水系的分支左江水系和独流入海的北仑河水系，它们或为出境，或为入境，或为界河。随着广西经济社会快速发展，开放合作向纵深推进，国际河流开发利用和生态保护必然得到人们的普遍重视，并逐步上升为重要的议事日程以及研究的热点。

广西国际河流中的水体流进国境或流出国境，与邻国越南有紧密的地缘关系，关乎复杂的跨境水资源开发与保护等问题。解决不好会触及国际河流水资源安全、边境地区生态安全等一系列重要问题，会影响湄公河次区域合作、泛北部湾经济合作、中越"两廊一圈"等重大区域合作战略的实施，进而影响我国睦邻、安邻、富邻周边战略的实施。由此可见，广西国际河流和跨境水资源产生的影响已经渗入开发建设、区域经济、贸易合作等层面，国际河流开发、保护、利用作为构建区域开放合作格局的新内容，关乎广西边境地区乃至整个区域的长期发展，尤其是在产业布局、生态保护、跨境资源和市场利用等方面需要考虑的一个重要因素。

莫小莎等学者于2009年7月正式承担国家社科规划办"西南边疆项目"中的"广西中越国际河流开发、保护、利用问题研究"课题以来，多次深入广西边境地区调研，收集了大量的第一手资料和数据，在此基础上系统而全面地研究了广西国际河流所牵涉的各方面问题，完成了此书，其内容的主要特点包括以下几点。

第一，本书为广西国际河流研究提供了完整的思路。作者在阐述近年来国内外相关研究进展的基础上，分析了广西国际河流区水文地理特征，研究了国际河流开发历史与现状，评估分析了水资源承载力和水资源协调度，以此引出对广西国际河流进行合理开发利用的思考。笔者认为，开展互惠互利合作是广西国际河流开发、保护、利用的根本出路，同时还须进一步思考广西国际河流区开放战略、发展模式，以及开发与保护的政策措施。本书全面系统地回答了为什么要研究广西国际河流问题，怎样促进广西国际河流合理开发与生态保护的问题，这对于突破广西边境地区国际河流的开发开放瓶颈有现实意义。

第二，本书将广西的国际河流区划分为桂西红河区、桂西南左江河区、桂南沿海河流区三个片区，指出此区域在中国—东盟自由贸易区中的突出战略地位，并从全局和战略的高度阐述它的开放与开发、开发与发展的思路。本书还把打造东兴国家重点开发开放试验区、中越跨境经济合作区、中越跨境旅游合作区等开放先行先试区作为基本战略，把建设南宁—崇左经济带作为先导路径加以阐述，将建设重要开放平台所带来的积极影响引进到广西国际河流的背景因素中来，并与国际河流开发、保护、利用措施结合起来。笔者对广西国际河流地位、全流域合作开发设想、合理开发与保护措施等都有自己的见解。

第三，本书运用较多的统计数据和图表，详实分析了广西国际河流及其流域的开发历史与现状。本书通过建模对边境地区水资源与经济社会发展协调度、边境地区水资源承载力、南宁—崇左经济带经济增长动力因素进行了实证分析评估，增强了研究成果的科学性。笔者重视历史研究，通过对历史的回顾和概括，使成果的基础更加扎实可靠。

我国的国际河流众多，开发、利用、保护好这些国际河流，创造双赢的局面是我国与邻国的共同追求。这部书的出版将对我国国际河流开发与管理的理论研究与实践起到一定的积极作用。

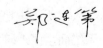

2013 年 7 月 2 日

目　　录

导　论

　　国际河流在全球河川系统中占据十分重要的地位。目前全球有263条国际河流（包括跨界湖泊），涉及50%的陆地面积、45%的人口和世界淡水可供应量的60%。其中，40%的国际河流集中分布于亚洲，国际河流流域面积占亚洲大陆面积的65%。中国国际河流数量居世界前列、亚洲第一，我国大小国际河流（含湖泊）超过110条（个），国际河流流域覆盖了边境9个省区、135个县的大部分地区。西部地区是我国国际河流集中分布区，73%的主要国际河流分布于此，其中西南地区拥有的主要国际河流最多。广西的国际河流数量和水资源量在西南国际河流区中位居西藏、云南之后，排第三位，是我国拥有国际河流数目和人均水资源量较多的省份之一。从世界范围来看，将"国际河流"概念转向"国际流域""国际水道系统"概念，为目前各国所普遍认同，这为国际河流实际开发利用和理论探索研究提供了更为广阔的时间和空间。有1000多公里的陆海边界、1.8万平方公里的广西边境地区为广西国际河流密集分布及其流域水系相连的集水区，被视为广西国际河流区的核心地区。由于特殊的地缘条件，与广西国际河流相关的流域国家只有越南、老挝两个国家。广西边境地区是诸条与越南相关的国际河流的发源地或流经地，客观上存在地处国际河流上游的有利区位。中国—东盟自由贸易区于2010年建成以后，中越两国的开放合作进入新的发展时期，受区域合作不断深化的影响和带动，两国边境地区发展步伐加快，特别是广西边境地区更以远高于越南的发展速度实现经济增长，由此带来国际河流开发与管理、跨境水资源竞争利用、流域生态保护、水资源利益冲突与协调等问题，而开放合作、共求发展是解决广西国际河流诸多问题的有效途径。本着公平、合理、可持续地利用和保护国际河流的基本原则，开展广西国际河流研究，具有较为重要的现实意义和较为明显的学术价值。

第一节　研究的背景和意义

当前，全球水资源状况不容乐观。"水荒""水冲突""水战争"这些警示性字眼越来越充斥报刊及其他媒体，水资源短缺而引发的危机越来越临近，日益影响人类的生存和发展。国际河流问题还对国家安全、国际合作、经济发展产生重要的影响。因此，国际跨境水资源问题已经成为各国政府的重要议题之一，有些国家把处理水国际问题作为国家头等战略以及外交事务的重要内容，与此同时，还得到了各国学者的关注和研究。

一　国际河流研究的背景

随着人口不断增长以及工业化、城镇化进程的加快，世界越来越多的国家和地区逐渐出现了不同程度的"水荒"现象。国际河流因其跨境、共享水资源的特征，日益成为各流域国的战略重点和难点，国际河流的利用和管理成为亟须研究的重大问题之一。

（一）全球水资源匮缺甚至演化为危机

人类文明的进步和发展，表现为产业发达、城市扩张，由此带来环境恶化、水源污染等问题，再加之世界人口急增，人类活动对资源环境的无序破坏，因此，全球性水短缺问题日益突出。据权威资料统计，20世纪初，全球水消耗量为 5000 亿立方米/年，到 20 世纪末已增长为50000 亿立方米/年，增加 10 倍。1954～1994 年美洲大陆用水量增加了 1倍；非洲大陆用水量增加了 3 倍以上；欧洲大陆用水量增加了 5 倍，而亚洲大陆用水量增长幅度远超过 10 倍。2001 年 3 月"第二届世界水资源论坛"部长级会议上，21 世纪世界水事委员会的一份报告正式向人们提出警醒：随着世界人口的不断增加，今后 20～25 年，人类用水量将增加

40% 左右，世界将面临水资源的严重危机。该报告进一步论证了他们的观点：地球上只有 2.53% 的水是淡水，其中 77.14% 的淡水存在于冰盖和冰川中，无法直接利用，真正供给人类直接利用的水资源仅占 11.53%。而这部分水资源大约有 20% 分布在人迹罕至的地区，其余 80% 的水则通过季风、暴风雨以及洪水等形式降落到地球表面，况且降雨量季节（月）分配严重不均、地域分布严重不均，这样，人类可利用的水资源其实仅为 1% 左右。如果发生水危机，则可能是因为这极少部分淡水资源被大面积污染。越来越多的国家供水严重不足，从而引发水资源对人类生存和发展形成危害的严峻问题。

（二）国际河流水资源的利害冲突逐渐激烈

伴随水危机而出现的"环境难民"人数急剧膨胀，1998 年因缺水而产生的"环境难民"达到 2500 万人，首次超过"战争难民"人数。21 世纪世界水事委员会报告指出，2025 年世界新增人口 30 亿，所需供水缺少 20%，加之浪费与污染可达 50% 以上，估计缺水人口可达 15 亿 ~ 20 亿人。国际河流的自然流动打破了国与国的界线，跨境国际河流过度开发、污水排放、水量分配、水体污染、水源枯竭等问题被敏感化、国际化、尖锐化，导致一些地区的上下游流域国之间矛盾纠纷和利益冲突上升到不可缓和的地步。联合国《世界水资源综合评估报告》指出，水资源问题将严重制约 21 世纪全球经济与社会发展，并可能导致国家间冲突。埃及、以色列等一些缺水国家，将保护其国际河流水资源作为国家的头等战略，并作为其军队首要保护的目标。事实上，历史上就曾出现过水争之战，而且至今依然不平静。

亚洲拥有的国际河流数目为全球最多，但是由于人口基数大，人均水资源是最低的。过去 50 年来，因人口增加，南亚和中亚人均用水量下降了 70%，北亚下降了 60%，东南亚下降了 55%。[①] 从区域发展格局看，亚洲人口增长势头不可逆转，中国经济快速发展不可逆转，发展上受到的包括水资源在内的资源环境制约局面很难改变，今后水国际问题将更

---

① 何大明、冯彦：《国际河流跨境水资源合理利用与协调管理》，科学出版社，2006，第 17 页。

加突出。联合国在其报告中提示：湄公河将是会因水问题发生地区性冲突的国际河流之一。2011 年 10 月 5 日，中国 13 名船员在泰国、老挝、缅甸三国交界的湄公河流域被截杀，发生如此悲惨的事件，意味着湄公河航运利益之争已经"白热化"。

（三）国际河流利用和管理面临新的挑战

为了 21 世纪人类的安全与发展，如何解决淡水资源短缺、水污染、水环境保护等一系列重大而紧迫的问题，成为国际社会共同关注的焦点。在全球淡水资源中占据主要份额的国际河流水资源如何进行管理和利用，更是世界面临的重大问题。2000 年全球"21 世纪水安全"部长级会议的主题是，国际跨境共享水资源的公平合理利用和国家主权问题。这表明国际河流水资源的管理和利用是影响流域内国家发展和国家安全的一个很重要的因素。为应对 21 世纪国际河流的新机遇和挑战，2001 年召开的国际淡水部长会议上通过的《部长宣言》，提出了国际河流利用和管理的主要目标和方向。一是各国政府要重点考虑以公平和可持续的方式利用和保护世界淡水资源，并就水资源问题采取有效的行动；二是在全世界开展的扶贫工作必须着眼于使那些还不能得到安全饮用水的人享有安全和充足的水；三是政府应承担持续和公平管理水资源的主要责任，对水资源管理应该采取社会、经济、环境、法律等综合方式，制定区域、国家和地方各层级水资源管理战略；四是水资源管理应该以参与式管理模式为依据。《部长宣言》充分体现了实现国际河流公平合理利用和维护国际河流生态系统的宗旨，充分体现了促进以流域为基本单元的区域社会、经济和环境整体协调发展的目标。① 它督促在 2005 年以前，所有主要国际河流的流域国之间建立和加强合作机制，并在 2015 年前促进共享水协议的签署。这可视为新世纪国际河流利用和管理的行动纲领，意图在于解决国际河流合理利用、公平分配、冲突求解、协调管理和可再生性维持等方面的问题。因此，各国需要依据国际河流开发和管理的原则要求，逐步实施具有实质意义的统一协调行动。

---

① 何大明、冯彦：《国际河流跨境水资源合理利用与协调管理》，科学出版社，2006，第 16 页。

二　广西国际河流的重要性

我国西南地区有云南、西藏和广西三个边境省区，那里分布的国际河流，有一些是亚洲乃至世界著名的大河，如雅鲁藏布江—布拉马普特拉河、巴吉拉堤河（恒河）、森格藏布河（印度河）、澜沧江—湄公河、元江—红河、伊洛瓦底江、怒江—萨尔温江等。广西边境地区也同样分布着具有区域级、世界级河流地位的国际河流，如珠江等。历史上我国西南边境地区就面临国际河流开发与生态保护的复杂问题，现今这类问题仍然存在并延伸下去，这必然触及国家安全、水资源安全、跨境生态安全等一系列区域性问题，影响湄公河次区域合作、泛北部湾经济合作、中越"两廊一圈"等重大区域合作战略的实施，进而影响在中国—东盟自由贸易区框架下，中国睦邻、安邻、富邻周边战略的实施。

近来在南海、湄公河等水域发生的争端或恶性事件，已经对地处战略前沿的广西国际河流区产生影响，如何在全球政治多极化的背景下处理国际河流合作开发和协调管理等国际事务，既存在机遇，也存在挑战，因此，尤其需要尽快对广西国际河流开展系统、深入的研究。

（一）广西国际河流是区域级、世界级河流的主要支流

源于或流经广西边境地区的百南河、平而河、水口河、黑水河等16条重要国际河流，是越南红河、中国珠江的主要支流；发源于广西十万大山的北仑河、滩散河等直接汇入南海北部湾。红河、珠江为区域级、世界级的大河，北部湾更有国际性意义。从现实意义上讲，广西国际河流属于区域级甚至世界级河流水道系统，是这些巨川大河的重要组成部分。我国以公平和可持续的方式开发与保护广西国际河流，对于中国与东盟区域乃至世界都具有战略意义。

（二）广西国际河流流经少数境外水道国

广西国际河流区地形、地貌复杂，多数国际河流为连接水道，主要涉及越南、老挝两个国家。那坡县境内的百南河、那布河、上荣河汇入元江—红河，涉及的流域国家为中国、越南、老挝；崇左市境内的黑水河、水口河、平而河、峒桂河、枯隆河、板墩河、渠围河、根均河汇入左江，左江为珠江（西江）支流，涉及的流域国家为中国、越南；防城

港市境内的北仑河、江口河、滩散河、峒中河流入南海北部湾；百南河流经越南的锦江和红河后也流入北部湾，涉及的流域国家为中国、越南。广西国际河流涉及的境外水道国主要是越南，因此，相关流域国家关系并不复杂。广西国际河流在中国与越南两国之间形成跨国界的自然流动，除水利、航运等开发利用外，也与中越跨境旅游资源开发利用构成不可分割的关系，而目前我国广西与越南的国际关系以开放合作为主基调，其中跨境旅游资源开发成为最先导、最主要的经济活动之一。

（三）广西国际河流区相对属于上游地区

在自然特征方面，一条国际河流对于一个水道国的重要性，不仅取决于其所占流域面积的比例，还要考虑其所处的地理区位。[①] 广西国际河流分属红河流域的百南河水系、珠江流域的西江水系、沿海流域的桂南沿海诸河水系。流域面积大于 1000 平方公里以上的河流 5 条；单独出入境的河流有 10 条；国际界河 5 条。广西国际河流与西南片区国际河流涉及众多境外水道国不一样，广西国际河流涉及境外水道国家相对少。从区位来看，广西 62.5% 的国际河流位于上游地区，其中近 1/3 发源于广西边境地区，流入越南后再回流到广西境内，形成广西与越南互为上下游的状况，但是从河流发源来看，广西国际河流区基本上处于上游地区。

（四）广西国际河流跨境水资源的重要性

西南地区云南、西藏拥有众多的冰川、雪山，境内有海拔最高的青藏高原、云贵高原，构成了"世界水塔"，向四周源源不断地提供丰富、清洁的水资源。云南、西藏的国际河流大都处于上游地区，出境的天然径流量远远大于入境的天然径流量，年均出境水量为 5956 亿立方米，入境水量为 97.2 亿立方米，为东南亚和南亚地区作出了很大贡献。广西国际河流区水资源和水力资源都十分丰富。从跨境水资源看，广西国际河流的出入境水量占西南地区总量的比例有明显差异，年均出境水量占西南地区总量的 0.52%，年均入境水量占西南地区总量的 79.3%。也就是说，广西国际河流的多年平均入境水量大于多年平均出境水量，西南地

---

① 何大明、冯彦：《国际河流跨境水资源合理利用与协调管理》，科学出版社，2006，第8页。

区国际河流绝大部分入境水量发生于广西，这与云南和西藏的国际河流主要为出境水量的情况截然不同。广西国际河流区与越南高平、广宁、谅山、河江边境省接壤，并与下游（或互为上下游）的越南北方边境地区相连，因此，国际河流跨境水资源公平合理的开发利用和可再生性维持，直接影响广西和越南的边境地区，进而影响我国西南和华南地区甚至港澳地区，以及南海北部湾，同时，也关乎这些地区的经济社会可持续发展、次区域合作的开展以及国际河流水安全等国际性问题。

三　广西国际河流的战略地位

我国拥有的国际河流和跨境水资源在世界排名中居前，而我国的西南片区拥有的国际河流和跨境水资源在我国位居前列。广西国际河流区由于其区位、资源禀赋，因而在我国国际河流区的地位、作用非常特殊和重要。

（一）广西国际河流与国家开放战略

云南、西藏和广西是我国西南边境省区，分别与尼泊尔、不丹、印度、孟加拉国、巴基斯坦、阿富汗、缅甸、老挝、泰国、柬埔寨、越南接壤，他们是与我国国际河流相关联的流域国家。包括广西十万大山在内的桂南山区，孕育着多条国际河流，如北仑河、水口河、黑水河，这些国际河流的流域面积都在 1000 平方公里以上，河流总长在 100 公里以上。其中，北仑河多年平均年径流量 29.7 亿立方米；水口河多年平均年径流量 39.07 亿立方米；黑水河多年平均年径流量 47.5 亿立方米。经过多年建设，广西对黑水河、北仑河等国际河流进行了适度开发，使之具有了发电、灌溉、渔业、旅游、生态、生活用水等经济、社会和环境功能。由于国际河流的开发项目离边境线较远，特别是开发旅游对国际河流影响很小，得到了中越两国政府的支持。1978 年改革开放以来，广西国际河流开发得益于我国实施周边开放战略。20 世纪 90 年代末，又将战略重点放在致力于推动中国—东盟自由贸易区建设，在这一战略背景下，广西国际河流区的地位迅速提升，成为中国与东盟区域合作的热点地区，国际河流功能定位也随之显现出以开放合作为主导的特征，边境旅游、边境贸易、口岸经济等"边"型经济业态应运而生，这不仅拓展了广西国际河流原有的功能，而且增强了广西国际河流区的资源、市场优势。

（二）广西国际河流区与珠江流域开发

广西国际河流区年平均降雨量1600毫米以上，是典型的区域性多雨区，丰富的河流水资源成为国际河流的充足保障，另外，每年还有从越南流入中国77.08亿立方米的水量。凭祥市平而河汇集了大部分从越南入境的水量，后与水口河、明江、黑水河、汪庄河等汇合，注入左江。左江干流全长539公里，流域面积32068.08平方公里，多年平均年径流量200.94亿立方米，是珠江流域西江水系中最大的支流。西江全长2075公里，流域面积352085平方公里，多年平均年径流量2110亿立方米。粗略估算，每年经广西国际河流区入境水量分别占左江、西江多年平均径流量的38.6%和3.65%。显然，广西国际河流区与我国最发达和最活跃的粤港澳地区有着密不可分的关系，关乎这些地区的食物安全、饮水安全和生态安全。进一步延伸分析，由于广西国际河流的特殊地缘、水道联系以及水文和水资源系统等因素，珠江在一定意义上也是国际河流之一（中国境内流域面积占97.28%，越南境内占2.72%）。理论上认为，广西和广东的大部分国土面积均在国际河流区内，这样，粤港澳地区应作为区域经济体，与广西互利合作，一同推进国际河流的开发和保护。

（三）广西国际河流与北部湾开放、开发

北部湾位于我国南海西北部，东邻雷州半岛和海南岛，北邻广西，西邻越南，南与南海相连，为中越两国陆地与我国海南岛所环抱。东兴市位于我国大陆海岸线最西端，东南濒临北部湾，西南与越南接壤。东兴市境内的北仑河是我国大陆海岸线的南起点。北仑河发源于广西防城港市境内的十万大山，流向东南，在东兴与越南芒街之间流入北部湾；从那坡县出境的百南河经越南后也注入北部湾海域。不可不重视的是，广西有多年平均年径流量29.7亿立方米的北仑河和多年平均年径流量14.9亿立方米的百南河及其他小河流入南海北部湾，广西国际河流与南海北部湾有天然的、不可分割的联系。北部湾地区由中越两国部分领土与海域共同组成。北部湾地区现在已经成为我国与东盟开放合作的核心地区，"北部湾经济区""泛北部湾经济区""两廊一圈"和"南新经济

走廊"等我国与东盟国际区域合作的发展构想和实施战略,都高度一致地定位在北部湾地区、实践在北部湾地区、发展在北部湾地区。北部湾作为中国与东盟未来一体化的前沿阵地,必将在大中华南向开放战略中发挥突出的作用,预计要不了多长时间,广西北部湾经济区将被建设成为我国与东盟国际区域合作的新高地和我国沿海新经济增长极。因此,广西国际河流区因具有"北部湾概念"这样的特殊区位,而成为我国与东盟深化开放合作的重要桥梁和纽带,在我国整个大的国际河流区内具有重要地位和重要作用。

第二节 国际河流理论研究概述

国际河流有广义定义和狭义定义。广义定义为国际水道,它包括涉及不同国家同一水道中相互关联的河流、湖泊、含水层、冰川、蓄水池和运河。国际河流的狭义定义是指位于相邻国家之间的界河和流经两个或两个以上国家的河流。赋存于国际水道系统的水资源,通称为国际河流水资源。关于国际河流和国际河流水资源的概念,各国学者认同度较高。事实上,他们更加关注和研究 20 世纪 90 年代以来,国际河流的利用和管理方式发生新的调整后的具体问题,研究成果主要是围绕国际河流合作开发和协调管理,以及国际水法建设与完善两大方面展开,以下对主要的学术观点作概述。

一 关于国际河流的开发和管理

2000 年召开的"21 世纪水安全"世界部长级会议,就国际河流水资源问题,要求各流域国应该加强合作开发和协调管理,并强调对全流域实行整体开发和管理的重要性。对国际河流实行整体开发的方式,各国普遍认同并采取了积极的行动,同时,这种方式还引起了许多学者的跟进研究。此外,关于在各流域国家建立新的国际合作机制,推进国际河流,特别是国际河流跨境水资源流域整体开发和管理的倡导,从 20 世纪 90 年代开始到现在已经实施了近 20 年,其中,不乏突出的成果。

（一）国际河流开发和管理的趋势

21世纪以来，在全球化和一体化背景下，国际河流开发、利用和协调管理的问题变得越来越复杂，因此，学者对其发展趋势及特征进行了深入研究。何大明、冯彦、胡金明等①认为，国际河流开发和管理呈现七个方面的变化：（1）思路的转变，基于国际河流流域的整体性，要求国际河流的合作项目或行动，从规划、开发到管理，都要贯彻整体（全局）的思路，同时还要考虑把流域外的资源、市场和其他方面的开发活动整合起来。（2）目标的转变，国际河流开发和管理从单一目标转向社会、经济和生态多目标，从短期目标转向中长期、可持续目标，从经济目标转向维护生态目标。（3）要素的转变，认识国际河流作为一个"水道系统"，包括了自然、社会、人文要素，流域内的资源开发和管理将从单一水资源管理转向水资源与多种相关资源优化配置和合理管理。（4）方式的转变，从单一国家的开发转向多方参与、多国联合开发，突出共同利益，建立合作开发和联合管理机构，努力实现"界河共享→国际水道系统共享→区域国际合作共享"。（5）管理对象的转变，从技术管理向相关利益团体或决策影响群体的管理方向转变。（6）规则的转变，从无管理规则转向重视法规政策、管理机构和市场机制建设。（7）技术应用的转变，从应用传统技术转向应用现代通信、流域开发和治理的新技术、新方式。刘登伟、李戈②认为，21世纪国际河流整体开发模式表现出两大方面的特点：一是国际河流开发确立了环境保护和可持续发展的主导方向；二是国际河流管理，随着制度和法制建设的加强，流域综合管理的趋势更加明显。此外，国际水法也呈现许多新趋势。

（二）国际河流开发利用和管理的问题

在现实中，各国对国际河流的利益目标、诉求动机存在差异，致使在开发、利用和保护国际河流上，要做到公平合理和协调管理是比较困难的。关于国际河流的利用和管理面临的矛盾和冲突，何大明、冯彦认

---

① 何大明、冯彦、胡金明等：《中国西南国际河流水资源利用与生态保护》，科学出版社，2007，第4页。
② 刘登伟、李戈：《国际河流开发和管理发展趋势》，《水利发展研究》2010年第5期。

为突出表现在两大方面：一方面是不顾及其他流域国利益，存在独立开发的现象；另一方面，流域组织的构建和合作协议的签订是从部分流域国的利益考虑，而不是从全流域的角度出发。即（1）有的流域协议没有包括全部流域国，只体现部分流域国的利益和目标；（2）协议内容空洞，缺乏具体的合作、约束机制；（3）普遍缺乏对河道生态及环境因素的考虑；（4）流域组织机构职能与流域综合开发和管理的要求不适应。① 他们还指出主要原因：（1）各流域国的水资源开发与保护目标存在差异，代表各国主权和国家利益的需求矛盾直接体现为流域开发的目标间的互不协调，甚至冲突。（2）从国家利益出发，导致同一流域的各流域国之间在开发与管理上存在主观分歧和片面观念，直接影响流域整体规划和项目实施，或者妨碍各国间合作。（3）各流域国的政治、社会和组织机构的差异，谈判方式、协调能力和组织原则不同，成为影响国际河流流域整体开发的主要因素。（4）信息交流不畅，河流系统数据不足，各主体间缺乏共享平台等，加剧了认识的片面性和各国观点的分歧。②

鉴于国际河流水资源多重价值属性和人类需求的多目标性，以及国际河流流域内国家、区域经济社会的发展需求的差异性，坚持推动国际河流整体综合开发和协调管理，不可避免地遭受来自各方面的阻力。德国学者 I. Dombrowski 综合 D. G. LeMarquand（1977）、T. Bernauer（1997）、F. Marty（2001）、S. Lindemann（2006）等人③的观点，认为整合的过程中同时包含了经济和政治背景，因而一个政策的制定也需要将类似权利差异、理念和机遇等因素考虑进去。

我国在国际河流的开发与利用中存在的问题有其特殊性。汪群、陆园园④认为，目前我国国际河流的管理普遍存在以下问题：一方面，管理

① 何大明、冯彦：《国际河流跨境水资源合理利用与协调管理》，科学出版社，2006，第32页。
② 何大明、冯彦：《国际河流跨境水资源合理利用与协调管理》，科学出版社，2006，第11页。
③ I. Dombrowski, "Integration in the Management of International Waters: Economic Perspectives on a Global Policy Discourse," *Global Governance* 14（2008）: 455 – 477.
④ 汪群、陆园园：《中国国际河流管理问题分析及建议》，《水利水电科技进展》2009年第29卷第2期。

客体复杂，涉及面广，信息量大，各方认识难以统一；另一方面，现有的管理基础薄弱，组织机构不匹配，缺乏相关的基础资料和对国际河流整体系统的了解，缺乏对国际河流开发的长期规划等。具体表现为开发目标冲突、开发内容单一、法律法规不完善、管理机构不健全四个方面。曾文革、许恩信①认为，存在三个方面的问题：（1）国际合作话语权缺失。长期以来我国既没有积极参与国际水法方面的研究工作，又不了解参与国际河流合作开发可拥有的权利和可能产生的利益，因而我国国际河流水资源的开发都以国内河流的开发模式或思想进行规划管理，没有认识和关注流域的国际性问题，从而在国际河流水资源的开发和相关领域的国际关系问题的处理中处于不利的地位。比如：澜沧江—湄公河的开发。（2）信息国际交流缺乏。虽然我国已向社会公布公益性水资源资料，但就已发布的水信息资源来说，将其直接用于流域开发规划是不可能的。我国目前对国际河流开发所采取的国际河流信息封锁行为，很难与各流域国信息共享。（3）国际资金来源匮乏。目前，国际上有许多资金和技术正用于发展中国家的生态环境保护和建设项目，许多发达国家也在参与发展中国家地区国际河流区域的开发。我国在这方面得到相关的国际支持极少。何大明、冯彦②认为：我国在跨境水资源开发和管理上目前存在如下主要问题：（1）对国际河流的研究基础薄弱，本底不清；（2）主权界定和国土流失问题仍突出；（3）国际河流合作开发未形成整体战略；（4）国际河流区的开发缺乏统一行动计划和管理机构；（5）资金、技术、人才和信息等多种因素的制约；（6）对国际河流水资源分配和合作开发项目的投资和利益分配缺乏研究、重视；（7）河道水生态系统、水污染控制、生物多样性保护等问题未得到更多关注。

（三）国际河流开发和管理的对策

就全球而言，解决国际河流开发和管理的问题，应该采取综合对策。

---

① 曾文革、许恩信：《论我国在国际河流开发中存在的问题及法律对策》，《水资源可持续利用与生态环境保护的法律问题研究——2008 年全国环境资源法学研讨会（年会）论文集》。

② 何大明、冯彦：《国际河流跨境水资源合理利用与协调管理》，科学出版社，2006，第33 页。

何大明、冯彦①认为：（1）认识和了解各国需求，开展及时而广泛的合作；（2）达成全流域国际合作协定，确定各国权利和义务的基本原则；（3）确定流域机构或组织职能并协调与其他机构的关系；（4）建立流域信息共享平台及不同层次的决策支持系统；（5）流域开发与管理制度的调整与协调。国际河流综合开发和协调管理的路径有：（1）运用水文、遥感和其他地理数据及信息处理新技术；（2）通过国际河流对比研究，寻求解决国际河流开发中的类似问题；（3）采取先易后难的渐进式方式，推动流域开发与管理；（4）充分考虑公众参考和利益补偿问题；（5）实现流域综合开发和协调管理的机构能力建设。

鉴于几个世纪以来，各国通过双边或多边条约来解决国际河流开发出现的问题，一些国外学者提出建立水资源统一体（hydrosolidarity）的概念。根据 A. K. Gerlak et al. （2009）②的观点，对于为那些在共享水资源的范围内提供合作机制的体制架构，水资源统一体可以帮助促进其发展进程，其中包括国家预案、捐助协调委员会、河流议会、战略发展计划以及河流流域组织的发展。他们还认为，水资源统一体能够提供一种广泛的模式，该模式可以帮助各国形成共享水资源的协商和管理机制。除此之外，在跨境河流的层面上，水资源统一体的观点足以为国际水资源管理的四个主要方面提供理论依据。这四个方面分别为：（1）建立一个合作的体制结构；（2）推动利益相关者的参与；（3）发展信息共享机制；（4）强化整合与联系。Van der Zaaf P. （2007）③认为，水资源统一体框架中的公平特性已帮助部分流域地区的不对称利益之间建立了平衡。这里强调水资源分配的原则和实践、数据分享和能力的建设，以及国家水资源政策和法律的协调。

我国国际河流多，水道系统复杂，不可能按照国内河流问题方式解决问题。刘恒、耿雷华等人④认为：（1）国际河流的开放、开发以合作、

---

① 何大明、冯彦：《国际河流跨境水资源合理利用与协调管理》，科学出版社，2006，第 114 页。

② A. K. Gerlak, R. G. Varady, A. C. Haverland, "Hydrosolidarity and International Water Governance," *International Negotiation* 14 （2009）：311-328.

③ Van der Zaaf P., "Asymmetry and Equity in Water Resources Management: Critical Institutional Issues for Southern Africa," *Water Resources Management 21*, 12 （2007）：1993-2004.

④ 刘恒、耿雷华、钟华平、顾颖：《关于加快我国国际河流水资源开发利用的思考》，《人民长江》2006 年第 37 卷第 7 期。

互相谅解和互相尊重各国利益为前提；（2）坚持全面规划、统筹兼顾、标本兼治、综合治理；（3）主动打开流域大门，加大流域的开放深度和开发力度；（4）建立河流整体健康和生态良好的目标，高度重视对环境的保护；（5）建立资源分配机制，包括水资源、水力资源、航道资源等；（6）在国际法框架下签署双边和多边的合作协议。丁桂彬、毛春梅、吴蕴臻①认为国内一些学者构建了整体开发和管理的理论框架，主要包括：（1）真诚的合作愿望和正确的认识是整体开发和管理的基础和动力；（2）针对不同的流域和流域国采取不同的合作形式；（3）各流域国之间不宜强调目标优先权问题，而在各流域国内部则相反，应当明确国内对流域开发的优先目标，以便于国家之间进行协商和谈判；（4）流域国之间签订的协议，应当同时能反映上游国与下游国的利益问题；（5）各流域国对流域组织职能范围的意见统一，已有的组织机构的关系应该协调；（6）其他制度方面的协调。汪群、陆园园②认为，要解决我国国际河流管理存在的问题，就必须建立统一的开发管理价值观，使各流域国实现共赢共荣，各流域国应以真诚合作的态度加强相互间的了解和信任，客观地对问题进行联合研究、分析和协商，积极寻求共同的观点与可合作领域，充分挖掘经济发展或资源禀赋不同所带来的联合开发潜力，促成国际河流各流域国整体开发，以此带动区域经济共同发展。具体来讲，应该做好明确宗旨、系统开发、法律保障、组织保证四方面工作。何大明、冯彦③认为，我国国际河流开发和管理应该从"国际"角度来思考：（1）加强国际河流水资源的"国际"法制化管理；（2）协调国家内部、国家间的用水利益，促进国际河流水资源公平合理利用与保护；（3）国际河流水资源的开发利用需要承担一定的国际责任和义务；（4）国家间国际河流水资源保护标准的统一与协调；（5）实现水资源合理利用的前提是国家间的相互信任与国际合作；

① 丁桂彬、毛春梅、吴蕴臻：《国内关于国际河流管理研究进展初探》，《中国农村水利水电》2009年第8期。
② 汪群、陆园园：《中国国际河流管理问题分析及建议》，《水利水电科技进展》2009年第29卷第2期。
③ 何大明、冯彦：《国际河流跨境水资源合理利用与协调管理》，科学出版社，2006，第33页。

（6）参与制定和履行区域性国际协定；（7）切实加强水资源统一与协作相结合的管理模式。

二 关于国际河流水资源管理法律法规的研究

随着国际河流开发和管理的发展及其方式的多样化，有关国际河流的法律法规也相应地得到发展。现阶段，国际河流管理已经走向流域整体管理和综合管理，制定规范各流域国水资源共享关系的法律和法规显得尤为重要。长期以来，国际法律界为解决国际河流问题做了大量的工作，推进了一系列涉及国际河流的法律的制定和实施。同时，国内学者在国际水法方面也获得了一些研究成果，概述如下。

（一）国际水法的形成和发展

国际水法是调整各国之间与国际河流（湖泊）共享水资源等相关政治、经济和自然关系的国际法规、制度与原则。与早期国际河流以航运为主相联系，公元 805 年产生了第一个涉及航运的水法文件——罗马法律。虽然至今国际上还没有普遍接受且适用于全球的跨境共享水资源的国际法律，但是几千年以来，由一些流域国或重要组织制定的国际河流法律法规累计达到了 3600 多项。据联合国资料，自 1814 年起，通过国际谈判产生了 305 个国际河流水资源管理、防洪、水能开发和消耗性用水分配等非航行水利用方面的条约，其中全文涉及水本身的条约有 149 个。近几十年来，参与签署国际河流条约的国家越来越多，因此产生多边或双边的国际河流条约也数倍地增加，比如：1921～1970 年相关国家签订了 215 个国际河流条约，比 1870～1920 年签订的国际河流条约多了 3.7 倍。国际河流相关法律体系的发展，主要得益于国际法律界所做的努力，因为关于普遍法律原则和规则公约，多为国际法学会或者国际法协会所拟定。联合国、世界银行、国际法律委员会、国际法律联盟、联合国粮农组织等，提出的相关研究报告和制定的有关指导方针，对推动各种与国际水法领域有关的条约、协议的制定起到了至关重要的作用。胡辉军、陈海燕[①]认为，《国际河流水资源利用赫尔辛基规则》正式阐明了国际流

---

① 胡辉军、陈海燕：《国际河流的开发与管理》，《人民黄河》2000 年第 22 卷第 12 期。

域的概念及其有关问题，建立了公平合理利用水资源的准则，对各国立法和国际法规有很大影响。还有联合国大会通过的《国际水道非航行使用法公约》，这两份公约形成的影响力度之大，以至于成为后续国际河流公约的参考和导则，适用于目前国际河流的多样性和满足各国多种需求目标，被许多国家作为制定区域间多边和双边协定的框架。高晓露[1]认为，以国际法中传统的国际河流制度为基础的国际水法，其发展经历了一个由慢到快、由小到大、由零散到系统的过程。这个过程以 1966 年的《国际河流利用规则》和 1997 年的《国际水道非航行使用法公约》为标志可分为三个时期。此后，现代国际水法又有了进一步的发展。2000 年，南部非洲发展共同体 13 个成员国通过了《南部非洲发展共同体关于共享水道的修订议定书》。2001 年 12 月，国际淡水会议在波恩召开，会议通过了《波恩国际淡水会议行动建议》和《波恩国际淡水会议部长宣言》。2004 年国际法协会起草了《关于水资源法的柏林规则》，该规则是国际流域水资源管理法方面的最新发展。

从发展趋势看，国际水法建设的目标和方向已经明确，主要是从法律层面影响国际河流的可持续发展。何大明等人[2]认为：（1）国际水法向公约性法律文件发展，从总体上全面推动国家间合作，进行协调开发，实现开发与保护并重；（2）国际水法保持公正和中立，以水资源开发与保护并重为主线，通过阐明各国的权利和义务，对各主体行为进行约束；（3）国际水法重点体现"合作""参与""公平利用""不造成重大危害"等原则，具有监督和促进各国间合作的作用；（4）国际水法成为世界银行等重要组织参与国际河流开发活动的行动指南。高晓露[3]认为，现代国际水法呈现出一些新的发展趋势和特点，主要表现在以下四个方面：一是表现形式逐步从国际习惯走上"条约化""文本化"；二是以专门性的、流域性的国际水法文件为主，且调整范围不断扩大；三是可持续发展理念和原则逐渐得到体现和遵循；四是国际合作趋势日

---

① 高晓露：《现代国际水法的发展趋势及对中国的启示》，《学术交流》2009 年第 4 期。

② 何大明、冯彦、胡金明等：《中国西南国际河流水资源利用与生态保护》，科学出版社，2007，第 4 页。

③ 高晓露：《现代国际水法的发展趋势及对中国的启示》，《学术交流》2009 年第 4 期。

益加强，合作范围日趋扩大。胡文俊、张捷斌[①]认为尽管国际河流利用原则及规则还处在不断发展与完善之中，但其运用对调整国家间在国际河流的利用、保护和管理方面的关系和行为都有重要意义。公平合理利用和不造成重大损害是当前国际社会普遍认可的两个基本原则，成为目前及将来影响国际河流可持续发展的重要原则。

（二）关于水权、水分配等问题的讨论

通常国家间因共享水资源利用而产生的政治纷争或军事冲突，都涉及国际河流的水权、水分配等问题。国际河流水资源权属是国际河流水法的核心。制定水法的目的是协调各国间的水资源利用关系，在水缺乏时对各种水利用进行水分配，在水竞争利用时赋予水权。

水权问题。何大明、冯彦[②]认为，水权是对水资源的所有权、使用权和经营权等与水资源有关的一组权利的总称。国际水道中的跨境水资源权属也包括不同流域国家间对流经或产生于其领土的水资源的所有权和使用权等，通常与国家主权密切相关。关于国际河流"水权"发展的一些重要论点如下：（1）绝对主权观，这是一种十分自私的权属概念，难以得到广泛认同；（2）绝对领土完整观，这种权属理论被认为不合理，从未实践过；（3）有限领土主权观，是上述两个主权的折中，承认所有流域国家都有权公平合理利用国际河流跨境水资源，该权属理论被普遍接受；（4）利益共享权观，该理论界定的权属关系，要求所有水道国都应将其共享的国际水道或国际河流流域看作一个在自然资源、经济社会、生态环境各方面都是互相依存、密不可分的实在整体，从法律上，应对沿岸国家利用共享水资源的主权有一定限制，并承担相关联的权利和义务。国际间比较认同把国际河流水权界定为利益共享权。戴长雷等人[③]认为国际河流水权是水立法、水政策和水资源管理的核心，具有非排他性、分散性、外部性和交易的不平衡性等特征，其主体为各流域国政府

---

① 胡文俊、张捷斌：《国际河流利用的基本原则及重要规则初探》，《水利经济》2009 年第 27 卷第 3 期。

② 何大明、冯彦：《国际河流跨境水资源合理利用与协调管理》，科学出版社，2006，第 54 页。

③ 戴长雷、王佳慧：《国际河流水权初探》，《水利发展研究》2003 年第 12 期。

及各开发实体，客体为国际河流的资源对象及工程对象。刘恒、耿雷华等人[1]认为，国际河流水资源的权属分配是依据国际水法基本原则之公平合理利用水资源的原则，通过对国际河流水资源利用优先权、协调流域内土地资源权属关系、流域生态用水量和各流域国在流域内的水量贡献量等因素的综合评价与分析，签订区域性国际河流协定，确定各流域国的水权份额。水权的保护、转移是维护和管理水资源利用关系的基础。

水分配问题。何大明、冯彦[2]认为，国际河流跨境水资源的分配，其本质是对国际水权认定和分配指标的确定。国际河流分配包括判识各国在国际河流水资源使用中所占的份额、境内可利用的水资源量与水资源的开发程度。由于各流域国间往往存在用水矛盾，特别是在极端干旱的年份或状况下，这些用水冲突可能超出经济范畴，而影响地区安全。因此，有必要建立一个国际河流水资源的水权分配国际条约，制定国际河流不同水平年下的公平水权分配预案。各国如何公平合理分配国际河流水资源一直是一个难点问题，因为缺乏一种各国能够一致认同的分配方法。他们认为，制订水权分配方案时应该考虑以下因素：（1）资源利用优先权分级；（2）有效回水量；（3）与流域内土地所有权和使用权的协调；（4）用于维护水生态系统平衡的生态用水量；（5）各国社会经济发展的用水需求；（6）各国对国际河流水量的贡献量。还需要通过建立水分配机制，来维护不同流域国确定的分水目标。普遍确定的分水机制主要是立法、承认沿岸权、严格限制优先权等。利用水价格来指导水资源分配，不失为自由市场经济中行之有效的办法，为弥补市场失效带来的负面影响，应该将市场机制与法律手段联合使用。他们认为随着分水目标的变化，发放限时专项用水许可证这一方式，可在各流域国间广泛应用，以使国际河流水资源分配满足沿岸经济、社会、环境的需求。2002 年荷兰代尔夫特 IHE 学者 Pieter van der Zaag 等人在《水政

---

① 刘恒、耿雷华、钟华平、顾颖：《关于加快我国国际河流水资源开发利用的思考》，《人民长江》2006 年第 37 卷第 7 期。

② 何大明、冯彦：《国际河流跨境水资源合理利用与协调管理》，科学出版社，2006，第 64 页。

策》（2002）中提出了蓝色水与绿色水合并分配法，此种方法是在考虑"蓝色水"（即指可更新的地表水和地下水）和"绿色水"（即指可更新的耕作层内的土壤水）的基础上按流域人口分配水资源。① 这种方法按照以人为本的原则，在产水贡献率占一定权重的同时，保证流域上下游人均水资源量相对接近，是一种比较合理的分配方法。

水法的制度缺陷。金菁、贾琳②认为，现有国际水法在解决国际河流冲突上有制度缺陷，主要表现在：（1）主权不明，主权问题是国际河流冲突的根源，也是合作开发跨境共享水资源的主要障碍；（2）"一个河流一个制度"导致国际河流制度缺乏统一性；（3）基本制度缺乏操作性，一些条约的指导原则规范了国际河流基本问题的框架，但实践中可操作性仍然较差；（4）缺乏有力的争端解决机制，国际河流争端的复杂性、所涉及利益的多重性以及高度的技术性，决定了必须建立强有力的国际河流争端避免与解决机制，而现行国际水法的争端解决机制不能满足需要。

（三）我国国际河流立法问题的研究

在国际河流水法体系日趋建立，以法律为手段解决国际河流开发和管理中的问题成为一种国际惯例的形势下，我国充分、合理、合法、有据地利用国际河流水资源显得尤其重要。许多国内学者参与了对我国国际河流水资源开发和管理立法问题的讨论，主要观点如下。

国际河流立法缺失与补救。黄锡生、王江③认为我国在国际法领域，利用国际河流水资源立法存在诸多缺失。（1）双边或多边区域性专项水协定缺失明显，迄今为止，与我国签订双边或多边国际河流水协定的国家还屈指可数。（2）国际河流水资源利用立法理念不协调，主要表现在对西北和西南不同地区国际河流水资源的分配上。（3）国际河流水资源污染防治立法视野狭隘，主要表现为在国际河流水资源的污染性利用上采取模糊的态度，偏重于对国际河流水资源的"污染性利用"，完全拒绝

---

① 刘戈力、曹建廷：《介绍几种国际河流水量分配方法》，《水文水资源》2007 年第 1 期。
② 金菁、贾琳：《国际河流冲突的国际法思考》，《南京政治学院学报》2009 年第 2 期。
③ 黄锡生、王江：《国际河流水资源的利用：立法缺失与补救》，《环境保护》2008 年第 6 期。

加入或提出有条件地加入有关协定。补救措施为采取健全双边或多边的区域性专项水协定体系，调整国际河流水资源利用立法理念，拓宽立法视野，兼顾国际河流水资源利用、保育及水环境保护等措施规制国际河流水资源的利用。

法律法规及其改进措施。汪群、陆园园[1]认为，我国目前尚没有与流域国合作签署任何涉及流域跨境水资源合理利用、国际分配、协调管理以及流域综合开发和保护的国际协议，也没有合作建立流域协调管理的国际机构或机制。现阶段完善我国国际河流相关法律保障的建议包括：（1）深入调查我国国际河流的相关情况，结合我国与周边国家的国际关系积极探究相关国际河流管理问题，从而实现进行国际立法的可能性和可行性；（2）树立国际河流管理意识，各级相关领导应重视国际河流管理的法律保障；（3）认真总结近年来国际河流法制建设的经验，积极借鉴各国国际河流立法的有益经验；（4）整理、汇编、研究现行有效的对国际河流具有管理维护功能的法律、法规和规章；（5）认清我国国际河流管理中存在的主要矛盾，有针对性地加强立法工作，尽快完善国际河流管理的法律制度；（6）推进国际河流跨境资源环境问题的研究和国际河流法律法规的综合建设，包括加强相关公约、各流域国双边和多边国际法的研究和制定。

水安全与对策措施。高晓露[2]认为，从外部环境来看，在我国国际河流的流域国中，除老挝、缅甸等几个国家以外，大部分被联合国经社理事会评为有潜在水危机的国家。随着这些国家人口增长、工农业发展以及全球气候变暖的影响，未来我国与这些国家在有关国际河流水资源开发利用方面的竞争将会更趋激烈。我国应对国际河流未来可能出现的水危机的策略如下：（1）尽快签订或加入区域性或流域性的多边或双边国际水条约；（2）对我国国际河流的开发、利用和保护进行专门立法，把目前对国际河流的重点保护向普遍保护转变；（3）构建我国国际河流流域管理的法律制度框架，主要包括紧急处置制度、生态补偿制度、流域

---

[1] 汪群、陆园园：《中国国际河流管理问题分析及建议》，《水利水电科技进展》2009 年第 29 卷第 2 期。

[2] 高晓露：《现代国际水法的发展趋势及对中国的启示》，《学术交流》2009 年第 4 期。

环境影响评价制度；（4）加强国际合作，建立流域信息共享机制，促进国际流域的整体开发、利用和保护，保障全流域可持续发展的实现。

第三节　主要内容、研究观点和方法

从国家重要资源的角度来看，广西国际河流与水资源在我国河流与水资源格局中具有重要地位；从对外开放视角来看，广西国际河流区在中国与东盟区域一体化格局中具有突出的战略地位。研究广西国际河流问题，离不开对我国边境地区进一步对外开放的形势的认识和把握；离不开对我国与东盟进一步深化开放合作的形势的认识和把握，我们要以更广的视野和多方位的角度来研究广西国际河流问题。

一　主要内容

本课题研究内容涉及广西国际河流开发利用的历史、现状以及未来趋势；国际河流水资源承载能力和水资源与经济社会协调程度；国际河流开发面临的宏观形势；越南方面的相关制度和政策；国际河流开发、开放的新战略与新路径；国际河流开发与保护的对策措施等。其目的是研究广西国际河流及其流域地区在中国与东盟深化合作的新形势、新机遇和挑战面前，如何构建国际河流开发与保护的解决模式，如何形成国际河流区开发、开放的良性机制，推进国际河流合理开发、利用和保护。本课题研究成果内容共由十个部分构成。

第一部分"导论"，本章阐述研究的背景和意义，以及综述相关理论研究观点。一是从宏观的角度分析当今世界不容乐观的水资源状况，指出国际河流因其跨境、共享水资源的特征，日益成为各流域国的战略重点和难点。强调广西国际河流是区域级、世界级河流的重要支流，在我国国际河流开发利用中具有突出的重要性和战略价值。全球政治多极化的背景下，处理国际河流合作开发和协调管理等国际事务，既存在机遇，又存在挑战，因此，尤其需要尽快对广西国际河流开展系统、深入的研究。二是概述国内外学者对国际河流问题的最新研究进展和前沿观点，重点讨论国际河流合作开发和协调管理，以及国际水法建设与完善两大方面问题。最后介绍本项目的研究内容、主要观点和方法。

第二部分"广西国际河流区的水文地理特征",系统地分析了发源于广西边境地区或流经广西边境地区的国际河流状况,如国际河流名称、水量、流向、水系属性、区域分布等。接着在第三节将广西国际河流区分为桂西红河区、桂西南左江河区、桂南沿海河流区,逐一分析各区的自然地理特征、水文气象特征、河流径流、径流深地区分布、年径流量变化情况,描述国际河流的发源地、国际河流水资源和出入境水资源情况。

第三部分"广西国际河流的主要特点",研究广西国际河流区因雨量、地形、地貌、植被等多种因素的影响而表现出的总体与个体特点,描述国际河流所在水道系统的独特之处、国际河流水体水质和水环境情况。重点在第三节阐述广西国际河流区在自然环境、区位条件、水文地理、区域开发开放和建设发展等方面的特点:一是国际河流以连接水道为主;二是国际河流分属于三大流域三个水系;三是国际河流河川天然情况复杂;四是国际河流水文地理特征明显;五是国际河流水资源和水能资源丰富;六是国际河流区具有丰富的自然资源;七是国际河流区口岸资源富集;八是国际河流灾害危害频繁;九是从过去长期处于战争前沿到现在成为我国通往东盟的重要门户。

第四部分"广西国际河流区开发的历史与现状",以历史为视角,回溯自光绪二十二年(1896)起的广西国际河流开发史,着重研究国际河流管理、贸易和中越双边往来的史实。深入分析新中国成立以来特别是中越恢复正常关系以来的广西国际河流的开发过程,指出影响国际河流开发最直接的背景因素是中越两国关系问题。研究国际河流开发现状和趋势,强调目前在广西国际河流区基本形成了一个以开放合作为先导,以边贸、边境旅游率先发展,带动整个流域全面开发、开放和发展的局面。分析国际河流区开发存在的问题,认为这些障碍因素使国际河流流域的开发缺乏必要的支撑条件和基础。

第五部分"广西国际河流开发利用与评价分析",系统研究国际河流的核心问题——水资源开发利用问题,从回顾国际河流水资源利用的历史入手,描述新中国成立前后广西国际河流开发的经济活动,注重研究现阶段国际河流水资源和水能开发利用进展。接着在第二节采用信息论中的熵权法（IEW）和耦合协调度模型，分析和评价国际河流区水资源与经济社会的协调程度和发展程度，得出结论：广西国际河流区具有水资源优势，水资源与经济社会协调发展问题表现为差异性问题。

第六部分"广西国际河流区水资源承载能力评估"，采用模糊综合评价法对广西国际河流区的水资源承载力状况进行综合评价。选取并建立水资源特征、开发利用及水资源对工农业生产、人民生活和生态环境的供需诸方面指标体系，建立模糊综合评价模型，对水资源承载力作多因素、多层次的综合评价，从而科学地、更合理地反映流域水资源承载能力的状况。现实中，水资源与经济、社会、人口和环境等因素构成一个复杂的大系统，通过评价水资源承载力，分析不同子系统之间的关联程度和内涵特征，有助于为广西国际河流区水资源的可持续利用实施水资源安全战略。

第七部分"广西国际河流开发的利弊条件分析"，研究分析广西国际河流开发的有利条件和不利条件，分析越南相关的制度和政策。有利条件主要有：一是全球国际河流水资源开发与管理进入新阶段；二是中国国际河流的合作开发不断向前推进；三是中国与东盟开放合作成为了区域发展的主流；四是广西与越南建立起广泛而密切的境外关系；五是各流域国重视可持续发展并积极推进。不利条件和主要障碍有：一是中越历史上的恩怨和现实纠葛；二是中越双方关注点与利益诉求不同；三是国际河流区的合作较少涉及水资源开发；四是国际河流开发与保护的政策和机制欠缺；五是国际河流水污染控制、防洪抗旱等方面的协调不足；六是国际非政府组织参与带来的影响。在第三节，专题研究越南方面的相关政策和制度，在对越南边境地区经济进行 SWOT 分析的基础上，研究越南对资源管理采取的政策。

第八部分"广西国际河流区开放新战略：打造开放先行先试区"，站在国际高度分析中国实施更加积极主动的开放战略，广西加快推进以东盟为重点的区域合作，越南鼓励北方扩大开放，以至于经济合作成为国际河流开发的主题这样的背景形势。研究广西国际河流区开放战略新的调整，从初期合作到次区域合作再到以打造开放先行先试区为突破口，使中越国际区域合作从共识走向务实，有利于扩大两国资源、市场和其他需求方面的优势互补，获取国际河流区开发利用的最大利益。

第九部分"广西国际河流区开发新路径：建设南崇经济带"，分析构建南宁—新加坡经济走廊，率先启动建设南崇经济带的战略意义，研究可持续发展目标下的国际河流区与南崇经济带的相互联系和现实价值；建立模型对南崇经济带经济增长驱动因素做定量分析，找出主要驱动因素和联动关系；提出在南崇经济带加快建设中，着力开发国际河流经济功能、通道功能和旅游功能的对策。

第十部分"广西国际河流开发与保护的对策措施"，研究广西国际河流区综合开发与保护应该坚持的主要原则、基本思路，确定国际河流整体综合协调开发，维护河流生态系统的方向和路径。有针对性地提出对策措施，一方面要采取抓规划编制、旅游开发、口岸经济、县域经济、基础设施建设等措施，推进广西国际河流有序有效开发利用；另一方面要采取生态建设、小流域综治、水资源保护、政策支持、加强合作等措施，推动广西国际河流的生态环境保护。

二 研究观点、方法

本课题围绕广西国际河流开发与保护问题开展系统、深入研究，主要观点如下。

——广西国际河流流域范围涉及整个广西边境地区，把广西边境地区视为国际河流区进行研究有现实的意义，因为发源或流经边境地区的国际河流分属于红河、珠江、沿海河流三大不同的水系，它们属于世界级、区域级河流，因此，广西边境地区在我国国际河流大区域中的地位和作用不容忽视。

——广西国际河流水文地理特征有两个突出特点：一是国际河流以山区型为特征；二是国际河流分布地区基本上为区域性丰水区。广西国际河流区拥有丰富的土地、水、光热、动植物、矿产、旅游等自然资源。

——目前广西国际河流的开发利用程度较低，大多数河流呈现自然状态，随着广西北部湾经济区不断推进全面的、大规模、强力度的开发，再加上边境地区国民经济对水需求量的日益增大，广西势必将逐步开发利用一些国际河流，越南对此也有计划。

——广西对国际河流水资源的开发利用是在新中国成立以后，特别是在改革开放以后的三十多年间，国际河流的开发是在不对周边流域国造成影响的前提下进行的。灌溉、发电、保障用水等水利工程发展得较快，水利化水平不断提高，水资源与经济社会发展协调程度得到改善。

——与国内其他国际河流不同，广西边境地区是国际河流发源或流经地，目前面临的情况是优化水质、防止水污染问题远大于水量分配等水争端问题。但是，不排除各种因素调整变化，以及资源配置的不确定性和倾向性。

——广西国际河流区水资源优势比较明显，开发容量较大，由于开发利用程度较低，许多水资源因未被有效利用而闲置。相信经过合理开发利用，该区水资源承载能力会更具有潜力，成为其突出的资源优势之一。

——在广西国际河流区，有些国际河流或是连接水道性质，或是毗邻水道性质，由于对外开放需要，我国在这些国际河流沿岸设置了自治区级口岸和边民互市贸易点。现在，广西国际河流区成为名副其实的中国与东盟国家规模最大、最活跃的边境贸易的承载地和边境旅游的集散地。

——历史上广西国际河流区既是战争发生地，又是战争前线。目前，在中越两国睦邻友好关系不断加强和巩固的背景下，广西国际河流区已经成为我国与越南及其他东盟国家开放合作的前沿地带，是我国通往各东盟国家的陆路通道和枢纽，凸显了作为我国南向开放的桥头堡和门户的独特优势。

——进入 21 世纪新阶段，广西国际河流区面临的和平与发展良好格局没有改变，中越陆路边境地区的和睦友好形势没有改变。随着我国东盟开放合作战略的深入实施，一个以开放合作为先导，以边贸、边境旅游业先发展，带动广西国际河流区全面开发、开放和发展的局面已经形成，并且不断发展完善。

——抓住历史机遇，确立广西国际河流区的区域综合合作战略思路，努力打造开放合作的实体经济大平台，加快跨境经济合作区和东兴重点开发开放试验区建设，实现开放型经济新突破，培育边境县域经济实力，为广西国际河流开发与保护打造经济基础和基本条件。

——在我国与东盟的合作进一步深化，广西重点推进与东盟的开放合作等宏观形势下，广西国际河流开发与保护问题需要尽早专门地、综合地、前瞻性地开展研究，重要的是发挥市场配置资源的基础性作用，各级政府正确行使职责，强化政策统筹协调，确保各项政策措施积极推进。

——以建设睦邻友好边境地区为目标，通过开展与越南的全面合作，实现共同追求国际河流开发的整体综合效益的长远目标。同时，以积极的姿态推动双方合作协商机制的建立和完善。

本课题研究方法：（1）历史唯物主义的研究方法，重视广西国际河流的开发历史；（2）典型分析研究方法，来源实践，提炼升华；（3）分类研究方法，分类研究提出相应措施；（4）定量分析研究方法，建立数学模型，对水资源与经济社会协调度、水资源承载力作评估；（5）宏观把握与微观分析相结合的方法，把边境地区和个案结合研究；（6）重点调查、问卷调查、田野调查相结合的方法，深入实地调研，掌握第一手材料。

第 | 一 | 章

广西国际河流区的水文地理特征

　　广西国际河流区位于中国西南边陲，其核心区——广西边境地区与越南广宁、高平、谅山、河江4个省17个县毗邻，陆地边境线长1020公里，海岸线长180公里。边境地区有防城、东兴、宁明、龙州、凭祥、大新、靖西和那坡8个县（市、区），人口254.61万人，占广西总人口的5.0%，行政区域总面积18329平方公里，占广西行政区域总面积的7.7%。

　　广西西北紧挨云贵高原，东南近海，与越南陆上、海上交界，境内有云贵高原的边缘山脉、十万大山的支山脉，以及珠江、红河的主要支流等中国西南和华南地区的名山大川。边境地区集中分布着平而河、水口河、百南河、黑水河、北仑河等16条集水面积在50平方公里以上的国际河流，是我国拥有国际河流较多的边境地区之一。广西边境地区还是水资源比较丰富的地区，水资源总量约占广西水资源的11.38%，人均水资源普遍高于广西平均水平，靖西县人均拥有水资源4433立方米，高于广西全区的16.7%。广西国际河流区水资源的开发与保护，很大程度上影响我国华南地区和西南地区，当然，对周边国家越南的影响也是同样的。

第一节　广西的诸条国际河流

　　据不完全统计，广西边境地区集水面积在50平方公里以上的大、

中、小河流（含干流和二级支流）约 60 条以上，具有国际河流属性的有
16 条。广西边境地区拥有较多的国际河流数量和跨境共享水资源量，各
条国际河流分属于红河、珠江、沿海河流三大不同的水系，以下按国际
河流的归属逐一分析。

一 属于红河流域的广西国际河流

红河发源于云南省南涧彝族自治县，干流河长 1280 公里，中国境内
河长 772 公里；集水面积在我国境内 1461 平方公里，占广西总面积的
0.62%。[①] 在广西边境地区，那坡县境内的国际河流百南河、那布河、上
荣河均属于红河流域的百南河水系。

百南河。百南河属红河二级支流，发源于云南富宁县里达镇孟村北
700 米，从广西那坡县百都乡百都村流入，流经百省乡、百南乡，在上隆
村那平屯剥隘 128 号界碑流出越南汇入锦江，注入红河入海。因流经百南
乡，故名百南河。百南河在我国境内河道总长 119.3 公里，其中广西境内
长 69.6 公里；流域面积 2260 平方公里，其中广西境内 1404 平方公里；
平均坡降 11.3‰；多年平均年径流量 11.63 亿立方米；水能理论蕴藏量
11.54 万千瓦，可开发水能资源量 9.61 万千瓦，已开发水能资源量 6.06
万千瓦。[②]

那布河。那布河是红河一级支流，发源于广西那坡县百省乡百布村
坡伍（面良屯下游）南面，流经那布村那布圩、洞洒屯后，于百怀隘 136
号界碑流出越南与南利河汇合后注入红河出海。广西境内河长 9.8 公里；
流域面积 58.5 平方公里；平均坡降 24‰；多年平均年径流量 0.38 亿立
方米；水能理论蕴藏量 4200 千瓦，可开发水能资源量 3600 千瓦，已开发
水能资源量 5 千瓦。[③]

上荣河。上荣河发源于云南富宁县田蓬镇东山北侧，流出越南横模
州后再流入田蓬镇瑶周家、沙仁塞边、和平、娆基湾、新塞边，进入广

---

① 广西壮族自治区水利厅地方志编纂委员会编《广西通志·水利志（1991~2005）》，
  2011。
② 广西壮族自治区那坡县水利局：《那坡县水利电力志（1991~2005）》，2009 年第 12 期。
③ 广西壮族自治区那坡县水利局：《那坡县水利电力志（1991~2005）》，2009 年第 17 期。

西那坡县百都乡弄陇村的庚盘、歪屯、金三角下方，弄化村的达省屯、那宁屯、那考屯、上荣屯（村）、下荣，至百省屯从右岸汇入百南河。河流全长 34.55 公里；流域面积 148 平方公里，其中广西境内 91.50 平方公里；平均坡降 24.5‰；多年平均年径流量 0.798 亿立方米；水能理论蕴藏量 1.55 万千瓦，可开发水能资源量 1.41 万千瓦，已开发水能资源量 2500 千瓦。[①]

二　属珠江流域的广西国际河流

珠江流域总面积有 453690 平方公里（包括越南境内），其中广西境内有 202081 平方公里，占珠江流域总面积的 44.5%，占广西总面积的 85.4%。珠江流域的西江水系所包含的国际河流最多。分布在靖西、大新、凭祥、龙州和宁明县的国际河流黑水河、平而河、水口河、峒桂河、坡豆河、枯隆河、板墩河、根均河、渠围河均属西江水系。

黑水河。黑水河发源于靖西新圩乡庞凌村布头地下河出口，向南流，上游有龙潭河，与庞凌河、鹅泉河在十九渡桥右侧汇合后称难滩水，至岳圩西侧流入越南，于大新县硕龙乡德天村流入我国国境，在稔底屯与下雷河汇合，此段称归春河，著名的跨国瀑布——德天瀑布分布于此。从越南入境后的德天瀑布以下称黑水河。黑水河贯通大新县南部的那岭、恩城乡和雷平镇，向东南流，在江州区新和乡与龙州县响水镇棉江村的交界处注入左江。全长 197 公里；流域面积 6025.1 平方公里，其中广西境内 5520 平方公里；平均坡降 2.76‰；多年平均年径流量 47.5 亿立方米；水能理论蕴藏量 26.34 万千瓦，可开发水能资源量 5.94 万千瓦，已开发水能资源量 2.89 万千瓦。

平而河。平而河发源于越南广宁省平迈县与我国广西宁明县桐棉乡交界的枯隆山西北 1 公里处。上游为奇穷河，流经越南谅山省后，自平公岭西侧流入广西凭祥市境内的平而关，在洗马滩与水口河汇合流入左江。河长 299 公里，广西境内长 50 公里，越南和我国交界河长 3 公里；集水面积 7066.48 平方公里，其中广西境内集水面积 5974 平方公里；平

均坡降 0.87‰；水能理论蕴藏量 1.4 万千瓦，可开发水能资源量 0.8 万千瓦，已开发水能资源量 0.43 万千瓦。

水口河。水口河发源于那坡县平孟镇孟达村以西 1.5 公里，流出越南高平省后，向东南方在龙州水口关流入我国广西龙州境内，自龙州城西南洗马滩与平而河汇合，注入左江。干流河长 188 公里，广西境内长 65 公里；集水面积 5531.9 平方公里，广西境内集水面积 1277 平方公里；平均坡降 0.794‰；多年平均年径流量 39.07 亿立方米；水能理论蕴藏量 1.37 万千瓦，可开发水能资源量 0.82 万千瓦，已开发水能资源量 0.45 万千瓦。

岽桂河。岽桂河发源于靖西县龙邦镇吕那村弄那屯，流出越南高平省重庆县后，在广西龙州县水口合平村陇茗屯西面 1 公里处流入广西境内。集水面积 984 平方公里，其中广西境内集水面积 177 平方公里；干流长 86.9 公里，在广西境内长 10 公里，越南与我国交界河长 18 公里；多年平均年径流量 0.86 亿立方米；平均坡降 10‰。

坡豆河。坡豆河是越南归春河（下游为黑水河）的一级支流，发源于靖西县地州古文村弄漫，旧属坡豆团地，故名坡豆河。其水源在吞盘乡笔样村，流至怀利村布进屯东潜入地下，伏流 3 公里至大院村涌出，出露河长 6 公里，至农贡村江大屯西再注入地下，伏流 8 公里后，从弄岜流出，向东南流至龙门桥东潜入地下，伏流 800 米后，从弄内屯东北流出，至台迪屯前改向北流，至凌黑屯西复东南约 2 公里又潜流 700 米，从那布屯南涌出，到枯庞屯 78 号界碑再潜入地下出越南，流出越南后自右侧汇入归春河。该河孕育于岩溶峰丛洼地中，地表河、地下河交替出现，成为典型的阴阳河。全长 40 公里，广西境内集水面积 383 平方公里；多年平均年径流量 3.15 亿立方米；平均坡降 20.7‰；水能理论蕴藏量 1.19 万千瓦，只能开发水能资源量 0.1 万千瓦。[①]

枯隆河。枯隆河发源于龙州县武德乡科甲村新旧电西南 600 米处，流经越南班诺县、伏和县，再流入我国广西龙州县水口镇。河流全长 19.8 公里；集水面积 185.6 平方公里，其中广西境内集水面积 74 平方公里；平均坡降 5.6‰。

---

① 广西壮族自治区靖西县水利局：《靖西县水利电力志》，2008 年第 30 期。

板墩河。板墩河发源于越南谅山省禄平县母山东南500米处，从中越边界东路23号界碑附近流入我国广西凭祥市，自西南向东北，流经叫册、油溢、那浦、板新、上蒙、下蒙、塘泗、那贯、那堪等地，沿途有燕安溪、马约溪汇入，后与夏石河汇合，再向南经蛇岭流入宁明县派连河。河流全长53.6公里；集水面积553.78平方公里，其中广西境内集水面积190平方公里；平均坡降3.52‰。

根均河。根均河发源于越南谅山省禄平县已散屯500米处，流经我国广西宁明县寨安乡、那堪乡，在坛何屯东面，注入明江河。河流全长55.3公里；集水面积134.38平方公里，其中广西境内集水面积69平方公里；平均坡降8.11‰。

渠围河。渠围河发源于凭祥市友谊镇隘口大青山东南1公里处，流出越南谅山省同登县，从广西凭祥市友谊镇流入，流经宁明县寨安乡枯寥、板就、下店等屯，于板亮屯附近与交趾河汇合，纳板灵河后注入明江。河流全长54.2公里；集水面积377.13平方公里，其中广西境内集水面积364平方公里；平均坡降4.24‰。

三　属沿海流域的广西国际河流

广西境内直接流入南海北部湾的河流很多，其中流域面积大于100平方公里的有18条。国际河流北仑河流域1187平方公里，是广西直接流入北部湾、流域面积大于1000平方公里的5条河流之一。独流入北部湾、流域面积大于50平方公里的国际河流有江口河、滩散河、峒中河。东兴市境内的北仑河，防城区境内的江口河、滩散河、峒中河均属桂南沿海诸河水系。

北仑河。北仑河发源于防城港市峒中镇与宁明县交界的捕龙山（海拔1358米）东侧。向东南流，有那作河自右侧汇入，经板八、板蒙、那巴，有黄关河（又称田心水）自左侧汇入。折向南流，经横品、那峒、里接，有南北仑河（又称滩散江）自右侧汇入。东南流再折向东流，与那良江在百叠村汇合，经望兴、三隆、滩冷、狗尾赖等村至东兴街西南分作两支：南支向南流，经尖山脚，分东、西两支流出越南，在芒街岳山出海；北支向东流，至罗浮村，与罗浮江会合，在竹山口又分为南、北两水道入海，北支为我国与越南分界之水，南支流经越南境入海。干流全长107公里；流域1187平方公里，其中我国境内流域面积830平方公里；多年平均年径流量29.7亿立方米；河道坡降7.17‰。在支流中，黄关河、那良河、长湖河等，流域面积超过100平方公里。北仑河地处十万大山，此处为广西暴雨中心，发生暴雨次数多、强度大。1960年7月11日，老虎滩水文站实测6小时、24小时、3天最大降雨量分别达440.7毫米、658.0毫米、1051毫米，为广西之冠。[1]

江口河。江口河发源于越南横模州岭北，向东流，经广西防城港市板八乡，注入北部湾。全长54.08公里；流域66.7平方公里，其中我国境内流域面积50平方公里；河道坡降4.08‰。

滩散河。滩散河发源于防城港市里火黑山，流经其那、嘉隆，汇入北仑河，为中越界河；至那良镇范河村，与那良江合流，经东兴过竹山口流入北部湾。全长16.44公里；流域78.5平方公里，其中我国境内流域面积64平方公里；河道坡降6.44‰。

峒中河。峒中河发源于越南横模州岭西北，向东流入我国广西防城港市峒中镇，经东兴出海。全长21.8公里；流域72.66平方公里，其中我国境内流域面积50平方公里；河道坡降8.9‰。

第二节　广西国际河流的区域分布

广西边境地区的国际河流分布较广，防城、东兴、宁明、龙州、凭祥、大新、靖西和那坡8个边境县（市、区）均有国际河流。那坡县、靖西县位于云贵高原东南边缘，是拥有国际河流较多的县域；东兴市既沿边又沿海，位于我国大陆海岸线最西端，境内的国际河流既是中越界河，又直接流入北部湾，区位十分特殊。图1－1为广西中越边境地区河流分布示意图。

---

[1]　广西壮族自治区地方志编纂委员会：《广西通志·水利志》，广西人民出版社，1998，第45页。

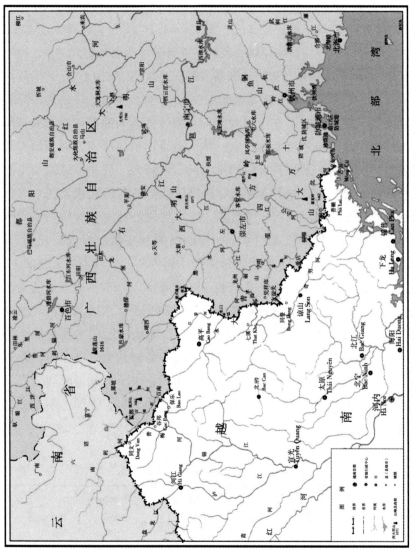

图 1-1 广西中越边境地区河流分布示意图

广西国际河流既有水道系统的干流，又有水道系统的支流，有些支流较弱小，它的开发对水道系统干流完全不构成影响。流域面积大于1000平方公里的国际河流有5条，它们是百都河、水口河、平而河、黑水河、北仑河，其中，水口河、平而河、黑水河流域面积大于5000平方公里，为广西西江水系的左江支流，属国际河流广义上的连接水道类型。由于左江上游一部分在越南境内，因而在联合国被注册为国际河流。

表1-1列出的是广西边境地区集水面积在50平方公里以上的国际河流，实际上各地还分布有一些集水面积在50平方公里以下较小的国际河流。各条国际河流分属于不同流域水系，那坡县境内的百南河、那布河和上荣河属红河流域的百南河水系；靖西县境内的峒桂河、坡豆河，大新县境内的黑水河，龙州县境内的水口河、枯隆河，凭祥市境内的平而河、板墩河、渠围河，宁明县的根均河属珠江流域的西江水系；东兴市的北仑河，防城区的江口河、滩散河、峒中河属沿海流域的桂南沿海诸河水系。属红河流域的百南河水系，经越南的锦江和红河流入北部湾；桂南沿海诸河水系中的北仑河、滩散河为中越界河，向东南流入北部湾，这些国际河流千回百转，最终又流向北部湾海域。分布在边境地区南部的大新、凭祥、龙州等地区的峒桂河、坡豆河、黑水河、水口河、枯隆河、平而河、板墩河、根均河、渠围河属珠江流域的西江水系中的重要支流——左江，左江在西江水系中具有重要的战略地位。左江可认为是我国较大的国际河流，下游流向珠江，使珠江也成了具有国际河流意义的重要河流，可见，左江对我国第三大河珠江的意义，进而对下游粤港澳的战略意义。

表1-1 广西边境地区的主要国际河流

地区	河名	发源地	集水面积（平方公里）	广西境内面积（平方公里）	河长（公里）	平均坡降（‰）	流经地区
那坡县	百南河	发源于云南富宁县里达镇孟村北700米	2260	1404	119.3	11.3	广西那坡县百都、百省、百南、那行、百香、那孟,越南保乐

续表

地区	河名	发源地	集水面积（平方公里）	广西境内面积（平方公里）	河长（公里）	平均坡降（‰）	流经地区
那坡县	那布河	那坡县百省乡百布村东北31公里处	58.5	57	10.5	24	广西那坡县百怀隘136号界碑流入越南
	上荣河	云南富宁县田蓬镇回商湾村西南500米处	148	91.5	34.55	24.5	越南横模州，云南富宁县田蓬镇，广西那坡县百省、龙南、达省、那宁、上荣
靖西县	峒桂河	靖西县龙邦镇吕那村弄那屯	984	177	86.9	10	越南重庆县、越南伏和县，广西靖西龙邦镇，龙州水口镇、武德乡
	坡豆河	靖西县地州古文村	500	383	40	20.7	广西靖西坡豆、地州，到枯庞屯78号界碑潜入地下出越南
大新县	黑水河	靖西新圩乡庞凌村布头地下河出口	6025.1	5520	197	2.76	越南重庆县同诺，广西靖西县新圩乡、新靖、化峒、岳圩镇，大新县雷平镇、硕龙乡的德天（河段为越南、中国交界河），龙州县响水镇，德保县，崇左市新和乡汇入左江
龙州县	水口河	那坡县平孟镇孟达村以西1.5公里处	5531.9	1277	188	0.794	越南谅西省、高平省，广西那坡县平孟镇，龙州县水口镇、龙州镇。中越界河
	枯隆河	龙州县武德乡科甲村新旧电西南600米处	185.6	74	19.8	5.6	越南班诺县、伏和县，广西龙州县武德乡、水口镇

地区	河名	发源地	集水面积（平方公里）	广西境内面积（平方公里）	河长（公里）	平均坡降（‰）	流经地区
凭祥市	平而河	越南广宁省与广西宁明县桐棉乡交界的枯隆山西北1公里处	7066.48	5974	299	0.87	越南广宁省、高平省、谅山省，广西凭祥市、龙州县
	板墩河	越南谅山省禄平县母山东南500米处	553.78	190	53.6	3.52	越南谅山省禄平县，广西凭祥市、宁明县寨安乡
	渠围河	凭祥市友谊镇隘口大青山东南1公里处	377.13	364	54.2	4.24	越南谅山省同登县，广西凭祥市友谊镇、宁明县寨安乡
宁明县	根均河	越南谅山省禄平县已散屯500米处	134.38	69	55.3	8.11	越南谅山省禄平县，广西宁明县寨安乡
东兴市	北仑河	防城港市峒中镇与宁明县交界的捕龙山东侧	1187	830	107	7.17	防城港市峒中镇、板八乡、那良镇。中越界河
防城区	江口河	越南横模州岭北	66.7	50	54.08	4.08	越南横模州，广西防城港市板八乡
	滩散河	防城港市里火黑山	78.5	64	16.44	6.44	防城港市那桐镇。中越界河
	峒中河	越南横模州岭西北	72.66	50	21.8	8.9	越南横模州，广西防城港市峒中镇

资料来源：根据《广西通志·水利志（1991～2005）上卷》《靖西县水利电力志》《那坡县水利电力志》整理。

第三节 广西国际河流区的水文地理特征

广西国际河流区的山脉海拔、走向不同，地理位置不同，国际河流的自然地理条件存在差异。国际河流区处于北回归线以南，地面高程差别较大，水文气象变化也存在差异，在研究上可分为桂西红河区、桂西南左江河区、桂南沿海河流区。

一　国际河流区自然地理特征

广西边境地区从西到东，范围包括了云贵高原余脉六韶山东南部地区，北仑河入海口西北部地区，由靖西、那坡、大新、龙州、凭祥、宁明、东兴、防城 8 个县（市、区）组成。以下分别对桂西红河区、桂西南左江河区、桂南沿海河流区三个片区进行研究。

桂西红河区，系指地处云贵高原东南缘的那坡县以及云贵高原偏东南缘的靖西县境内的国际河流百南河、那布河、下荣河、平孟河、难滩河、龙邦河流域地区。桂西南左江河区，系指桂南岩溶与非岩溶原山区的大新县、龙州县、凭祥市、宁明县境内的国际河流黑水河、水口河、枯隆河、平而河、板墩河、根均河、渠围河流域地区。桂南沿海河流区，系指广西十万大山东山余脉的防城区、东兴市境内的国际河流北仑河、江口河、滩散河、峒中河流域地区。广西国际河流以山区型为特征，由于山脉海拔差别较大，地形地貌复杂，各国际河流区自然地理条件存在差异。

（一）桂西红河区

桂西红河区位于广西边境地区西部，涉及那坡县、靖西县。该区地处云贵高原东南部边缘，地形由西北向东南倾斜，缓缓下降。云贵高原东缘山脉——六韶山山脉贯穿那坡县境域，制高点是百省乡规弄山，海拔 1681 米。高原形势很明显，峰顶高程一般在 1200～1681 米，河谷高程在 251～1000 米，河谷"V"字形，切割 200～600 米，岸坡 45°左右，比降大于5%。[①] 地形构造——侵蚀岩溶、中山切割、三迭百缝、陡坡地形。高山群山北高南低，山脉走向大致为南北，民间有"头在归朝尾在木马（越南境内）"的龙脉一说。发源于云南富宁县田蓬镇回商湾村西南 500 米处的上荣河流入越南后，从广西那坡县百都乡流入我国境内。靖西县处于云贵高原台地与广西丘陵山区过渡的斜坡地带，整个地

---

① 广西壮族自治区那坡县水利局：《那坡县水利电力志（1991～2005）》，2009 年第 6 期。

势为石灰岩高原，三叠纪砂岩、页岩及泥岩构成的岩溶低山和非岩溶低山，一般海拔 250～560 米。山体是由石灰岩组成的峰林、峰丛山地，或是以碎屑岩组成的土石山。石灰岩山原地貌，峰林、峰丛发育优美，孤峰挺拔林立，峰丛相连如屏多呈现条块状山体。石山与石山之间有许多较平坦广阔的溶蚀盆地和槽形谷地，土层深厚，少有露石。[①] 发源于该区的国际河流那布河（位于那坡县）、平孟河（位于那坡县）、难滩河（位于靖西县）、龙邦河（位于靖西县）单独从我国出境流向越南。发源于云南富宁县的国际河流百南河（位于那坡县）流经那坡县后出境。

（二）桂西南左江河区

桂西南左江河区位于广西边境地区西南部，涉及大新、凭祥、龙州和宁明县，该区为桂南喀斯特岩溶地貌，以峰林谷地和低山丘陵为主，一般海拔 500 米以下，相对高度 100～300 米。岩性是泥盆系、石炭系、二叠系和三叠系的石灰岩、白云岩、石英岩、夹岩溶及含杂质的碳酸盐岩等。地势大致走向为自西北向东南倾斜。各地还分布有酸性火山岩组成的中山山脉，如西北部山脉，山峰海拔 450～1703 米；南部大青山山脉，山峰海拔 800～1045 米；东部十万大山余脉，山峰海拔 500～1385 米。大青山山脉地区与越南交界，北起龙州边境，南至凭祥友谊关西侧金鸡山。金鸡山古为梅梨岭，又称右辅山。山峰陡峭犹如金鸡独立，故得名。人在金鸡山顶，眺望越南，有"百里山河尽收眼底之感"。[②]

域内大新国际河流流域，地层构造属海相沉积地层，由寒武系、泥盆系、石炭系、二叠系组成，出露最广的是中泥盆系，岩性属于碳酸盐岩类，海拔 160～200 米。岩溶地貌形态多为广泛发育的峰丛洼地、峰丛谷地、峰林谷地。罐状山峰连绵不断，其间分布大大小小的封闭洼地，底部有消水洞、溶井、漏斗、暗河天窗。发源于靖西新圩乡庞凌村布头地下河出口的黑水河流入越南后，再从大新县硕龙乡德天屯入境。黑水河属左江支流，河流多流经深山峡谷，水流湍急，形成了许多天然瀑布

---

① 广西壮族自治区靖西县水利局：《靖西县水利电力志》，2008 年第 14 期。
② 凭祥地方志编纂委员会编《凭祥市志》，中山大学出版社，1993，第 33 页。

和落差点,闻名世界的大新德天瀑布就是其中天然瀑布之一。德天瀑布位于中越边境线上,瀑布横跨中越两国,是亚洲第一、世界第二大的跨国瀑布。瀑布气势磅礴,一波三折,层层跌落,水势激荡,声闻数里。现在,大新德天瀑布已经开发建设为我国国家级旅游景点,是广西继桂林、北海之后的第三张旅游名片。

域内龙州、凭祥国际河流流域的地貌为中山、峰林峰丛、峰丛洼地、山麓台、峰林间槽谷等,岩性主要是泥盆系、石炭系、二叠系及三叠系石灰岩、白云岩及含杂质的碳酸盐岩等,峰林山体高大,峰丛间为巨大的闭塞洼地或干谷,地表水大多下渗到地下,地表干旱缺水。河谷深切,河道弯曲,两侧峰林高耸,水资源开发利用比较困难,地表干旱缺水。

域内宁明县国际河流流域,位于十万大山余脉山区,海拔多在500米以上。岩性为砂砾岩、粉砂岩、泥岩、细砂岩等,河床曲折急剧拐弯与平直相间,多险滩。

左江流域的国际河流流向复杂,发源于那坡县的水口河、宁明县的平而河、凭祥市的渠围河以及龙州县的枯隆河流出境后再流回境内,发源于越南的板墩河、根均河流入境内,这些国际河流均汇入左江。

(三)桂南沿海河流区

桂南沿海河流区位于广西边境地区东部,涉及东兴市和防城区(防城港市辖区)。该区地处我国大陆海岸线西南端,广西南部著名的十万大山山脉区,呈西北—东南走向,西北部高山连绵,峻岭林立,海拔250~800米以上,最高山峰久宝山海拔1448米,东、中部为低山丘陵台地,海拔250米以下,南部为沿海丘陵和沿海滩涂。主要岩性为块状细砂岩、泥岩、泥质粉砂岩、粉砂页质岩、生物碎屑硅质岩、石英砂岩等。域内河流,包括国际河流北仑河、滩散河均发源于十万大山南麓,流向东南,注入北部湾,北仑河、滩散河为中越界河;江口河、峒中河发源于越南流入境内,河流较短,独流入海。

二 国际河流区的水文气象特征

(一)桂西红河区

桂西红河区地处北回归线以南,气候类型主体以南亚热带季风气候为主，部分地区属亚热带季风性石灰岩高原气候。雨量充沛，各地年降雨量1400～1800毫米，降雨量季节（月）分配不均。

1. 气温

该区受南方的暖湿海洋气流、北方南下的冷空气和高山森林气候的影响，普遍气候温和或偏热，冬短夏长。那坡县国际河流区气候温和，年平均气温18.7℃，1月平均气温9.9℃，7月平均气温24.3℃，年平均无霜期332天。境内六韶山脉山区小气候复杂多变，极端气候。极端最高气温35.5℃，极端最低气温－2℃，降雪类型是雨夹雪。靖西县国际河流区温差不大，年平均气温21.5℃，1月平均气温13.2℃，7月平均气温27.6℃，年平均无霜期334天。受地势高低差异影响，气温的垂直变化比较明显，气温随地势自西北向东南而增高，海拔每增高100米，年平均温度降低0.51℃。[①] 气候的地理分布特征是：西北部高原冬寒期较长，夏季短无酷暑，中南部冬暖夏凉，温暖适宜，构成该区丰富多样的山区气候。

2. 降雨

该区一年四季盛吹东南风，只有在北方冷空气南下的影响下，才出现短时北风。南方暖湿海洋气流和高山森林气候交替影响，上空聚集较丰富的水汽，易形成雨云，雨量充沛，降雨量分配不均。因地理位置原因，西北较少，东南部、南部较多。那坡县国际河流区年均降雨量1408.3毫米，靖西县国际河流区年均降雨量1800毫米。降雨量季节（月）分配不均，多集中在5～9月，占全年降雨量的75%～80%，其余8个月的降雨量只占全年降雨量的20%～25%。

该区常有降雨量超过100毫米的大暴雨天气。与越南交界的岳圩、壬庄、龙邦乡镇是广西边境地区的暴雨中心，岳圩站于1973年5月22日出现过1小时最大降雨量102.8毫米，6小时最大降雨量330.2毫米，24小时最大降雨量420.1毫米，相当于100多年一遇。[②]

靖西县东南部地区各站多年平均降雨量见表1－2。

---

① 广西壮族自治区靖西县水利局：《靖西县水利电力志》，2008年第16期。
② 广西壮族自治区靖西县水利局：《靖西县水利电力志》，2008年第19期。

表 1 - 2　靖西县东南部地区各站多年平均降雨量

站名	六合	同德	朋怀	那司	其龙	岳圩	平江
年均降雨量（毫米）	1809.4	1650.0	1648.3	1753.0	1846.0	1796.8	1583.1
起止年限	1959~2003	1967~2003	1960~2005	1959~2003	1959~2003	1959~1978	1959~2003

资料来源：根据《靖西县水利电力志》整理。

（二）桂西南左江河区

桂西南左江河区地处北回归线以南，属温暖多雨的南亚热带季风气候，热量丰富、雨量充沛、日照充足、冬春微寒、夏炎多雨、秋季凉爽，春夏秋冬气温变化不明显，无霜期长，形成夏长冬短的气候特点，部分地区长夏无冬。

1. 气温

由于处在北回归线以南的低纬度地区，受太阳辐射热能多，热量资源十分丰富。大新县国际河流区四季气温变化不明显，年平均气温21.8℃，1月平均气温12.9℃，7月平均气温27.6℃，无霜期长。龙州国际河流区历年平均气温21℃~22℃，最热是7月，历年月平均气温27.1℃~28.1℃；最冷是1月，历年月平均气温12.2℃~14.1℃。最高气温大于35℃，1958年5月出现过极端最高气温40.5℃。凭祥国际河流区年平均气温19.5℃~21.4℃，1月最冷，平均气温11.4℃~13.5℃；7月最热，平均气温25.7℃~27.7℃。宁明国际河流区距北部湾较近，受海洋季风调剂，终年温度较高，年平均气温22.1℃，4~10月月平均气温23℃~28℃；11月~次年3月月平均气温13℃~19℃。该区气候特征是：各地总积温7200℃~8200℃，大于或等于10℃平均持续天数300~340天，龙州、凭祥是广西乃至全国热量资源最丰富的地区之一，作物可一年三熟，四季宜耕，适宜珍贵特殊用材林的生长。凭祥市部分热带、亚热带珍贵树种的气候指标见表1-3。

2. 降雨

该区降雨量的分布自东南向西北递减，多年平均降雨量1300~1500毫米。

表 1 - 3 凭祥市部分热带、亚热带珍贵树种的气候指标

树名	年平均气温（℃）	年雨量（毫米）	最冷月平均气温（℃）	最热月平均气温（℃）	≥10℃积温	极端最低气温（℃）	相对湿度
柚　木	22 ~ 25	1300 ~ 2000	13 ~ 20	28 ~ 29	>7500	-1 ~ 0	>80
铁力木	21 ~ 25	1300 ~ 1500	13 ~ 15	26 ~ 29	>7500	-2 ~ 0	80
蚬　木	22 ~ 23	1200 ~ 1500	11 ~ 14	26 ~ 29	7000 左右	-3 ~ -0.1	75 ~ 80
金丝李	19 ~ 22	1200 ~ 1600	11 ~ 13	26 ~ 29	7000	-3.5	75 ~ 80
米老排	20 ~ 23	1200 ~ 1600	11 ~ 14	26 ~ 29	6500	-4	80
擎天树	20 ~ 23	1300 ~ 1500	13 ~ 15	24 ~ 29	>7000	-1.5	80
红　椎	17 ~ 22	1300 ~ 1800	7 ~ 15	24 ~ 26	5000 ~ 6000	-5	80
紫荆木	20 ~ 22	1300 ~ 1800	11 ~ 16	26 ~ 29	6500	-2	80
降香黄檀	23 ~ 25	1600 左右	>18	>28	>8000	-2 ~ 0	80

资料来源：根据《凭祥市志》整理。①
①凭祥市志编纂委员会编《凭祥市志》，中山大学出版社，1993，第39页。

（1）南北雨量有差异。因地形、地势的影响，南北雨量有差异。大新国际河流区每年降雨量都在 1362 毫米，年平均有雨日数 161 天；龙州国际河流区多年平均降雨量 1500 毫米，年平均有雨日数 152 天；凭祥国际河流区多年平均降雨量 1400 毫米，年平均有雨日数 167 天；宁明国际河流区多年平均降雨量 1480 毫米，年平均有雨日数 136.2 天。

（2）降雨量年际差异较大。1959 年为大新县降雨量最多的年份，降雨量 1971 毫米；龙州县降雨量最多的年份是 1953 年，降雨量 1879.3 毫米。大新县降雨量最少的年份是 1962 年，降雨量 885 毫米；龙州县降雨量最少的年份是 1968 年，降雨量 950.4 毫米。年内降雨量分配不均，季雨从 4 月上旬开始到 10 月下旬结束，持续 7 个月。5 ~ 9 月雨量集中，占全年总雨量的 70% ~ 81.8%；10 月至次年 3 月降雨量显著减少，占全年降雨量的 18.2% ~ 30%，雨量多集中于夏季，干湿分明。

（3）年内出现大雨、暴雨次数较多。常出现大暴雨天气，日降雨量大于或等于 50 毫米的暴雨多出现在 5 ~ 10 月，暴雨日数最多 8 天，最少

1.6天。7~9月的大暴雨多为台风等热带气候所引起，主要发生在宁明县，降水强度大，范围广，容易造成较大水灾。

（三）桂南沿海河流区

桂南沿海河流区地处北回归线以南，属南亚热带季风气候。气候温暖、冬短夏长、年温差小，日照充足、雨量充沛。年降雨量为2346.5~2737.9毫米，是广西乃至全国著名的多雨区之一。

1. 气温

全年气候温和湿润，冬短夏长、温差小，年平均气温22.1℃，年最高气温37.4℃，最低气温5.1℃，全年气温在0℃以上。太阳辐射强、光照充足，年日照时数在1500小时以上，年总辐射量为9.57~9.68千卡/平方厘米。防城区国际河流区地形复杂，小气候差异大，有的属宽谷高丘气候，有的属沿海气候，有的属西南山地湿热气候。东兴市国际河流区属西南沿海多雨气候，阳光充足、气候温暖、雨量充沛、无霜期长。

2. 降雨

作为广西乃至全国著名多雨区之一，域内降雨量从东南沿海向西北山区递增，东南沿海的东兴国际河流区年平均降雨量2737.9毫米，往西北的防城区国际河流区年降雨量为2346.5毫米，最多降雨量3388.2毫米（1990），最少为1913.1毫米（1989）。雨量季节性分布，5~9月为多雨季节，占年降雨量的70%~80%；7~8月为全年雨量高峰月，平均降雨量在400~500毫米。

三 国际河流径流

广西国际河流区日照充足、雨量充沛，形成了保持陆路水量充足和平衡的客观条件，这才使国际河流区拥有了丰富的水资源，靖西、东兴、防城属于广西产水量最丰富的地区。

（一）国际河流径流深的地区分布

广西国际诸河水资源丰富，原因之一是广西边境地区属湿润带，东兴、防城区年降雨量在2300毫米以上，属十分湿润带。边境地区地表径流主要是降雨补给。按照《中国水资源评价》以 800 毫米及其以上、200 毫米及其以上至 800 毫米以下、50 毫米及其以上至 200 毫米以下、10 毫米及其以上至 50 毫米以下、小于 10 毫米 5 个年径流深数值界，将全国划分为丰水带、多水带、过渡带、少水带、干旱带的标准，依此评判边境地区年径流深的地区分布，东兴和防城区的年平均径流深 1948.6 毫米，为丰水区；靖西（年径流深 740.1 毫米）、那坡（年径流深 630.3 毫米）、大新（年径流深 560.0 毫米）、龙州（年径流深 623.6 毫米）、凭祥（年径流深 564.3 毫米）、宁明（年径流深 603.5 毫米）处于 200 毫米及其以上至 800 毫米以下范围，为多水区。防城区的年径流深 2062.0 毫米为广西各县域多年平均年径流深数值的最高值，是广西年径流深最低的田林县的 5.6 倍。防城区地处十万大山巨大山体东南迎风坡，境内还有年径流深高于 2500 毫米的中心 1个。大新县年径流深 560.0 毫米为边境地区最低，但大新县黑水河流域，包括靖西县、龙州县沿中越边界一带，有 1 个年径流深大于 800毫米的高值区，属丰水带。

（二）国际河流年径流量变化

广西国际河流区基本上为河流年径流深的高值区，主要国际河流黑水河年径流量为 47.5 亿立方米。但是河流蒸发量大，多年平均蒸发量1347.8 毫米。从年径流量变化看，径流年内分配不均，有雨季和旱季之分，冬春两季少雨。径流量年内分配与降水相似，径流量最大的 6~9 月为汛期，以热带系统降雨为主向河流补给水量。此外，径流量年际变化不大，据当地水文站监测，多年径流量变差系数 Cv 值为 0.34。黑水河最大年径流量出现在 1968 年，为 73.9 亿立方米；最小年径流量出现在1963 年，为 20.4 亿立方米。最大与最小年径流量之比值为 3.62。

黑水河干流上设有岳圩水文站（1958~1978）、那岸水文站（1957 年设置）、雷平水文站（1953~1963）、新和水文站（1982 年设置）、屯峒水文站（1959~1981）。屯峒水文站的控制面积为 5961 平方公里，占黑水河流域面积的 98.9%，该站多年平均天然年径流量 41.8 亿立方米，最大年径流量 73.9 亿立方米（1968），是最小径流量 20.4 亿立方米（1963）的 3.62 倍。丰水期 5~10 月的径流量占年径流量的 87.1%，6~

9 月的径流量占年径流量的 74.0%。[①] 最大月径流量一般出现在 6、7、8
月份，8 月份达到最高值，所占年径流量为 23.3%，见表 1-4。

表 1-4　黑水河多年平均年径流量的年内分配

河名	代表站	各月径流量占年径流量的百分数						
黑水河	屯峒	1	2	3	4	5	6	7
		1.8	1.5	1.4	2.3	6.9	18.4	19.9

河名	代表站	各月径流量占年径流量的百分数					汛期径流量	
黑水河	屯峒	8	9	10	11	12	占全年百分数	起止月份
		23.3	12.4	6.2	6.7	2.2	87.1	5~10

资料来源：根据《广西通志·水利志》整理。

（三）边境地区各县水资源

1. 各县天然水资源分布

根据《广西壮族自治区地表水资源》，广西多年平均年径流量为 1880
亿立方米，多年平均年径流深为 795.7 毫米。以年径流深 800 毫米为标
准，边境地区除防城区外，其他县域均低于此数值，为多水区；防城区
为广西径流深最大的县域，径流深 2062.0 毫米，为丰水区。

2005 年的调查资料显示，广西多年平均地表水资源量为 1892 亿立方
米，比 1956~1979 年的第一次调查评价 1880 亿立方米增加 0.64%，
表 1-5 的各县数据根据实际调查数据作了调整。

表 1-5　广西边境地区各地天然水资源量表

地区	面积 （平方公里）	径流深 （毫米）	水资源量 （亿立方米）	地区	面积 （平方公里）	径流深 （毫米）	水资源量 （亿立方米）
靖西	3331	719.7	24.0	凭祥	182	550.0	1.0
那坡	2227	641.9	14.3	宁明	3899	586.9	22.9
大新	2728	565.3	15.4	东兴	548	1954.2	56.8
龙州	2571	599.3	15.4	防城	3112	2062.0	64.2

资料来源：根据《广西通志·水利志》*整理。

　*广西壮族自治区地方志编纂委员会：《广西通志·水利志》，广西人民出版社，1998，第
53 页。

---

① 广西壮族自治区地方志编纂委员会：《广西通志·水利志》，广西人民出版社，1998，第
40 页。

2. 国际河流水资源发源地

广西多数国际河流源于边境山区，那坡县、靖西县、凭祥市、防城区拥有六韶山、大青山、十万大山等山脉，为诸条广西国际河流的发源地，那坡县百省乡、平孟镇分别为那布河、水口河的发源地；靖西县龙邦镇、地州乡、新圩乡分别为峒桂河、坡豆河、黑水河的发源地；凭祥市友谊镇为渠围河的发源地；防城港市峒中镇、那桐乡分别为北仑河、滩散河的发源地。

3. 国际河流出入境水资源

广西国际河流出入境水资源情况是：流域面积 1000 平方公里以上的国际河流有 5 条，流入越南的河流是百南河、黑水河和北仑河，从越南入境的河流是平而河、水口河和黑水河，其中水口河、黑水河和北仑河有河段为中越界河。流入龙州和凭祥的入国境水量为 73.05 亿立方米，占入国境总量的 94.8%；流入大新的入国境水量为 4.03 亿立方米。从那坡县流出的出国境水量为 17.71 亿立方米，占出国境总量的 56.8%；从靖西县流出的出国境水量为 13.48 亿立方米，占出国境总量的 43.2%。流入东兴北仑河的水量为 31.19 亿立方米。

|第|二|章|

广西国际河流的主要特点

广西国际河流区地势西北高东南低，中越边境沿线崇山峻岭，中低山峰连绵起伏 1000 多公里，各地还分布着海拔 1000 米以上的高山。其西部地处闻名世界的云贵高原边缘，支脉六韶山的最高山峰海拔 1681 米，山脉绵延，峰峦重叠；中部山多但不形成山脉，大部分是由石灰岩组成峰林、峰丛山地，龙州县境内矗立着海拔 1045 米的大青山；东部地处广西著名的十万大山山地区，其支脉东山山脉最高山峰海拔 1448 米，往东南的东兴市，系海拔 250 米以下的沿海丘陵和沿海滩涂。边境地区高山连绵，群峰挺拔，地形起伏大，环境复杂，为生物多样化形成和演化提供了有利条件。气候类型主体是南亚热带季风气候，气候温和湿润，冬短夏长，日照充足、雨量充沛，年均降雨量 1300～2737.9 毫米。东兴市和防城区是广西乃至全国著名的多雨区之一，为广西国际河流提供了充分的水资源补给。在 1.8 万多平方公里的边境地区，分布了百南河、黑水河、平而河、水口河、北仑河等国际河流，它们因雨量、地形、地貌、植被等多种因素的影响而表现出差异性，其中总体和个体特点需要进一步研究。

第一节　重要的国际河流水道系统

广西国际河流区最重要的国际河流是百南河、黑水河、水口河、平而河、北仑河，它们的流域面积大于 1000 平方公里，河道长、支流多，水资源丰富，水道系统较为完整，国际河流的特点鲜明，其中，以黑水河水道系统最为突出，百南河水道系统也有它的特色。还有左江这条分布在中国与越南边境地区的特殊河流，都值得重点研究。

一 百南河及其支流

百南河，又称那孟河。发源于云南富宁县里达镇孟村北 700 米龙能山，为云贵高原余脉，有多座海拔 1500 米以上的山峰。东流与里达塘子坡支流汇合后流经郎恒，干流在云南富宁县境内称大桥河、下木甘河、木瓦河、木甲河、郎恒河等。从广西那坡县百都乡百都村流入，故叫百都河，向下流经百省、百南乡，下段称百南河。有红泥河、下华河、那翁河、上荣河、百合河、北斗河 6 条流域面积大于 50 平方公里的支流先后汇入干流。百都河流入广西那坡县境后，流经百都、百省、百南三个乡，从上隆村那平屯剥隘 128 号界碑流入越南，称甘河。甘河自左侧汇入锦江（上游在云南，称南利河）；锦江自左侧汇入明江（上游在云南，称盘龙江）；明江自左侧汇入红河，注入北部湾海域。百南河在我国境内的长度为 119.3 公里，其中，在广西那坡县境内河长 69.6 公里，流域面积为 1404 平方公里，多年平均年径流量 11.63 亿立方米。①

百南河流域地貌以中低山山地为主，山体由碎屑岩组成，山脉河谷呈东西走向；峰谷高低悬殊，峰顶高程 700～1600 米，河谷高程 251～1000 米，切割 200～600 米，干支流坡降均大于 11‰。气候温和，年平均气温 18.7℃；雨量充沛，年均降雨量 1500 毫米以上。流域内分布河流较多，一般河槽狭窄，宽处仅 50 米，水深可达 15 米，两岸山脉绵延，峰峦重叠，山坡植被良好。流域包含百都（含那隆）、百省（含下华）、德隆、百合、百南乡和平孟镇的那万、北斗、那珍村以及念井、农信村部分自然屯域，果力村（含地下河流）部分屯域。流域内总人口 78937 人，占全县总人口的 39.6%；耕地 63115 亩，占全县总耕地面积的 45.15%，其中，水旱田面积 38150 亩、旱地面积 24965 亩、有效灌溉面积 26550 亩，

---

① 广西壮族自治区地方志编纂委员会：《广西通志·水利志》，广西人民出版社，1998，第45页。

是那坡县的主要产粮区。粮食作物以稻谷为主，玉米次之；经济作物以八角、玉桂为主，茶油次之。①

百南河及主要支流的特征见表 2 - 1。

表 2 - 1　百南河及主要支流的特征

河流名称	级别	河流长度（公里）	总流域面积（平方公里）	河流平均坡降(‰)	县境内河流长度(公里)	县境内流域面积(平方公里)
百南河	干流	119.3	2449	11.3	69.6	1404.0
红泥河	一级支流	44.0	150.7	17.4	30.6	116.15
下华河	一级支流	30.5	239.1	26.56	30.5	239.1
那翁河	二级支流	29.8	97.1	28.9	29.8	97.1
上荣河	一级支流	34.55	148.0	24.5	20.5	91.5
百合河	一级支流	58.0	693.5	12.33	58.0	693.5
北斗河	二级支流	28.75	290.1	19.13	25.75	290.1

河流名称	多年平均流量(立方米/秒)	枯水流量(立方米/秒)	天然落差（米）	水能理论蕴藏量（千瓦）	可开发量（千瓦）	已开发量（千瓦）
百南河	25.22	8.3	336	115440	96050	60550
红泥河	2.10	0.75	460	17320	14720	4760
下华河	3.76	1.07	875	15050	13500	10000
那翁河	1.73	0.44	800	12900	11300	9300
上荣河	1.64	0.41	661	15500	14100	2500
百合河	9.36	2.34	659	33300	26640	4230
北斗河	3.85	1.13	275	12610	9460	2000

资料来源：根据《那坡县水利电力志（1991~2005）》整理。

二　黑水河及其支流

黑水河发源于靖西新圩乡庞凌村布头地下河出口，布头地下河位于果乐乡的亮卜村和三合乡的三龙村地域。源头为上升泉，因发源于庞凌

---

① 广西壮族自治区那坡县水利局：《那坡县水利电力志（1991~2005）》，2009 年第 12 期。

村故称庞凌河，古称农黎水，"农黎"为壮语音译，意为榕树密茂，庞凌河自西北向东南流，在五隆村狮子山附近自右侧汇入龙潭河。龙潭河发源于新靖镇环河村大觉屯东侧石山脚下的大龙潭，自北向南流，在能首十九渡桥右侧有发源于新靖镇鹅泉村念安屯西的鹅泉河汇入，由庞凌河（布头屯至五隆村附近河段）在龙潭河（大龙潭至十九渡桥段）左侧与鹅泉河汇合以下河段称难滩河，又称难滩水。难滩河是黑水河干流的上游，自西向东南流，流经岳圩镇大兴村至斗伦隘 74 号界碑流入越南境称归春河（归春是归顺音转，因靖西古为归顺州，故得此名）。迂回曲折，折向东行又转回，有一段中越界河，于大新县硕龙乡德天村又进入我国境内，向东流 19 公里，在大新稔底屯与下雷河（又称逻水，上游在靖西县）汇合，称黑水河。逻水，古称驮来溪，壮语"驮"是河的音译，故意为河来水，发源于靖西武平乡武平村街念屯，东南流向，至司圩分为南、北两支，北支三伏三出，南支右纳流珠水后在新桥屯东 300 米处与北支汇合，继纳多吉河、四明河和盘屯河后，向东南流入大新县境，此段为下雷河，至稔底屯与归春河汇合，以下即称黑水河。黑水河穿大新县南部，向东南流，先后纳响水河（大新河，从左汇入）、明仕河（从右侧汇入），境内河长 64.3 公里。过雷平镇，于康巴屯进入崇左市江州区境内（流程 18.3 公里），于新和纳揽圩河（亦称荣圩河，从左侧汇入）。下游有 12.5 公里的崇左县与龙州县的界河，于龙州响水乡棉江村两县交界处汇入左江，河流终点在该村东南 1 公里处。黑水河流域面积 6025.1 平方公里（包括越南境内的 505 平方公里），多年平均年径流量 47.5 亿立方米，河长 197 公里。[①]

黑水河流域（见图 2 - 1）属岩溶与非岩溶地貌，西北为石灰岩高原，山峰海拔 700～800 米；东南以裸露型岩溶为主，山峰海拔不足 200 米。河两岸分布着低山峰屏坡立谷及峰丛槽谷，它们组成了一二级峰丛谷地、峰林谷地平原的地貌。其中，太平峰林谷地规模较大，这类孤峰平原面积约 100 平方公里，为平坦宽阔、土质深厚肥沃的田畴。

---

① 广西壮族自治区地方志编纂委员会：《广西通志·水利志》，广西人民出版社，1998，第 39 页。

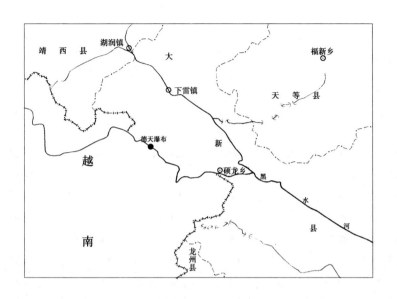

图 2 - 1　中越边境地区黑水河（德天瀑布）

中低山和低山丘陵分布较广，更有峰峦重叠的高山和平地拔起的孤山，奇峰矗立，千姿百态；碧水蜿蜒，风光旖旎。沿河经过三叠岭地貌裂点，有湖润谷地与靖西台地转折地带形成的大大小小瀑布群，蔚为壮观。难滩河流入越南境称归春河，于大新县硕龙乡德天村又进入我国境内，水势从 70 米落差的三层突断高崖，呈三级跌落状态，形成气势磅礴、宏伟壮观的三级大瀑布，这就是闻名中外的跨国瀑布——大新德天瀑布。而与之相连的越南板约瀑布尚未很好地开发。黑水河支流明仕河水文地质特点为较纯的可溶碳酸盐岩类为主的峰丛谷地，河清见底，山景田园，秀丽幽雅。四季气温变化不明显，年平均气温21.5℃ ~21.8℃。雨量充沛，年均降雨量 1800 毫米，年平均有雨日数超过 160 天，年内出现大雨、暴雨次数较多，为广西降雨量的高值区。黑水河流域水热条件较好，是靖西、大新、龙州等县域的主要产粮区和旅游风景区，著名景点景区有德天瀑布、明仕田园、难滩和逻水峡谷生态旅游区等。

黑水河及主要支流的特征见表 2 - 2。

表 2－2　黑水河及主要支流的特征

河流名称	级别	河流长度（公里）	总流域面积（平方公里）	县境内河流长度（公里）	县境内流域面积（平方公里）	多年平均流量（立方米/秒）
黑水河	干流	197	6025.1	64.3	5520	91.01
庞凌河	一级支流	16.0	385	16	253	8.47
龙潭河	干流上游	28.0	772	28.0	772	18.8
鹅泉河	一级支流	24	365	24	365	9.26
难滩河	干流上游	50	1273	50	1273	31.1
逻水	一级支流	53	240	43	240	6.47
响水河	一级支流	31.35	218.01	31.35	218.01	10.05
明仕河	一级支流	24.96	100.06	24.96	100.06	4.09
揽圩河	一级支流	27.53	147.58	27.53	147.58	3.11

河流名称	天然落差（米）	多年平均年径流量（亿立方米）	水能理论蕴藏量（千瓦）	可开发量（千瓦）	已开发量（千瓦）
黑水河	86	47.5	263400	59400	28900
庞凌河	253	2.67	2100	1000	57
龙潭河	212	5.94	18400	4000	3160
鹅泉河	162	2.92	8550	4600	4120
难滩河	253	9.83	18900	16300	6000
逻水	550	2.04	19200	15000	5000
响水河	3.17	83	8183	989	239
明仕河	1.29	81	3250	185	185
揽圩河	0.98	64	1953	351	351

资料来源：根据《靖西县水利水电志》《大新县水利水电志》《龙州县水利水电志》整理。

三　特殊河流——左江

珠江在联合国被注册为国际河流，珠江流域有一条贯穿广西的西江干流，西江水系最大的支流是郁江，郁江最大的支流是左江，左江包含有多条发源于我国或流经我国、发源于越南或流经越南的国际河流，所以在广西边境地区，左江是重要而特殊的河流。因为左江流域在我国境内所占比例相当大，一般被视为内河，但是左江的上游流域跨中越两国边境地区。发源于越南或流经越南的黑水河、水口河等国际河流先后注入左江，使左江的战略地位和作用更加鲜明，这里有必要把左江作为特殊的水道系统进行研究。

左江，古称斤南水、斤员水，壮语为"天上河流"的意思。发源于越南与广西交界的枯隆山。上游在越南境内称奇穷河（又叫黎溪），流经越南谅山省后，流入我国广西凭祥境内的平而关，称平而河。平而河流域面积为 7066.48 平方公里，其中越南境内 1092.48 平方公里。向东南方向流至龙州县龙州镇青龙桥西南 0.7 公里处与水口河（发源于那坡平孟，流经越南高平省后在龙州水口重新入境。在越南境内叫平江，流域面积 4241 平方公里，水口河全流域面积为 5531.9 平方公里）汇合，以下称龙江。向东流至龙州上金乡旧街 0.9 公里处，有一级支流明江（流域面积 6379 平方公里）从右侧汇入。龙州至上金段又称丽江。流经龙州县响水镇棉江村东南面 1000 米处，一级支流黑水河（流域面积 6025.1 平方公里）从左侧汇入。流经江州区与扶绥县扶南乡充禾屯处的支流汪庄河（流域面积 1258 平方公里，河长 124 公里）从右侧汇入。流至南宁市江西镇宋村东 0.8 公里处，左江与右江汇合注入郁江。左江干流全长 539 公里，流域面积 32068 平方公里，其中越南境内流域面积 11579 平方公里（包括水口河及平而河上中游及黑水河流域的一部分），占总流域面积的 36.1%。

流域区以岩溶地貌为主，主要是峰丛洼地、峰丛谷地和峰林谷地。大青山山脉由酸性火山岩组成，主峰海拔 1045 米；山地北缘与岩溶区接触，岩溶地貌为峰林谷地，海拔不足 500 米；山地与丘陵间多为盆地，海拔 100~300 米。下游地质构造复杂，岩性差异较大，水口一带多为原生基岩，岩层裸露，岸坡陡直；武德一带连座峰林、槽形谷地沿裂层发育；金龙一带峰丛山体高大，峰丛间为巨大的闭塞圆洼地或干谷，地表水绝大部分渗入地下；鸣风一带河谷深切、河道弯曲，河谷狭窄，河道呈 U 形，河流两岸为长条形，比河面高出 20~60 米，波状起伏，有比较平坦的台地和丘陵。

流域地处北回归线以南，属温暖多雨的南亚热带季风气候区，总体特征是冬春微寒干旱，夏秋炎热多雨，干湿季节分明，年无霜期 352 天以上。多年平均气温 22.1℃ （13.9℃ ~ 28.1℃），极端最高气温 40.5℃，极端最低气温 - 3℃；年平均水温为 23.6℃ （12.6℃ ~ 32.8℃）；多年平均降雨量 1346.2 毫米 （1112.1 ~ 1658.8 毫米），65% 的年降雨量集中在 6 ~ 9 月，冬、春两季少雨；日照时长，年总日照 1525 小时以上；蒸发量大，年蒸发量 1347.8 毫米。降雨低值区分布于左江及明江河谷十万大山、西大明山与四方岭之间，是降水量与径流量的低区。流域多年平均年径流量为 205.4 亿立方米。沿左江干流设有平而关水位站 （汛期站，1971 年设置）、鸭水滩水文站 （1955 年设置）、龙州水文站 （1906 年设置，观测有中断）、上金水位站 （1985 年设置）、濑湍水文站 （1953 年设置）、扶绥水文站 （1957 年设置，观测有中断）。濑湍水文站为左江下游的控制站，控制面积 27176 平方公里，占流域总面积的 84.7%。据该站资料，多年平均天然年径流量为 174.1 亿立方米；最大年径流量为 267 亿立方米 （1973），是最小年径流量 96.1 亿立方米 （1963） 的 2.78 倍；年际变化的变差系数为 0.27。丰水期 5 ~ 10 月径流量占年径流量的 86.2%，其中 6 ~ 9 月占年径流量的 72.1%，左江流域是广西降水量和径流量集中度很高的地区。[①]

分布在靖西、大新、龙州、凭祥、宁明、那坡境内的峒桂河、坡豆河、黑水河、水口河、枯隆河、平而河、板墩河、渠围河、根均河、平孟河等国际河流均注入左江；此外还有明仕河、丽江、响水河、明江、公安河、派连河、汪庄河、客兰河、笃邦河等内河，均属左江的水源，这些大小河流先后汇合后流入左江。左江流域涉及广西扶绥、江州、龙州、宁明、大新、凭祥、天等、上思、靖西、那坡 10 个县 （市、区） 及越南的谅山省和高平省，仅从广西边境地区看，左江流域涉及边境地区的绝大多数县域，是边境地区的重要河流。左江国际河流区有国家和自治区重点保护的多种水生野生动物；有左江斜塔、左江壁画、德天瀑布等驰名中外的旅游资源；有古骆越族群的水文化、壮族农耕稻作文化、"隆峒" 文化、花山文化、古镇文化等左江水系独特的壮族文化资

---

① 广西壮族自治区地方志编纂委员会：《广西通志·水利志》，广西人民出版社，1998，第 39 页。

源。广西边境地区是资源和水热条件较好，土地资源较丰富，人口集中度较高，工农业较发达，水利和航运发展快，旅游产业取得较好的收益的区域，在整个边境地区的经济社会发展中具有举足轻重的意义。

左江及主要支流的特征见表 2 – 3。

表 2 – 3　左江及主要支流的特征

河流名称	级别	河流长度（公里）	总流域面积（平方公里）	广西境内河流长度（公里）	广西境内流域面积（平方公里）
左　江	干流	539	32068	470	20489
平而河	一级支流	299	7066.48	50	5974
水口河	一级支流	188	5531.9	65	1277
峒桂河	二级支流	86.9	984	10	177
明　江	一级支流	315	3679	315	3679
黑水河	一级支流	197	6025.1	64.3	5520
汪庄河	一级支流	124	1258	124	1258

河流名称	多年平均流量（立方米/秒）	多年平均年径流量（亿立方米）	水能理论蕴藏量（万千瓦）	可开发量（万千瓦）	已开发量（万千瓦）
左　江	276	205.4			
平而河	132	37.6	1.4	0.8	0.43
水口河	131	39.07	1.37	0.82	0.45
峒桂河	50	0.86			
明　江	92.8	29.3			
黑水河	91.01	47.5	26.34	5.94	2.89
汪庄河	43.6	30.1			

资料来源：《广西通志·水利志》《龙州县水利水电志》等。

第二节　广西国际河流水质和水环境

河流水质是反映水环境的重要指标之一。在未进行强度开发的情况下，广西国际河流区水体水质和水环境总体良好，在广西实行水功能区

划的背景下，国际河流水资源合理开发与保护有了明确的目标、方向和
途径。

一 国际河流的水质

广西边境地区自 1972 年以来由县级防疫站按饮用水标准对境内主要
河流每季度进行一次水质化学分析，从 1984 年起由县级环保部门担负主
要河流水质监测与评估分析工作。多年评价结果表明，广西国际河流水
质状况总体良好，但局部河段、水域存在水污染，境外输入性水污染事
件时有发生。

（一）河流的水质状况

边境地区经济长期发展相对滞后，工业规模小，人口密集的城镇离
边境线较远，工业废水和生活污水以及固体废弃物向江河排放量相对较
少，大多数河流水质状况良好。据有关部门监测资料，全年期水质Ⅰ类
至Ⅲ类的河长占总评价河长的 83.4%；汛期水质Ⅰ类至Ⅲ类的河长占总
评价河长的 84.1%；非汛期水质Ⅰ类至Ⅲ类的河长占总评价河长的
86.3%，非汛期水质好于汛期水质。北仑河全年期水质Ⅱ类至Ⅲ类的河
长占总评价河长的 77.8%；汛期水质Ⅱ类至Ⅲ类的河长占总评价河长的
84.1%；非汛期水质Ⅱ类至Ⅲ类的河长占总评价河长的 83.4%，Ⅴ类的
河长占总评价河长的 1.06%，河流水质良好。黑水河为Ⅱ类水质，其中
难滩河Ⅰ类至Ⅲ类的河长占总评价河长的 80%，逻水河监测结果为Ⅵ类
水质。

（二）污染河段情况

据平而河等河流取样点的分析报告，河流主要受工业废水、生活
污水、农田回流水污染，水质污染类型以有机污染为主，主要超标污
染物为溶解氧、高锰酸盐、氨氮、亚硝酸盐、氯化物、总硫化物、粪
大肠菌群等。局部氨氮轻度超标，水质基本符合生活饮用水标准；受
人畜粪便的污染，枯水期细菌总数和大肠菌群超标，丰水期超标严重。
黑水河水域目前未受工业污染影响，主要污染物为氨氮，主要受居民
生活污染的影响大。

水口河、平而河监测断面水质评价见表 2-4。

表 2 - 4　水口河、平而河监测断面水质评价

项别	等级参数	DO	COD	BOD5	酚	GN	AS	Hg	Cr + 6
断面	一级	饱和率≥90%	≤21	≤1	≤0.001	≤0.01	≤0.01	≤0.0001	≤0.01
	二级	≥6	≤4	≤3	≤0.005	≤0.05	≤0.04	≤0.0005	≤0.02
	三级	≥4	≤6	≤5	≤0.01	≤0.1	≤0.08	≤0.001	≤0.05
水口河	均值	7.84	1.22	0.77	0.0015	0	0.0002	0	0
	等级	Ⅱ	Ⅰ	Ⅰ	Ⅱ	Ⅰ	Ⅰ	Ⅰ	Ⅰ
平而河	均值	6.67	2.02	0.91	0.0005	0	0.0005	0	0
	等级	Ⅱ	Ⅱ	Ⅰ	Ⅰ	Ⅰ	Ⅰ	Ⅰ	Ⅰ

资料来源：根据《龙州县水利水电志》整理。

二　国际河流水功能区划

考虑到国际河流水功能现状和水环境现状，服从和服务于广西水资源整体功能布局，对重点利用的水域划分为两级区划：一级区侧重从国际关系的大局上协调解决国界间用水关系，处理好国与国之间水资源开发问题；二级区侧重协调用水部门的关系，处理好地区之间、部门之间水资源开发问题，二级区是在一级区所划出的开发利用区中进行。

（一）一级水功能区划

根据广西水功能开发利用区划体系、原则和方法，边境地区国际河流一级区划如下。

广西编制的水功能区划对国际河流区主要河段进行了水环境功能分区。其中，Ⅰ类源头水、东兴红树林保护区水域河段 4 个，占区划河段总数的 28.55%；Ⅱ类至Ⅲ类为满足工农业生产、城镇生活、渔业和游乐多种需要的水域河段，占区划河段总数的 28.55%；Ⅱ类为今后开发利用和保护水资源而预留的水域区域，占区划河段总数的 42.86%。

广西国际河流水功能一级区划见表 2 - 5。广西依据水功能区划，提出了国际河流各流域水功能的水质目标。

1. 水口河流域一级区

水口河从中越边境线到龙州下冻乡段，开发利用程度低，要求水质达到Ⅲ类；水口河下冻乡到上金乡河段的水功能以饮用、灌溉为主，要求干流水质达到Ⅱ类。

表 2-5　广西国际河流水功能一级区划表

序号	功能区名称	流域	水系	河流	河段	范围		长度（公里）	水质现状	水质目标（2020年）	区划依据
						起始断面	终止断面				
117	水口河龙州保留区	珠江	西江	左江	水口河	龙州县水口（国界）	龙州县下冻乡	23	Ⅲ~Ⅵ	Ⅲ	开发利用程度较低
118	水口河、左江龙州开发利用区	珠江	西江	左江	水口河、左江	龙州县下冻乡	龙州县上金乡	51	Ⅱ~Ⅲ	按Ⅱ级区划	农业用水、饮用水
130	平而河凭祥龙州开发利用区	珠江	西江	左江	平而河	中越边境1号界碑	龙州县鸭水滩	30	Ⅲ~Ⅴ	按Ⅱ级区划	农业用水、饮用水
131	平而河龙州保留区	珠江	西江	左江	平而河	龙州县鸭水滩	龙州县县城	20	Ⅲ	Ⅲ	开发利用程度较低
140	黑水河源头水保护区	珠江	西江	左江	黑水河（难滩河）	源头	靖西县崚飞溶洞	24	Ⅱ	Ⅱ	源头水保护
141	黑水河靖西开发利用区	珠江	西江	左江	黑水河（难滩河）	靖西县崚飞溶洞	靖西县岳圩镇	35	Ⅲ	按Ⅱ级区划	农业用水、饮用水、工业用水 备注:岳圩下出国境至越南
142	黑水河中国越南保留区	珠江	西江	左江	黑水河（归春河）	靖西县岳圩镇	大新县硕龙镇	35	Ⅱ	Ⅱ	协调国际用水关系 备注:岳圩至德天河段在境外
143	黑水河大新—江州保留区	珠江	西江	左江	黑水河	大新县硕龙镇	入左江口	82.1	Ⅱ~Ⅲ	Ⅱ~Ⅲ	开发利用程度较低

续表

序号	功能区名称	流域	水系	河流	河段	范围		长度（公里）	水质现状	水质目标（2020年）	区划依据
						起始断面	终止断面				
245	北仑河源头保护区	华南沿海诸河	桂南沿海诸河	北仑河	北仑河	源头	防城区板八乡	14	II	II	源头水保护
247	北仑河中国、越南界河保留区	华南沿海诸河	桂南沿海诸河	北仑河	北仑河	防城区范河乡	东兴市江那村	16	II~IV	III	协调国际用水关系 备注：中国与越南界河
248	北仑河东兴开发利用区	华南沿海诸河	桂南沿海诸河	北仑河	北仑河	东兴市江那村	东兴市独墩岛	22	II~IV	按II级区划	农业用水、工业用水
249	北仑河东兴红树林保护区	华南沿海诸河	桂南沿海诸河	北仑河	北仑河	东兴市独墩岛	入海口		II~IV	III	国家红树林保护区面积20平方公里
250	百南河那坡源头水保护区	云南广西国际河流	红河	红河	百南河	滇、桂省界	那坡县百南乡	38	II	II	源头水保护、水源林保护
251	百南河那坡保留区	云南广西国际河流	红河	红河	百南河	那坡县百南乡	中越国界（那坡县百南乡弄元村）	29	II	II	开发利用程度较低

资料来源：根据《广西通志·水利志》①整理。

①广西壮族自治区水利厅地方志编纂委员会编《广西通志·水利志（1991~2005）》，2011。

2. 平而河流域一级区

平而河中越边境1号界碑到龙州县鸭水滩水体的主要功能为饮用水、农业用水，要求水质达到Ⅱ类；龙州县鸭水滩至龙州县城的河段为保留区，水质要求达到Ⅲ类。

3. 黑水河流域一级区

黑水河流域有2个保留区、1个源头保护区、1个开发利用区，源头至靖西县凌飞溶洞水体功能为源头水保护，要求水质达到Ⅱ类；黑水河（难滩河）的靖西县凌飞溶洞至岳圩镇（出国境前段）水体主要功能为饮用、灌溉、纳污（工业用水），水质要求按Ⅱ类区划；黑水河（归春河）靖西县岳圩镇至大新县硕龙镇水体功能为协调国际用水关系，要求水质达到Ⅱ类；大新县硕龙镇至入左江口河段开发利用程度低，要求水质达到Ⅱ～Ⅲ类。

4. 北仑河流域一级区

北仑河流域有1个保留区、2个源头保护区、1个开发利用区，从源头至防城区板八乡水体为源头水保护，要求水质达到Ⅱ类；防城区范河乡至东兴市江那村为中越界河，水体功能为协调国际用水关系，水质要求达到Ⅲ类；东兴市江那村至独墩岛是北仑河流域经济发达、人口密集地区，水体功能为工业和农业用水，水质要求按Ⅱ类区划；东兴市独墩岛至入海口，分布着面积为20平方公里的国家红树林保护区，水质要求达到Ⅲ类。

5. 百南河流域一级区

百南河流域从滇、桂省界至那坡县百省乡河段，水体功能为源头水保护、水源林保护，要求水质达到Ⅱ类；那坡县百省乡至中越国界（那坡县百南乡弄元村）河段开发利用程度较低，要求水质达到Ⅱ类。

（二）二级水功能区划情况

根据广西水功能开发利用区划，国际河流二级区划在一级区划的开发利用区内分重点进行，分为饮用水源区、工业用水区、农业用水区、过渡区，国际河流二级区划如表2-6所示。

表2-6　广西国际河流水功能二级区划表

序号	功能区名称	流域	水系	河流	河段	范围		水质代表断面	长度（公里）	功能排序	水质现状	水质目标（2020年）	区划依据
						起始断面	终止断面						
72	水口河下冻过渡区	珠江	西江	左江	水口河	下冻镇	七里滩电站		4.4	降解自净	Ⅲ	出口断面Ⅱ类	水质差异
73	水口河龙州饮用、工业用水区	珠江	西江	左江	水口河	七里滩电站	龙州大桥	龙州	14.4	饮用、工业	Ⅱ	Ⅱ	取水量
103	黑水河靖西饮用水、工业用水区	珠江	西江	左江	黑水河	靖西县凌雷飞溶洞	五隆村狮子山		6.5	饮用、工、景观	Ⅲ	Ⅲ	取水量
104	黑水河靖西农业用水区	珠江	西江	左江	黑水河	五隆村狮子山	岳圩		28.5	农业	Ⅲ	Ⅲ	取水量
105	下雷河靖西湖润饮用水、工业用水区	珠江	西江	左江	下雷河	源头	靖西湖润		37.5	饮用、工业	Ⅲ	Ⅲ	取水量
106	下雷河靖西—大新过渡区	珠江	西江	左江	下雷河	靖西湖润	大新仁惠		6.6	降解自净	Ⅲ	Ⅲ	水质差异
107	下雷河下雷饮用水、工业用水区	珠江	西江	左江	下雷河	大新仁惠	巷口（伏龙）	新和	12	饮用、工业	Ⅲ	Ⅲ	取水量
199	北仑河东兴饮用水源区	华南沿海诸河	桂南沿海诸河	北仑河	北仑河	江那村	白鹤岭水库汇入口	东兴	13	饮用、景观	Ⅱ～Ⅲ	Ⅱ	取水量
200	北仑河独墩工业、农业用水区	华南沿海诸河	桂南沿海诸河	北仑河	北仑河	白鹤岭水库汇入口	独墩岛		9	工业、农业、景观	Ⅲ～Ⅳ	Ⅲ	取水量

资料来源：根据《广西通志·水利志》①整理。
①广西壮族自治区水利厅地方志编纂委员会编《广西通志·水利志（1991～2005）》，2011。

1. 水口河流域二级区

（1）水口河下冻过渡区：从龙州下冻镇至七里滩电站，全长 4.4 公里，水质目标按Ⅱ类执行。

（2）水口河龙州饮用、工业用水区：从七里滩电站至龙州大桥，全长 14.4 公里，该区为龙州县城生活饮用及工业用水水源，水质目标按Ⅱ类执行。

2. 黑水河流域二级区

（1）黑水河靖西饮用水、工业用水区：从靖西县凌飞溶洞至五隆村狮子山，全长 6.5 公里，为靖西县城 7.9 万人生活饮用水源区，现有取水口为自来水厂、化工厂，年取水量 272 万吨，还开发了旅游景观。水质目标为Ⅲ类。

（2）黑水河靖西农业用水区：从五隆村狮子山至岳圩，全长 28.5 公里，水质目标为Ⅲ类。

（3）下雷河靖西湖润饮用水、工业用水区：从源头至靖西湖润，全长 37.5 公里，主要解决靖西县湖润、同德等乡镇生活用水及农业用水，水质目标为Ⅲ类。

（4）下雷河靖西一大新过渡区：自靖西湖润至大新仁惠，全长 6.6 公里，为协调靖西县与大新县用水关系而设置，水质目标为Ⅲ类。

（5）下雷河下雷饮用水、工业用水区：从大新仁惠至巷口（伏龙），全长 12 公里，为县城生活饮用及工业用水水源，水质目标为Ⅲ类。

3. 北仑河流域二级区

（1）北仑河东兴饮用水源区：从东兴江那村至白鹤岭水库汇入口，全长 13 公里，为城市 1.6 万人的生活饮用水源，还有旅游景观开发，水质目标为Ⅱ类。

（2）北仑河独墩工业、农业用水区：从白鹤岭水库汇入口至独墩岛，全长 9 公里，为工业用水、农业用水、景观开发用水，水质目标为Ⅲ类。

第三节　广西国际河流的主要特点

广西边境地区按行政区划分为 8 个县（市、区），但它们具有地理共同性、资源和经济结构相似性，由于地处南国边关，各地都拥有共同的资源，如边关资源、亚热带资源、热带资源、动植物资源、国际河流水资源等。但从地域分布、水文地理，以及区域开发开放和建设发展来看，各地又构成了自身的特点。

一 国际河流以连接水道为主

国际河流一般分为两种基本类型：一类是毗邻水道（Contiguous Watercourse），指形成共同边界的水道，主要包括界河、跨境湖泊、跨境含水层；一类是连接水道（Successive Watercourse），指跨界而不形成不同国家间边界的水道，也称多国河流、跨国（跨境）河流等。[①] 我国东北地区的国际河流属于毗邻水道，西南和西北地区的国际河流属于连接水道。广西边境地区地处我国西南地区，基本上从属于西南地区国际河流的属性类型。广西国际河流类型还有比较特殊之处，归于连接水道属性的国际河流普遍为水道系统中较弱小的支流或者独立的流域面积较小的河流，如坡豆河、枯隆河、板墩河、根均河、渠围河、江口河、滩散河、峒中河、上荣河等，但是流域面积 1404 平方公里的百南河例外，百南河水系属红河流域，是红河流域的主要干流，经越南的锦江和红河流入北部湾，百南河具有连接水道的属性。归于毗邻水道属性的国际河流普遍为水道系统中的主要干支流，如平而河、水口河、峒桂河、黑水河、北仑河等，但实际上它们既有毗邻水道的属性又有连接水道的属性。例如，平而河河长 299 公里，广西境内长 50 公里，越南和中国交界河长 3 公里；北仑河在东兴市友谊桥以上干流长 98.3 公里，广西境内长 67 公里，中国与越南交界河长 31 公里，因此，平而河具有广义上连接水道的属性，北仑河具有广义上毗邻水道的属性。

二 国际河流分属于三大流域

广西河流众多，分属四大流域 6 个水系。属珠江流域的有西江、北江两个水系；属长江流域的有洞庭湖水系；属红河流域的有百南河水系；

---

① 何大明、冯彦：《国际河流跨境水资源合理利用与协调管理》，科学出版社，2006，第8页。

属沿海流域的有桂南沿海诸河、粤西沿海诸河两个水系。除长江流域洞庭湖水系之外，红河流域的百南河水系、珠江流域的西江水系、沿海流域的桂南沿海诸河水系都包含广西国际河流。百南河水系流域面积2449平方公里，其主要干支流如百南河、那布河等分布在广西那坡县；属桂南沿海诸河水系的北仑河流域面积1187平方公里，占桂南沿海诸河水系流域面积的5.36%；属西江水系的有平而河、水口河、峒桂河、黑水河等，研究中将靖西、大新、凭祥、龙州、宁明、防城区境内集水面积50平方公里以上的国际河流枯隆河、板墩河、根均河、渠围河、江口河、滩散河、峒中河、下荣河认定为中越边界河流，诸条国际河流流域面积大约为21241平方公里，占西江水系流域面积的6.03%。

与广西国际河流相关性最大的是郁江。郁江是西江水系中最大的支流，流域面积为89357平方公里，多年平均年径流量502亿立方米，河长1145公里，平均坡降0.33‰。流域范围包括云南境内9723平方公里，占流域总面积的10.9%；越南境内11579平方公里，占总面积的12.9%；广西境内68055平方公里，占总面积的76.2%。径流量国内部分为416亿立方米，其中广西境内为371亿立方米，占总径流量的73.9%。[①] 郁江有三大支流，分别为左江、明江、黑水河，黑水河为国际河流，发源于广西靖西县，流经越南重庆县，广西大新县、龙州县等地汇入左江。左江支流平而河、水口河、峒桂河等为国际河流。左江干流全长539公里，流域面积32068平方公里。水口河全流域面积5531.9平方公里。平而河全流域面积7066.48平方公里，其中越南境内1092.48平方公里，广西境内5974平方公里。左江虽在联合国被注册为国际河流，但我国基本上把左江视为内河。[②]

三 国际河流河川天然情况复杂

越南和中国是毗邻接壤国家，广西边境地区盘踞着诸多山体较高、较大的山峦，受复杂的山形地势影响，各地集水面积在50平方公里以上

---

① 广西壮族自治区地方志编纂委员会：《广西通志·水利志》，广西人民出版社，1998，第38页。

② 何大明、冯彦：《国际河流跨境水资源合理利用与协调管理》，科学出版社，2006，第8页。

的国际河流属性、流向、天然径流等存在较大差异，情况较为复杂。从河流发源地来看，广西国际河流有 12 条发源于我国云南和广西的边境地区，占广西国际河流总数的 75%。从河流的位置来看，本来广西国际河流绝大多数源于云南富宁，广西那坡、靖西、龙州和防城等地，国际河流应该地处上游，但因河流发源地紧临中越边境线，河流流向在改变后变换为地处下游，这类一出一进或一进一出的河流有 10 条，占广西国际河流总数的 62.5%。从河流流向看，可大致分为四种情况：一是地处上游，连接水道属性，流出国境的国际河流有百南河、那布河、坡豆河、难滩河（黑水河上游）；二是地处上游，毗邻水道属性，有中越界河特性的国际河流有北仑河、平而河、水口河、归春河（越南名称）；三是由地处云南或广西上游发源地，改变流向后为地处下游，先流出国境再流入国境的国际河流有上荣河、峒桂河、黑水河、水口河、枯隆河和渠围河；四是发源于越南，从越南流入国境的国际河流有平而河、板墩河、根均河、江口河和峒中河。从国际河流水资源径流量看，入国境水量多而出国境水量少，多年平均入国境水量 77.08 亿立方米，多年平均出国境水量 31.19 亿立方米。以集水面积在 1000 平方公里以上的百南河、黑水河、水口河、平而河为例，平而河及水口河多年平均入国境水量 73.05 亿立方米；黑水河多年平均入国境水量 4.04 亿立方米；百南河多年平均出国境水量 17.71 亿立方米；黑水河多年平均出国境水量 13.48 亿立方米。[①]

广西主要国际河流流向情况见表 2 - 7。

表 2 - 7　广西主要国际河流流向情况

发源地、流向	国际河流名称
源于中国，流出越南	百南河、那布河、坡豆河、难滩河（黑水河上游）
源于中国，中越界河	北仑河、平而河、水口河、归春河（越南名称）
源于中国，流出越南后再流入中国	上荣河、峒桂河、黑水河、水口河、枯隆河、渠围河
源于越南，流入国境	平而河、板墩河、根均河、江口河、峒中河

---

① 广西壮族自治区水利厅地方志编纂委员会编《广西通志·水利志（1991 ~ 2005）》，2011。

四 国际河流水文地理特征明显

广西国际河流水文地理特征有两个突出特点：一是国际河流以山区型为特征；二是国际河流分布地区基本上为区域性丰水地区。

从整体上看，广西边境地区是中低山原地区，山峰起伏和岩溶分布较广，地貌类型复杂多样。西南部的那坡县、靖西县地处云贵高原东南部边缘，云贵高原余脉六韶山贯穿那坡县全境，山地地区山峰海拔 700~1600 米，以三叠纪和泥盘纪、砂岩、页岩及泥岩组成的土山山峦起伏、连绵不断、沟谷幽深、河流纵横。靖西县为石灰岩高原，以石灰岩组成的峰林、峰丛山地，群峰林立、峰峦叠嶂，奇峰异洞广布。国际河流由西北向东南流，属左江水系。南部的大新县、龙州县、凭祥市、宁明县地处桂西南山区，大新县和龙州县地貌有岩溶与非岩溶地貌两种，岩溶山区包括峰丛洼地、峰丛谷地和峰林谷地三种形态类型。龙州县和凭祥市地处大青山山脉地区，大青山山脉斜卧在龙州与越南高平省之间的边境线上，最高峰海拔 1045 米，大青山山脉山体高大，山谷地带因溪河比降大，流量多切割强烈，形成较窄的深谷，国际河流水口河、平而河分布在大青山山脉地区。宁明县地处十万大山余脉以砂砾岩、粉砂岩、泥岩等组成的土山地区，山高壑深、峰峦重叠，形成无数山间带状谷地和峰丛坡地，海拔多在 500 米以上。宁明县国际河流主要汇入左江。东南部的东兴市、防城区差异较大，东兴市地处东兴盆地，由砂砾岩、砂岩及泥岩组成，西南部延入越南；防城区地处十万大山及其支脉东山山区，原山区峻岭林立，高峰挺拔，平均海拔高度 1000 米以上；广西著名的十万大山孕育了北仑河、江口河、滩散河、峒中河国际河流，它们由西北向东南流向北部湾。

广西国际河流集中分布地区为年均降雨量大的地区。国际河流区位于北回归线以南，属南亚热带季风气候，西北部气候温和，冬短夏长；南部和东南部热量丰富，雨量充沛，日照充足，冬暖夏热。该区一年四季较长时间盛吹东南风，只有在北方冷空气南下的影响下，才出现短时北风。南方暖湿海洋气流和高山森林气候交替影响，上空聚集较丰富的水汽，易形成雨云，雨量充沛，年平均降雨量 1600 毫米以上。国际河流区受热带气旋系统影响，暴雨集中，强度大，时空分布不均匀，降雨的时间分布集中在汛期每年 4～9 月。广西分布有 3 个明显的降雨量高值区，即（1）桂西南十万大山迎风坡，暴雨中心雨量 2800～3600 毫米；（2）桂北的越城岭—天平山—九万大山，暴雨中心雨量 2200～2800 毫米；（3）桂中大瑶山东南坡，暴雨中心雨量 1800～2200 毫米。① 东兴市地处十万大山附近的西南沿海多雨气候区，年均降雨量 2800～3600 毫米。资料表明，靖西、大新、龙州接近越南边界一带有一个年径深流大于 800 毫米的小范围的高值区，属于丰水带。

五　国际河流水资源和水能资源丰富

广西国际河流为山地型河流，河流流向多与地质构造一致；区域降雨量大，为丰水区，水量季节性变化大；河岸高，多弯曲，多峡谷和险滩；河流含沙量少；岩溶地区地下伏流普遍发育。属于珠江流域西江水系的国际河流黑水河、水口河、平而河、峒桂河、枯隆河、板墩河、渠围河、根均河流域面积占西江水系流域面积的 10.05%。西江水系在广西境内流域面积占广西总陆地面积的 84.5%。水能资源丰富，左江流域面积 32068 平方公里，年平均径流量 205.4 亿立方米，水流落差大，水量充足，理论蕴藏量达 80 万千瓦，可开发量 30 万千瓦以上，现仅开发 7.4 万千瓦。目前，左江水能资源开发已经列入广西壮族自治区规划，拟安排的重点建设项目有 6 项，见表 2-8。

左江支流黑水河、水口河水电开发进展大，百南河水电开发有较大潜力。2005 年广西规划在靖西、龙州、那坡县建设 8 座装机容量 5000 千瓦以上的水电站（见表 2-9），支持当地经济社会发展。

---

① 广西壮族自治区水利厅地方志编纂委员会编《广西通志·水利志（1991～2005）》，2011。

表 2－8　左江规划推荐梯级开发方案及主要技术指标表

序号	梯级名称	建设地点	集水面积（平方公里）	多年平均流量（立方米/秒）	正常蓄水位（米）	调节库容（万立方米）
1	平西河	龙州	6600	110	185	
2	鸭水	龙州	6827	123	127.5	1700
3	先锋（一）	龙州	6906	127	116.8	
4	左江	崇左	26173	565	108	4850
5	先锋（二）	崇左	26282	566		
6	山秀	扶绥	29526	600	86.5	3800

序号	装机容量（万千瓦）	保证出力（万千瓦）	年发电量（亿千瓦小时）	坝型	最大坝高（米）	建设情况
1	13.5		4.55			规划
2	0.375	0.121	0.225	重力坝	10	已建
3	0.15		0.075			已建
4	7.2	1.34	600	混凝土重力坝	30.1	已建
5	1.7	0.744		重力坝	5.28	扩建
6	7.8	1.36	2.527	混凝土重力坝	11.5	扩建

资料来源：《广西通志·水利志》①。

①广西壮族自治区水利厅地方志编纂委员会编《广西通志·水利志（1991～2005）》，2011。

表 2－9　2005 年广西在建装机容量 5000 千瓦以上水电站基本情况表

处数处	项目名称	总装机容量（千瓦）	所在地	装机机组情况（台×千瓦）
19	岳圩水电站	7650	靖西县	2×3200＋1×1250
30	各达山一级水电站	10500	那坡县	2×4000＋1×2500
35	惠布一级水电站	12000	那坡县	3×4000
36	百都水电站扩建	12000	那坡县	2×5000＋1×2000
43	龙州电站一级站	13000	龙州县	2×6500
47	龙州电站二级站	15000	龙州县	3×5000
51	上盖电站扩建	19500	那坡县	2×9750
56	那恩水电站	25500	那坡县	3×8500

资料来源：《广西通志·水利志》①。

①广西壮族自治区水利厅地方志编纂委员会编《广西通志·水利志（1991～2005）》，2011。

六　国际河流区具有丰富的自然资源

世界上各地的国际河流区地广人稀，自然资源十分丰富，不仅水、土、林、矿能资源丰富，而且生物和文化多样性资源也很丰富。广西国际河流区也是如此，拥有丰富的土地、水、光热、动植物、矿产、旅游等资源。从土地资源看，边境地区耕地面积占广西耕地总面积的 5.48%，靖西、大新和龙州县人均耕地面积高于广西平均水平，大新县人均耕地面积比广西多出 127.72%。从动植物资源看，边境地区动植物资源种类丰富，用材植物中多为珍贵的阔叶木材，蚬木、金丝李、香樟、红锥等特类用材，还拥有油料类植物、树脂类植物；主要动物资源有国家保护的珍稀动物白头叶猴、黑叶猴、蜂猴、云豹、冠斑犀鸟等，蜂猴、冠斑犀鸟列为世界级稀有珍贵动物；东兴市和防城区还盛产鲳鱼、鲷鱼、石斑鱼、海参、墨鱼、基围虾、文蛤、牡蛎等海产品。从矿产和水电资源看，矿产以锰、稀土、重晶石、膨润土水泥用的灰岩等储量较大，大新和靖西县是我国重要的锰矿基地，已探明锰矿储量达 1.5 亿吨，占全国的 1/4，居广西首位；宁明县膨润土储量 7 亿多吨，居世界第一位，宁明县和龙州县稀土资源储量大，在全国占有一定地位，目前尚未大规模开发。从旅游资源看，国际河流区山河壮丽，地貌多姿，山峰、岩石、水流、森林构成一派南国美丽的自然风光，同时，还是我国壮族人口最集中、比例最高的地区，壮族原生态文化资源最为富集。旅游资源丰裕度高，种类齐全，有边关风貌，异国风情，山水和滨海风光，壮、京、瑶、苗等少数民族风俗、人文景观，珍稀动植物，原始生态等多种类型的旅游资源。这些旅游资源特色突出，等级和品位都很高，如大新德天跨国瀑布、宁明花山壁画、凭祥友谊关、那坡黑衣壮等。

广西边境地区土地、矿产资源及地方特产空间分布见表 2 - 10。

七　国际河流区口岸资源富集

自 1992 年国务院批准凭祥、东兴为边境对外开放城镇以来，中央为支持广西边境地区进一步加快开放发展，1996 年又批准宁明县、龙州县、大新县、靖西县、那坡县为边境开放县，从此，国际河流区全面对外开

表 2-10　广西边境地区土地、矿产资源及地方特产空间分布

地区	土地资源			地方特产	主要矿产资源
	土地总面积（平方公里）	耕地总面积（万公顷）	人均耕地面积（公顷/人）	有林地面积（万公顷）	
防城	2445	1.80	0.05	10.15	八角、玉桂、珍珠、金花茶、白龙珍珠、茅岭海鸭蛋、鲨鱼、鲷鱼、鲅鱼、石斑鱼、墨鱼、对虾、龙虾	锰、钛、铁、锑、萤石、玉石、晶石、石英砂、花岗岩
东兴	549	0.58	0.05	2.77	玉桂、八角、青蟹、鱿鱼、对虾、沙虫、石斑鱼、大蚝、文蛤、橡胶、松香	锑矿、石英砂
大新	2742	6.90	0.19	4.27	龙眼、苦丁茶、八角、果蔗、三华李、蛤蚧、砚木砧板	锰、铅、锌、铁
宁明	3698	3.46	0.08	21.38	八角、松脂、木菠萝、荔枝、龙眼、桐棉松、茴油	金、铜、煤、石油、膨润土
龙州	2318	2.80	0.10	11.68	八角、桄榔粉、砚木制品、茶叶	石灰石、稀土、铁、金、铜、锌、铅、钛
凭祥	650	0.98	0.09	3.11	八角、油桐、龙眼、巴戟、荔枝、金银花、鸡血藤、金丝李、砚木、向首乌	煤、铁、铝、金、稀土、石灰石
靖西	3322	6.84	0.11	21.57	田七、烤烟、大肉姜、大果山楂、香糯、壮锦、绣球	铝土矿、锰、硫铁、磷、重晶石
那坡	2231	0.93	0.04	12.02	大红八角、玉桂油、茴香脑	铝土矿、锰、金、铜、钛、镍、辉绿岩

资料来源：根据 2010 年广西统计年鉴、广西年鉴整理。

放。口岸资源是其一大优势,共拥有 4 个国家一类口岸:东兴、凭祥、友谊关、水口口岸;地方二类口岸 7 个:峒中、爱店、平而、硕龙、岳圩、龙邦、平孟口岸;边民互市贸易点 25 个:杨屋、东兴、滩散、里火、峒中、板烂、爱店、北山、油溢、凭祥、弄尧、平而、那龙、水口、科甲、硕龙、岩应、德天、新兴、龙邦、岳圩、孟麻、平孟、那布、百南。边境口岸、边民互市点的建设和发展,改变了国际河流区沿边开放的局面,进一步提升了国际河流的口岸功能、通道功能、边贸功能和旅游功能等。在国际河流区,有些国际河流或是连接水道性质,或是毗邻水道性质,由于对外开放的需要,百南河、黑水河、水口河、平而河、北仑河等国际河流分布有国家、自治区级口岸和边民互市贸易点。比如,平而河分布有友谊关国家一类口岸、平而地方二类口岸和平而边民互市贸易点;北仑河分布有东兴国家一类口岸和东兴边民互市贸易点;等等。境内外货物交易以及人员来往一般在国际河流沿岸的口岸或区域进行。已经开通的口岸各具特色,凭祥友谊关口岸以进出口农副产品、五金机电为主;龙州水口口岸以矿产品进口为主;宁明爱店口岸以中草药进出口为主;东兴口岸以进口海产品为主。2010 年经边境地区口岸实现的边贸额达 65.3 亿元人民币。

广西边境地区的部分口岸情况见表 2-11。

表 2-11　广西边境地区的部分口岸情况

口岸类型	国家一类口岸—对应邻国口岸	口岸所属县市	区位状况
公路口岸	东兴—芒街(越南)	东兴市	在中越边境的最东端,北仑河畔
	友谊关—友谊(越南)	凭祥市	临平而河,距越南谅山市18公里
	水口—驮隆(越南)	龙州县	水口河畔,位于龙州县西部
	龙邦—茶岭(越南)	靖西县	临黑水河,位于靖西县龙邦镇
	爱店—峙马(越南)	宁明县	位于宁明县爱店乡,临板墩河
铁路口岸	凭祥—同登(越南)	凭祥市	临平而河,在凭祥市的最南端

资料来源:根据中国口岸资料整理。

八　国际河流灾害危害频繁

广西边境地区是水旱灾害频繁发生的地区,每年均有不同程度的水灾和旱灾发生。水灾一般发生在夏季（6~8月），旱灾在一年四季都有发生，尤其是春旱和秋旱发生频繁。该区水旱灾有文字记载的始于清末，龙州县自顺治六年（1649）至光绪三十四年（1908），共发生水灾10年，发生旱灾18年。靖西县道光三年（1823）至宣统末年（1911），共发生水灾4年，发生旱灾3年；靖西县自民国二十三年（1934）至民国末年（1948），水灾发生9年，旱灾发生10年。新中国成立以来，特别是改革开放以来，由于经济加快发展和人口快速增长的原因，边境地区水旱灾害越来越频繁。龙州县1950~2005年，水灾发生27年，旱灾发生40年，水灾平均2.1年发生1次；旱灾平均1.4年发生1次。[①] 靖西县1949~2005年，水灾发生55年，旱灾发生43年，其中，有40年是在1年内同时出现旱涝灾害。[②] 水旱灾多发的原因有气象、地理、环境和人为等因素。从气象因素影响分析，境域降雨量大，时常出现强度大暴雨，降雨在时空上分布不均匀，月最大降雨量2800毫米以上，最小的一个月无一滴雨。从地理、环境因素影响分析，因为地形陡峭，小河多，集流历时短暂，水位涨落急剧，经常出现"三日大雨成涝，七日无雨则旱"的现象。平而河、水口河集水面积位于高陡坡的岩溶山区，各支流河水汇流历时短促；洪水涨势急剧，波涛汹涌，最大流速每秒3.2米。平而河为边境地区最主要的汛期洪水，较其他河流的洪水发生次数多，量大。经过摸索，龙州县当地居民找到了平而河洪水传播规律，即从越南谅山水文站至龙州水文站，洪水平均传播时间为20小时。一般来讲，平而河水文站观测的洪水警戒水位为137.00米，紧急水位为142.04米。从人为因素影响看，20世纪50年代末，森林砍伐现象严重，靖西县全县共砍林木65088亩，童山濯濯，岩体裸露。1984年林业普查时，全县剩有林地面积57.1万亩，覆盖率下降至11.4%。再者，现有的水利设施或供水能力不足，或年久失修，致使水旱频仍，灾情加重。[③] 根据资料，近20年来，在国际河流区发生过几场重大水旱灾害，它们是：1986年7月23日龙州县遭遇一场百年不遇的特大洪水袭击；2008年9月27日宁明县受14号

---

① 广西壮族自治区龙州县水利局：《龙州县水利电力志》，2008年第70期。

② 广西壮族自治区靖西县水利局：《靖西县水利电力志》，2008年第71期。

③ 广西壮族自治区靖西县水利局：《靖西县水利水电志》，2008年第71期。

强台风"黑格比"的影响，遭遇百年一遇的特大洪水；2009 年 11 月至 2010 年 4 月，那坡县遭遇百年一遇的特大旱灾。这些重大水旱灾，给当地群众造成特大损失。

九 从过去长期处于战争前沿到现在中国通往东盟的重要门户

历史上广西边境地区既是战争发生地，又是战争前线。光绪九年（1883）中法战争的战火燃烧到此，中法战争的陆上战争主要是在广西、云南与越南接壤的边境地区激烈进行；20 世纪 60 年代我国援越抗美，海南、云南、广西不时被美国军用飞机侵入，投掷炸弹和发射导弹；70 年代末广西成为对越自卫反击战的前钱，以后局部地区不间断发生炮战，军事对峙的紧张局势延续 10 年之久。新中国成立以来 60 多年，有 39 年在战争状态下度过，边境地区很难安心地、和平地进行开发和建设。战争造成大批房屋、校舍以及水利、交通、通信、供电等设施严重毁坏。在 20 世纪七八十年代，正是中国全面推进改革开放的至关重要的发展时期，沿海和内地争先恐后地抓经济，聚精会神地搞建设，到处是"机场隆隆"；而广西边境地区仍然一切为前线、一切保军供，时常有"轰轰炮声"，边境地区开放、开发还未全面启动。1991 年中越关系恢复正常化，边境地区又在忙于排雷，地方政府工作未能转移到发展上来。20 世纪 90 年代末到现在，在中央和地方政府的共同努力下，边境地区战争创伤逐步得到医治。目前，随着中越两国睦邻友好关系的不断加强和巩固，边境地区不再是战争前线，而成为中国与越南及其他东盟国家开放合作的前沿地带，是中国通往各东盟国家的陆路通道和枢纽，凸显了作为中国南向开放的桥头堡和门户的独特优势。

| 第 | 三 | 章 |

广西国际河流区开发的历史与现状

　　广西边境地区毗邻越南，长期以来处于战争前沿，1883 年中法战争、1965 年抗美援越、1979 年对越自卫反击战，无不是战争的前沿或前线，尤其是水口河、平而河、北仑河，既是界河，又拥有口岸，必为兵家争夺之地，这里矗立在河岸边高山上的一座座古炮台就记录了一幕幕战争历史。历次战争给中越两国边境地区的人民带来沉重灾难，不过战争因素、国际因素、政治因素、人为因素等，并没有导致广西国际河流数目变动，像世界某些国际河流区因国家数和边境数的增加，导致国际河流数目增加的情况没有发生，说明广西国际河流区具有稳定性。着眼历史，龙州县水口河作为中国最早开放的对外口岸之一，一百多年前曾出现过国际商贸往来繁荣现象，为广西边境小县的鼎盛时期，但后来因种种原因最终褪去了繁华的光环。在随后的较长时间里，广西国际河流的开发步伐缓慢，河流大多处于自然状态。一直到我国实行改革开放，特别是 1991 年 11 月中越两国恢复正常关系以来，边境地区紧紧抓住开发、开放的机遇，一方面充分利用国家给予的沿边开放政策加快发展，另一方面积极开展与越南的经济合作，以国际河流合作开发为例，双方已经从改革开放前建设水利设施单项的双边合作，发展到着眼于国际河流整体综合开发的合作，双边合作拓展至边贸、旅游、交通、农业等多领域，呈现出双边开放与合作兴旺发展的良好局面。回溯广西国际河流开发的历史，研究国际河流开发现状和趋势，可以进一步加深对广西国际河流区开发、开放和发展的认识。

第一节　广西国际河流区开发历史回溯

比较系统的史实资料皆源于边境地区各县志，研究这些资料，并查阅国内文献，对国际河流区开发历史作回顾分析。

一　广西国际河流区管理、贸易和双边往来史实

据边境地区的各县县志，关于广西国际河流区开发记载最早是在光绪二十二年（1896），所涉及的内容有管理、贸易、中越双边往来几大类。

（一）广西国际河流水文观测和管理的历史回顾

清光绪二十二年（1896），龙州海关在龙州县城设立水位观测站，开辟了广西近代河流水文观测的历史。

龙州县主要河流有左江、水口河、平而河、明江河、黑水河、峪阳河、峒桂河、明仕河 8 条，除明江河和峪阳河之外的其余 6 条河均为国际河流。龙州县夏季降雨量集中，容易发生严重洪涝灾害。由于地理位置的原因，雨季到来，水口河和平而河自越南的崇山峻岭急剧而下，波涛汹涌，上游还有一些支流汇合后集中进入我国境内。光绪年间，龙州水位观测站的设立，标志着水口河、平而河的水情有了专门机构进行观测。

清朝时期，龙州县洪涝灾害有史可查，从清代康熙二年（1663）到清代光绪三十四年（1908），共发生了 10 次水灾，大多发生在 7~9 月，洪水量大，房屋、庄稼被淹，损失巨大。

民国时期，龙州县水位观测站继续负责对境内的河流进行观测，主要记载了历年发生的洪涝灾害。自民国初年（1912）至民国三十六年（1947），共发生 16 次洪涝灾害，平均 2.3 年发生 1 次。民国十二年（1923）发生大洪水，同年 8 月 1~2 日两天降雨量108.7 毫米，龙州水文站水位 128.46 米，左江水涨高 75 米，水口河铁桥被洪水淹没超过 2 米，铁桥被冲毁。

民国时期，由于没有设立专门的水文管理机构，龙州河流水文方面

的管理很弱，1915 年以前，由当地海关或教会代管；1915～1932 年由广东治河事宜处管理；1933～1940 年由广西省建设厅、广西省气象所等管理；1941～1949 年由珠江水利局负责管理。

新中国成立以后，随着广西水文机构与水文管理制度逐步建立和完善，边境地区水文监测和管理逐步走向制度化、规范化、自动化、网络化，水文测报、水文监测、水文测验、水质监测、洪水预警预报等基本职能逐步建立起来，在水口河、平而河、黑水河、百南河等国际河流设立了水文站，纳入广西水文站网络体系。由各地水文站对观测、测量收集而来的水文资料进行整编、分析，形成成果资料存入数据库。据龙州县资料记载，自 1950 年至 2005 年有 27 年发生大洪水，频率为 48.2%，平均 2.1 年发生 1 次。1986 年 7 月 23～25 日，由于受第 9 号强台风的影响，龙州县遭受一场百年不遇的特大洪水袭击，全县 12 个乡镇全部受灾，各种农作物、民房、校舍、厂房、仓库、公路桥梁、电站、通信设施、水利设施都遭受了严重的破坏，仅龙州镇总经济损失 1550 万元。①龙州水文站对这场特大洪灾及时作出预警预报，减小了灾害损失。布设在广西国际河流的水文站网，为防汛抗旱、合理开发和高效利用水资源，解决好经济社会发展中的用水问题提供了科学依据。

（二）广西与越南贸易和双边往来的历史回顾

地处边境的龙州、凭祥、东兴等地，从清同治年间起，就是两国边民互市往来、购销货物、自由买卖、交易活跃的地区。光绪十三年（1887）中法政府在北京签订《中法续议商务专条》，辟龙州为通商口岸。龙州县因水陆交通便利，商贸活动比较顺畅，曾一度成为中国边境地区较兴旺的商埠。

1. 历史上的边境贸易活动

广西边境贸易活动历史悠久。清同治至光绪年间，中国和越南两国边民就自发地开展了边境交易活动，地处边境线上的弄怀、弄尧、渠历、板绢、山子、米七、油溢、浦寨、下阳等村屯的屋檐下、屋外路边就成为我国边民与越南边民进行商品交易的场所，交易的主要商品有火柴、

---

① 广西壮族自治区龙州县水利局：《龙州县水利电力志》，2008 年第 70 期。

陶瓷、碗碟、成药、八角、香信、木耳、煤油、烧酒以及国外流入的一些日用小百货。当时并没有形成实质意义上的交易市场。

从戍边安民、移民实边的角度考虑，广西提督苏元春倡导边境圩市发展，促进双边商贸活动。清光绪十一年（1885）中法战争结束，苏元春在隘口建房造圩，鼓励边民聚集经商，每人次赏赐铜钱 5 枚，免费施粥或米粉一碗。久而久之，隘口便成为百多户居民的固定圩镇，逢旧历二、五、八日为圩期，中越边民、商贩逐渐集中在隘口做买卖，商业日趋活跃，形成了最早的边境贸易市场。市场上我国可供出口的多为加工商品，从越南进口的多为农副产品和药材。我国出口的商品有金丝绒、阴丹士林布、白扣布、元贡布、双妹花露水、虎标万金油、八卦丹、火柴、肥皂、烧酒，从越南入境的商品有八角、桂皮、巴戟、甘草、蛇类等山货。

清宣统至民国初年（1912），中越边民来往经商人次日益增多，每逢圩日，参与边境贸易者成百上千人次，两国边民过境购销货物不受限制。

边境贸易市场上流通的货币随时局变化而变化，清朝时交易使用铜仙、铜钱、毫银等货币；越南被法国占领后，边贸市场流通货币以法光、法纸为主；民国十四年（1925）后亦有桂钞流通。

2. 历史上国际河流的货物运输

龙州县水口河、平而河上接越南七溪，下通南宁，下溯可至梧州、广州，历经开发，逐步形成了一条通畅的国际性的进出口物资的水路通道。清宣统到民国时期抗日战争前，龙州县商贾拥有 20 余艘轮船驶于龙州至南宁、龙州至梧州、龙州至广州及香港航线，年货运量达 33.8 万吨。1908 年，越南高平省所需食盐亦由龙州经平而河运到七溪，法国商人皆借道平而河运盐做生意，直至 1912 年越南谅山至高平通公路为止。民国期间，凭祥、上石所需的大部分生产和生活用品，均由龙州运至驮里渡口，然后才发往各地。每天都有 20～30 艘民用航船往来于平而河航道。[①]

苏元春邀请龙州绅商组办了广西最早的水运营运公司——邕龙车渡公司，从事龙州至南宁的商品货物运输，购买三条扒船，加大货物运输

---

① 凭祥市志编纂委员会编《凭祥市志》，中山大学出版社，1993，第 23 页。

量；又派人疏浚左江航道，打开水上通途；还兴建龙州保元宫码头、下冻码头，方便边民来往。苏元春在开发广西国际河流水运方面采取的一系列举措，有助于形成以龙州为中心的水路运输网络，同时，加强了中国与越南的经贸关系，促进了边境地区的商贸活动，增强了边民之间的经济文化交流。

3. 历史上边境地区的基础建设

历史上广西地方当局为方便两国边民往来，促进各种商贸活动，在以龙州县城为中心的边境地区进行了基础设施建设，如在界河上兴建桥梁、修建边境道路等。

苏元春以修建边境军路为重点，改善边境地区道路交通状况。他认为龙州为广西边防之重心，要修建一条以龙州为中心的边境军事公路。公路全长 55 公里，包括龙州至南关（友谊关）、龙州至水口等干线。这"是为各省筑路之始"，是我国第一条近代公路，还是我国最早可通行汽车的道路之一。修建的军事公路还有龙州至靖西、镇边（那坡）至宁明（爱店），龙州至太平府、南宁等干线，为沿路人民与外界交往、农副产品外输、边境商旅创造了条件，发展了边境经济。

1897 年苏元春在龙州城西双凤（又称公母山）山脚兴建龙州制造局（兵工厂），从德国购进生产设备，是广西用机械进行生产的第一家工业企业。[①]

1912 年 9 月，龙州县地方当局兴建水口铁桥。因水口为陆荣廷、谭浩明发迹之地，又称"思源铁桥"。桥长 65 米，宽 3.6 米，横跨水口河东西两岸。1914 年地方当局又兴建水口第二铁桥，桥长 49.2 米，宽 2.8 米，这是中国水口关通往越南驮隆的主要桥梁。[②]

龙州自设为通商口岸以后，商贸活动日益频繁，加之地方当局兴建桥梁、设立电报局等基础设施，加强了商贸活动及经济往来。随着商贸活跃、市场兴旺、人流和物流的聚集，地方工业也随之发展起来。这里还兴建了一家龙州制造局，虽远不能与广西南宁、柳州等地的工业相比，

---

① 龙州县地方志编纂委员会：《龙州县志》，广西人民出版社，1993，第 7 页。
② 龙州县地方志编纂委员会：《龙州县志》，广西人民出版社，1993，第 10 页。

但因为该厂使用的是德国的生产设备，代表了当时生产工具先进的水平，既对广西工业发展起到了引领作用，又彻底改变了广西边境地区经济的格局。

二　新中国成立以来广西国际河流区开发的历史回顾

从新中国成立到2000年，影响广西国际河流区开发最直接的背景因素是中越两国关系问题。这期间，中越关系发生了急剧波动，从20世纪70年代中期以前双方关系友好，到1979年2月双方关系恶化，再到1991年11月双方恢复正常关系，中越两国关系问题无不影响广西国际河流区的开发。1991年11月中越恢复正常关系，对于两国睦邻友好、合作发展具有划时代的意义。这既顺应了世界和平与发展的潮流，又顺应了中越上千年友好交往历史的趋势，反映了两国人民和睦相处、发展友谊的迫切愿望。与国内西藏、新疆、云南、黑龙江等省区国际河流区开发形势不同的是，广西国际河流区的开发，不仅处于我国改革开放时期实施沿边开放战略的大背景下，而且还处于中越恢复正常关系这样的背景下，其开发条件十分有利。而中越恢复正常关系，意义重大，影响深远。以1991年为界，国际河流区的开发大致可以分为两个时期：一是中越恢复正常关系以前的单项双边合作时期；二是中越恢复正常关系以来的多领域合作开发时期。每个时期都体现出鲜明的特点。

（一）　中越恢复正常关系以前的单项双边合作时期（1950～1990）

20世纪70年代中期以前，中越两国边民友好相处，相互支持，互市交易，探亲访友，往来甚密。1975年，越南当局不断挑起边界事端，进行武装挑衅，并采取了一系列恶化两国关系的举动，1979年2月，我国边防部队被迫自卫反击，边境地区正常往来中断。如果说20世纪60年代中期援越抗美战争因素直接影响国际河流区的开发，那么，20世纪70年代末的自卫反击战争，则是阻碍了国际河流区的开发。广西国际河流区的开发经历了从有些进展到戛然而止的动荡过程。

1.　20世纪五六十年代国际河流区的开发

新中国成立以来到20世纪70年代中期以前，中越两国关系友好，围绕广西国际河流区的开发，两国边境地区地方政府均表明了积极的态度，实施了一些卓有成效的措施，主要有开展边境贸易、兴建水利设施等单项合作。

（1）口岸开放

在防城港，"1954 年 11 月 11 日，滩散口岸对越开放"。滩散江为防城港与越南的分界河，拉滩船可达滩散街埠头，以便于货物运输和交易，滩散口岸以交易农产品、海产品为主，规模不大。

在龙州，"1954 年南宁海关平而办事处、水口办事处成立，是年改为口岸委员会"。最初的工作职能以执行我国对外贸易部同越南对外贸易部进出口货物运输业务，后改为口岸委员会，加强龙州海关机构建制和管理职能，协调下属分支机构涉外业务。

在凭祥，"1955 年 7 月 12 日，广西省人民委员会报国务院备案，设立凭祥镇（正处级），1956 年 11 月 18 日，国务院批准，凭祥镇改为凭祥市（县级）"。由此，凭祥市成为我国与越南交往的重要口岸和门户。

在口岸管理方面，中越两国边境口岸都各设有边防检查站或边防工作站（越称公安屯），各方居住在距边界 15～20 公里内的边民探亲、访友、互市，需持边防县公安局签发的边民出入国境或临时通行证（证件有效期为 3～6 个月），并从指定的口岸出入。

（2）边境贸易

20 世纪 50 年代初，中越两国政府签订了《两国边境贸易协定书》和《两国边境贸易货币兑换协定书》，相互开放边境集市贸易。根据协定书要求，两国边境县政府成立边境贸易办事处，边境小额贸易口岸市场设立了边境贸易购销组，以加强对边境贸易的领导。两国距边界 20 公里以内的边境居民，可持出国证到指定市场互市。每日每人输出或输入货物的价值，以不超过人民币 10 元，或等值的越南币为限。[①] 为方便交易，龙州水口、科甲设货币兑换所。

在双方边民互市活动中，一般是越南边民入境多，我国边民出境少。越南边民或商贩把大批农副产品运到龙州水口卖掉，然后购买棉纱、布

---

① 龙州县地方志编纂委员会：《龙州县志》，广西人民出版社，1993，第 365 页。

匹、煤油、食盐、中成药和日用百货运回越南。据不完全统计，1952～1978 年，经水口口岸入境的越南边民年均 8 万人次，我国边民年均出境 1.4 万人次。

这一时期，我国依据两国政府签订的协议开展边境贸易，管理比较规范，边贸政策稳定性较强，相反，越南边贸政策忽紧忽松，随机性较大，往往对边境贸易的正常发展造成负面影响。据凭祥县志资料记载，"1957 年 7 月越南对边境小额贸易加以限制，边境贸易发生急剧变化。""1958 年上半年凭祥、隘口中越边民贸易点中断贸易"。说明广西边境贸易受到来自越南方面的影响很大，这是在一定时期内，越南方面成为导致边境贸易活动萎缩甚至中断的主要根源。

（3）国际河流水利开发

广西国际河流水资源利用突出表现为界河水利和过境水利的问题。水利问题关乎边境地区人民生计，历来为两国政府高度重视。地处大新县的跃进水渠和地处靖西县的个宝排洪工程始建于 20 世纪 50 年代末，这是中越两国在广西边境地区共同建设的水利设施，至今仍造福边境地区百姓。

大新县跃进水渠是治理黑水河重要的水利工程。发源于靖西县新靖镇的国际河流黑水河，流经越南后，于大新县硕龙乡德天村又进入我国境内。该流域年均降雨量1174.9毫米，降雨量年内分配很不均，水旱灾害较多。1957 年 12 月广西大新县与越南下琅县群众共同兴修"中越水利水渠"，后称"跃进水渠"，1959 年建成通水，有效灌溉面积 3.5 万亩，其中越南境内 2900 亩。1974 年 10 月，广西政府再次投资改建跃进水渠，改造工程在我国境内进行，1978 年 7 月工程竣工。改建渠道长 13.88 公里，改建后渠道全长 133.34 公里，有效灌溉面积 4.63 万亩。利用渠道跌水共建设水电站 4 座，装机 9 台，总容量 5400 千瓦。跃进水渠的建设，使黑水河流域的两国边境群众均受益，有了较大面积旱涝保收的农田。这是在中越边境地区，双方共同兴建的第一项较大型的水利设施，也是一个成功的案例，达到了合理开发利用和保护国际河流水资源的目的。

靖西县个宝排洪工程是治理坡豆河的主体工程。坡豆河是典型的阴阳河，地表河与地下河交替出现，附近村屯、田地时常受涝灾。1958 年 8

月 29 日靖西县代表团到越南高平省重庆县会谈个宝排洪工程建设事宜，双方一致同意我国的设计方案，兴建个宝排洪工程。1958 年 10 月 1 日个宝排洪工程动工，全工程由排洪明渠、排洪隧洞和灌溉渠系组成，最大排洪量是每秒 102.2 立方米。工程涉及靖西县岳圩乡邦亮村、地州乡及越南独山、陇能等地。个宝排洪工程于 1959 年 12 月建成，中越双方受益。为纪念这一具有国际意义的水利工程的建成，越南方面于 1959 年在重庆县丰念社那候屯第一渡槽前 30 米处建 1 座纪念碑，中国方面在枯庞隧道洞进水闸前 50 米处建有 1 座纪念碑。①

国际河流水利开发问题是两国边境县政府之间协商、会谈的议题之一，几乎每年各地举行的中越边境县级会谈都涉及广西国际河流的水利问题。有县志记载，1960 年 5 月 30 日至 6 月 4 日，龙州县举行中越县级会谈，商谈"国兴""布敏"两地兴修水利的问题。1976 年 9 月 6 日，东兴各族自治县代表团与越南平辽县代表团在平辽就有关界河水利和过境水利举行会谈，基本达成协议。

2. 20 世纪 70 年代中期以后国际河流区的开发

这一时期可分为两个阶段。第一阶段，表现为从边境紧张局势到战争状态。1979 年 2 月 17 日，中国人民解放军奉令对越进行自卫反击战，收复被越军占领的凭祥市浦营丁、浦念岭等地。同年，中越边境小额贸易全面终止。受战争影响，广西国际河流区的开发被迫陷入停滞。

第二阶段，表现为从军事对峙转向关系缓和。据凭祥市县志，对越自卫反击战后，1980 年 1 月，凭祥法卡山地区仍发生激烈战争。直至 1983 年中越边境地区的军事对峙紧张局面逐步消缓，双方关系转向缓和，边境地区趋于平静。

1979 ~ 1990 年，中越边境贸易中断 10 余年，其他领域的开发活动也暂停了。1983 年开始，中越边境形势逐渐趋于缓和，边境地区民间自发的边贸活动悄然兴起，这显然是源于越南边民的迫切需求，民间商品贸易不断增多。据悉，1989 年春节这一天，1 万多名越南边民像潮水般涌入东兴、滩散、峒中等地，这种现象持续了几天，最多时人数可达两万。

---

① 广西壮族自治区靖西县水利局：《靖西县水利电力志》，2008，第 156 页。

针对边境地区边民有传统互市贸易习惯的实际情况，广西根据中央对越政策精神，批准东兴、凭祥、龙州、大新等地开放边境贸易点或互市贸易码头，1989～1990 年，先后有东兴、滩散、峒中、企沙、江山、弄尧、极棒、浦寨、平而等边境贸易点开点贸易。《防城县志》记载，1989 年春节到 1991 年底，经防城、东兴出境的中方人员 86.4 万人次，越方人员 79.5 万人次，来自全国各地包括港澳的客商以及货物大量云集到东兴、防城的边贸点。在中越两国关系趋于缓和的背景下，开展中越边境贸易的民间热情日益高涨，使国际河流区的开发有了坚实的社会根基。

（二）中越恢复正常关系以来的多领域合作开发时期 （1991～2000）

20 世纪 90 年代初，在两国领导人频繁互访，建立各种对话机制和渠道的推动下，1991 年 11 月中越关系恢复正常化并取得迅速、全面的发展，双方从恢复睦邻友好时期大步跨入睦邻友好、全面开放合作的新时期，表现出一以贯之的连续性和积极发展的态势。广西国际河流区的开发开始从传统的边贸和水利设施建设单项合作走向以"跨境资源和市场共享"为主要特征的区域经济合作，合作领域涉及边贸、旅游、产业、资源以及教育、文化、科技、信息等，一切都表明，发展中国和越南友好关系符合两国人民的根本利益。

1. 边境城市风生水起

中越关系恢复正常化，掀开了两国睦邻友好、开放合作的新篇章。地处中越边境线上的广西国际河流区已经从战争的前线地带转变为我国对越南开放的前沿地带。在中越推动合作进程中，两国毗邻区域的共同利益问题必然为双方高度关注，这使广西国际河流区成为我国对越南开放合作的重点地区，尤其是拥有重要国际河流以及重要口岸的边境城市，其战略地位因迅速抬升而受到高度重视，东兴市和凭祥市很快成为集聚国内外人流、物流、资金流的洼地，成为我国沿边开放发展最快的热点城市。20 世纪 90 年代以来，在全球区域经济一体化的大趋势下，随着我国沿海、沿边和内地中心城市全面开放战略的实施，国际河流区迎来了十分难得的发展机遇。继东北地区黑河市、绥芬市、珲春市、满洲里市等边境城市开放后，1992 年 6 月西南地区的南宁、凭祥、东兴、昆明、畹町、瑞丽、河口市也相继开放，同时，国务院正式批准东兴镇为对外开放边境城镇，并给予了 11 条优惠政策。凭祥、东兴是广西国际河流区的县级市，凭祥为中越边境地区最大的口岸城市，而东兴是我国与越南海陆相连的唯一城市。由于拥有国际河流平而河、北仑河，凭祥和东兴被认为是我国与越南及东南亚联系最便捷的水陆门户。1992 ~ 2000 年，两市 GDP 和地方财政收入年均增长速度均高于广西同期平均水平。边境贸易、跨国旅游发展迅猛，凭祥和东兴成交的对越南的边贸交易额每年约占广西边贸交易额的 70% 以上。

2. 边境贸易迅速发展

广西国际河流区的东兴、凭祥、龙州等 8 个县域已经开通了 12 个边境口岸和 25 个边民互市贸易点，为我国与越南及东盟各国发展贸易、旅游、投资和产业合作提供了便捷门户和通道。边境贸易在中越两国政府的大力支持下，获得了长足发展，从边民互市贸易发展到集体、国营单位的民间"小额贸易"和国际贸易，交易规模急剧扩大。1991 ~ 2000 年，经各口岸实现的边贸交易额从 22 亿元人民币增加到 37.4 亿元人民币，边贸交易额 10 年增加了 0.7 倍。边贸交易额迅速增长，主要是得益于我国实行提高纺织品出口退税率、取消 27 种商品出口配额许可证管理、边民互市 3000 元人民币限额等一系列发展边境贸易的优惠政策。这些政策还促使针织服装、啤酒饮料、铝及铝制品、医疗仪器、农机农具、玻璃制品等工业制成品出口大幅增长。在边境贸易兴旺发展的东兴市和凭祥市，边贸或与边贸有关的行业吸纳了占城乡劳动力总数五成的从业人员，边境贸易已成长为当地的支柱产业，边贸收入成为地方最主要的财政来源。

3. 边境旅游蓬勃兴起

随着广西国际河流区对外开放日益扩大，交通、通信等基础设施日益改善，边境旅游业成为各地政府着力推动加快发展的产业之一，依托当地丰富的边关旅游资源，设计并推出跨国旅游路线和产品，以吸引更多国内外游客。1992 年素有"小桂林"之称的靖西县与越南方面共同投资了从靖西县城到越南河内市的跨国旅游线路，该线路全长 352 公里，其中广西境内景点有 7 个，越南境内景点有 9 个。通过招商引资，广西引进广东资金投资开发了德天跨国瀑布,使这世界第二大跨国瀑布得到良性开发,并使其具有了较高的知名度、美誉度,成为广西重要的旅游目的地之一,1999 年前来大新德天跨国瀑布旅游的国内外游客有 18.6 万人次,旅游综合收入 4311 万元人民币。1992 年以来东兴开通了东兴到越南芒街、鸿基、海防、河内旅游路线,国内与桂林、北海并网,这条旅游线路很快发展为中越边境跨国旅游的品牌,从东兴出境的国内游客大约占经广西赴越南旅游人数的 70%,越南经东兴到中国旅游的人数也越来越多。在广西国际河流区,发展与"边"相关的产业具备天时、地利、人和,边境旅游业迅速兴起,并与边境贸易并驾齐驱、竞相发展,成为东兴、凭祥、龙州等地不可或缺的优势产业、支柱产业。边境旅游业使边民走上了致富之路,那坡县吞力黑衣壮民族村的村民人均收入从发展旅游前的 200 元提高到 1999 年的 1200 元。

第二节　广西国际河流区开发的现状

进入 21 世纪,中越友好与合作成为主要潮流,两国建立了全面战略合作伙伴关系,在经贸、投资、旅游、文化等领域的合作不断深化,建立了平衡的、可持续发展的贸易关系,为两国保持长久友好关系夯实了基础。在中越睦邻友好与全面合作进一步加强和巩固的国际形势下,广西国际河流区进入和平与发展时期。随着沿边开放战略的实施,多重次区域合作的开展,一个以开放合作为先导,以边境贸易、边境旅游率先发展,带动广西国际河流区全面开发、开放和发展的局面已经形成。

一　以边境贸易为主导的经贸发展格局

加快边境贸易发展是 21 世纪以来广西国际河流区开发开放的主要内容。发展边境贸易,有利于形成和壮大边境地区的比较优势;以边境贸易发展推动中越边境地区经贸交流,是充分发挥比较优势、充分利用境内外市场和资源的战略选择。

(一)边境贸易快速发展

2000 年以来到现在,中越两国的传统友好、平等、互利、互信关系在各个领域都得到了进一步发展。越南跟随中国沿边开放的步伐不断加快，中越双方不断对边境贸易政策进行必要的调整，以使主要在广西国际河流区开展的边境贸易蓬勃发展，特别是在2002年11月中国—东盟自由贸易区进程的启动后，边境贸易进入了一个新的发展阶段，边境贸易交易额不断创历史新高。

1. 边境贸易成交额大幅度增长

2000年以来，各边境县域边境贸易呈现快速、持续发展的总体态势，边境贸易成交额不断刷新历史纪录。

2000～2010年广西边境地区边境贸易情况见表3-1。

表3-1 2000～2010年广西边境地区边境贸易情况

单位：亿元

城市	2000年	2001年	2002年	2003年	2004年	2005年	2006年	2007年	2008年	2009年	2010年
防城区	1.34	3.4	3.63	2.98	3.56	4.09	4.5	4.87	5.90	7.02	9.7
东兴	8.05	10.66	12	16.77	21.49	28.12	36.07	46.84	62.34	75.18	111.58
凭祥	16.02	12.39	16.1	21.32	43.45	60.84	61.2	57.12	88.0	138.04	200.1
大新	0.8	0.7	0.7	0.6	0.4	0.24	0.7	1.17	0.9	0.41	0.71
宁明	1.83	1.6	2.15	2.7	2.69	3.6	5.01	7.04	8.88	12.06	15.11
龙州	1.41	1.65	3.0	3.86	4.2	5.05	5.2	4.1	3.54	13.66	23.64
靖西	1.56	1.77	2.13	2.67	3.06	4.21	4.3	5.26	10.72	8.85	5.97
那坡	0.2	0.2	0.62	0.71	0.76	0.87	1.06	1.23	1.45	1.55	2.32

资料来源：2001～2010年《广西年鉴》。

经边境口岸实现的边贸进出口额从2000年的31.21亿元上升到2010年的369.13亿元，增长了10.8倍，其中，龙州县增长了15.8倍，排在边境地区前面；东兴市、凭祥市和宁明县分别增长了12.9倍、11.5倍和7.3倍；靖西县和那坡县分别增长了2.8倍和10.6倍，大新县、防城区保持增长。近年来，边境地区完成的边境贸易额占当年广西与越南进出口贸易额的比重约为70%，边境贸易已经成为边境地区的支柱产业。

2. 东兴、凭祥在边境贸易方面发挥主体作用

东兴市和凭祥市是较早开放的边境城市，地理位置得天独厚，口岸优势十分凸显。一是边境贸易发展迅猛，2000年两市实现边贸成交额

24.07 亿元，2010 年达到 311.68 亿元，边境贸易增长幅度明显高于地区生产总值的增长速度。二是边境贸易额所占比重不断提高，2000 年占广西边境贸易总额的 77.12%，2010 年占比 85%，在广西边境贸易中所占份额越来越大。三是已经成长为边境地区对外开放的领军城市。东兴正在抓紧建设国家重点开发开放试验区，凭祥正在健全综合保税区功能，两市都全力推动国家级开放合作大平台建设，同时加快跨境经济合作区建设。边境城市明确了建设西部地区沿边新经济增长极、中国与东盟开放合作先行区、连接东盟重要交通通道等战略目标，正在向预期目标迈进。

3. 进出口商品结构不断优化

2000 年以前，经边境口岸出口的主要商品有日用百货、食品、建材、小型农机具、医药制品五大类。2010 年边贸成交额比上年增长 43.8%，边民互市进出口总额 82.78 亿元。各类商品出口额占出口总额的比重分别为：农产品类 18.9%、纺织品类 42.5%、机电类 24.1%、日用品类 14.4%。由于我国边境贸易政策逐步向支持机电产品出口倾斜，边贸交易中机电产品比重日益提高，与 2002 年相比，机电产品提高 20.6 个百分点，纺织品提高 20.8 个百分点，日用品下降 23.8 个百分点，出口商品结构明显优化。边贸进口以资源性产品为主。其中矿产类进口额占边贸进口总额 58.1%、农产品类进口额占 31%，其他商品占 10.9%。广西出口到越南的产品主要是工业品、日用消费品等，越南出口到广西的商品主要以农、林、水产品为主，双方产品结构具有互补性。与越南的边境小额贸易额占广西与越南双边贸易总额的 78.2%，越南是广西最重要的贸易国。

（二）实施兴边富民大会战改善边贸发展环境

从 1997 年起历时两年的边境地区基础设施大会战，集中社会资金，统筹安排项目，着力改善生产生活条件、公共设施和投资环境。投入资金最多、建设力度最大的是修建从那坡县到东兴市沿边境线 732.5 公里的三级柏油边防公路，这条沿边公路通达各边贸点和边防检查站，使通边、出境交通更加便利，极大地改善了各边境口岸开展边境贸易、发展贸易和工业的交通基础条件。沿边公路的修建不但具有经济意义、政治意义，还具有国防意义。2008 年广西启动边境 0 ~ 3 公里兴边富民基础设施大会战，2009 年将兴边富民基础设施大会战的范围扩大到边境 3 ~ 20 公里，基础设施建设涵盖县、乡、村三级，涉及交通、口岸、水利及人畜饮水工程、教育、卫生、计生、文化、广播电视 9 类共 4.78 万个项目。近几年在中央和地方财政资金的支持下，凭祥、东兴、靖西等地的边境联检楼、国门、口岸货场等口岸基础设施建设的力度不断加大，口岸基础设施条件和边贸市场环境大有改善。各类基础设施建设项目的建成和交付使用，从根本上改善了边境地区生产生活条件，对促进边境贸易发展、加强与越南开放合作、实现兴边富民和睦邻友好产生了深远的影响。

（三）经贸合作的形式、内容和层次丰富发展

21 世纪以来，广西与越南双边贸易迅猛发展，不仅充实了双边经贸合作的内涵，而且为双边经贸合作的发展提供了物质基础。经贸合作的形式、内容和层次的不断丰富发展，为以边境贸易、边境旅游、对越投资、产业合作等为重要内容的双边经贸发展创造了有利条件。从经贸合作内容上看，广西与越南一般贸易、边境贸易、边境旅游、利用外资、经济合作同向推进，成效突出。数据表明，广西对越南的进出口贸易额由 2004 年的 4.86 亿美元增加到 2011 年的 75.7 亿美元，8 年间平均名义增长率约为 35.25%。从经贸合作形式上看，广西与越南在进行边贸的过程中，交通便利的优势促使双方可以采用很多渠道进行贸易，随着边境贸易的逐步整顿和规范化，双边边境贸易由简单的互市贸易发展为与国际接轨的全方位的边境贸易。从经贸合作层次看，表现为以民营企业、个人参与的多元化的小额贸易和易货贸易；国家口岸、地方口岸、过境、转口口岸的边境贸易；互市贸易、边境小额贸易和一般贸易三种边境贸易形式并存。2010 年广西边境贸易经营主体以民营企业为主，实现边贸进出口额合计 30 亿美元，占广西边贸进出口总额的 96.2%。其中出口额 22.4 亿美元，占边贸出口总额的 95.7%；进口额 7.6 亿美元，占边贸进口总额的 97.6%。双边经贸发展，带动了跨境旅游热、投资热。这期间，东盟各国到广西旅游的人数已超过广西接待外国旅游人数的 40%，越南成为了广西排名第一的客源国，2012 年的"五一"劳动节，上百个越南旅游团从广西凭祥友谊关口岸和东兴口岸进入广西。广西在越南的投资

项目不断增加,越南已经成为广西企业走出国门的投资热点地区之一,防城区与越南广宁省海河县连续签订合作种植 1500 公顷甘蔗和中草药贸易协议,这一涉外项目运行良好。广西与越南经济合作涉及工程承包、劳务合作、教育培训等领域,目前在广西的越南留学生有 5000 多人。

二 以边境旅游为主导的文化交流格局

边境旅游的发展迅速,其中,凭祥、东兴、大新具有优美独特的自然风光,三地边境旅游业发展最快。2009 年凭祥全年接待游客人数 195.6 万人次,比上年增加 92.1%;旅游收入 15.8 亿元,比上年增长 282.6%;东兴全年接待游客人数 128.65 万人次,比上年增加 17.3%;旅游收入 3.92 亿元,比上年增长 10.7%;大新全年接待游客人数 123.25 万人次,比上年增加 19%;旅游收入 4.5 亿元,比上年增长 10.3%。三地全年接待游客人数和旅游收入占边境地区总数的 80% 以上。

2003~2009 年广西边境地区边境旅游情况见表 3-2。

表 3-2 2003~2009 年广西边境地区边境旅游情况

地区	内容	2003 年	2004 年	2005 年	2006 年	2007 年	2008 年	2009 年
东兴	旅游人数(万人次)	49	55.5	69.86	57.76	67.34	109.7	128.65
	旅游收入(亿元)	1.5	1.69	2.13	1.76	2.06	3.54	3.92
凭祥	旅游人数(万人次)	38.5	44.3	73.5	77.68	85.63	101.82	195.6
	旅游收入(亿元)	0.034	0.051	2.67	3.09	3.4	4.13	15.8
大新	旅游人数(万人次)	28.3	35.2	35.8	53	76.2	103.58	123.25
	旅游收入(亿元)	0.57	0.71	1.41	2.83	3.0	4.08	4.5

资料来源:2004~2010 年《广西年鉴》。

边境旅游迅速发展,使充分挖掘旅游的内涵和精髓——文化开发和传承成为可能。因为中越边境地区的旅游包含深刻的中越国际文化特色,游客在边境旅游过程中能够感受到中越文化的相互交流与彼此欣赏,进而获得精神和心灵的共鸣及审美的愉悦。中越边境旅游只有在边境风光旅游开发的基础上,进一步发展两国文化的合作,才可能使国内外游客进入中越边境时,更深入了解中越两国文化资源、文化特色和个性,欣赏到边境地区的文化和民族文化精神。发展边境旅游,离不开文化这一构成旅游的重要内容和持续发展的基础。加强中越文化合作，不仅促进了边境旅游的发展，而且也为中越两国人民深入了解与增进友谊提供了平台，边境地区近些年举办了与旅游密切相关的文化交流活动和论坛，这类促进中越文化交流的活动已经形成稳定的运行机制。在凭祥市，定期举办中越边关国际旅游节、中越友谊小姐形象大赛和南国边关风情游、中越边境游、自驾车游等活动。在大新、宁明、靖西、那坡县每年举办的旅游文化活动精彩纷呈。一些大型国际文化交流活动影响远大，2009年防城港市举办首届中越边民大联欢，内容有中越青少年文体交流活动、海上国际龙舟节等。2010年8月25日，在广西启动了中越青年大联欢活动。越南青年代表团分别从广西国际河流区的友谊关、东兴、水口、龙邦等口岸入境，与南宁、柳州、北海、防城港等城市青年和各界人士开展"中越友好、青春携手、世代相传"主题活动，这为中越青年交往史留下了浓墨重彩的一笔。在与越南海陆相接的东兴市，自2006年起，每年与越南芒街轮流举办"中越边境（东兴—芒街）商贸、旅游博览会"，现在博览会成为了中国—东盟博览会的品牌分会，也是越南三大展会之一。东兴以京族为纽带的中越民间和文化交流十分活跃。15世纪末16世纪初从越南涂山迁来，主要聚居于东兴市沥尾、巫头、山心3个小岛，这里的京族群众在农历六月和八月，举办历时3日的哈节。哈节活动由祭祖、乡饮、社交、娱乐等内容组成，群众在哈亭（节庆活动地点）前通宵欢庆，歌舞不息。2006年6月，经国务院批准，京族哈节被列入国家首批非物质文化遗产名录。各地游客通过边境旅游，了解和关心当地的文化精华和民情民俗，体会旅游对保护和改善文化品质、提高民族文化产品价值的意义，这也就是广西边境旅游保持长盛不衰的根源。

三 以与越南为重点的开放合作格局

21世纪以来，为适应中国—东盟自由贸易区建设需要，广西对外开放战略作出了适当的调整，实行全面推进以与东盟为重点的开放合作。这一开放合作的重点区域是北部湾经济区。北部湾经济区涵盖南宁、北海、防城港、钦州、玉林、崇左市，分别隶属于防城港市和崇左市的东兴、防城、宁明、龙州、凭祥、大新也在其中。国际河流区具有独特的区位资源优势，已经成为中国与越南进出口贸易的重要门户和口岸，理应在广西深化以与东盟为重点的开放合作中扮演相当重要的角色。2010 年 1 月 1 日中国—东盟自由贸易区如期建成，中国与东盟国家从此跨入了一个全面合作的崭新历史阶段，国际河流区也从此迈入以越南为重点的区域合作新时期。在经贸合作方面，经凭祥、东兴、龙州等地口岸完成的进出口贸易额逐年增长，2011 年凭祥市外贸进出口成交额为 39.71 亿美元，2012 年为 45.67 亿美元，同比增长 15%。边境小额贸易、对越贸易、对东盟贸易等七项指标在广西排第一。目前凭祥市成为我国红木家具和对东盟水果进出口规模第一的口岸。在打造合作平台方面，中国凭祥—越南同登、中国东兴—越南芒街、中国龙邦—越南茶岭跨境经济合作区正在积极推进。在深化开放合作方面，扩大与越南在工业、农业、贸易、科技、文化、旅游等领域的交流与合作，特别注重扩大与越南的贸易合作和投资合作。在基础设施建设方面，加快构建与越南无缝对接的铁路、公路、水运和航空综合交通运输网络。2009 年 8 月 25～26 日，中国崇左市与越南高平省签署《共同开发建设德天板约瀑布国际旅游度假区合作框架协议备忘录》，确定双方共同开发建设德天—板约瀑布国际旅游度假区，并各自划出一定区域作为度假合作区，双方还对组织机构、专家组和开发规划进行了商讨。德天—板约瀑布国际旅游度假区位于中越国际河流黑水河流域，对它的深度开发必定会造福于境内外的百姓。从实践来看，推进跨境旅游区建设，有助于充分发挥边境地区在中国—东盟自由贸易区运行过程中的作用，推动形成我国广西对外开放的新优势和参与国际国内竞争的新优势。

2005～2010 年广西与越南和东盟的贸易额见表 3-3。

表 3-3 2005～2010 年广西与越南和东盟的贸易额

单位：万美元

年份	贸易额	越南	东盟
2005 年	进　口	34353	39344
	出　口	64388	83059
	进出口	98741	122403

续表

年份	贸易额		越南	东盟
	进　口		71712	84195
2006 年	出　口		74974	98474
	进出口		146686	182669
	进　口		95348	117429
2007 年	出　口		142374	173417
	进出口		237722	290846
	进　口		85715	126278
2008 年	出　口		226792	271929
	进出口		312507	398207
	进　口		88643	133044
2009 年	出　口		309757	361729
	进出口		398400	494773
	进　口		104900	193700
2010 年	出　口		407900	458800
	进出口		512800	652500

资料来源：2006～2011 年《广西统计年鉴》。

四　各具特色边境县域经济发展格局

广西边境地区是以壮族为主的少数民族聚居区，改革开放激发了千千万万少数民族群众的活力，促进了当地经济的发展。东兴、凭祥、龙州、大新等 8 个边境县域以"边"为主的优势产业纷纷崛起，群众生产生活条件日益改善，呈现出边境经济、口岸经济如火如荼，贸易往来、区域合作日益兴盛的良好局面。一是县域经济发展步入快车道，从 2000 年以来，边境地区生产总值年平均增长 19.1%，远远高于广西的平均水平。凭祥市 2010 年完成地区生产总值 25.1 亿元，第一、第二、第三产业结构调整为 14.29∶26.67∶59.04，工业获得较快发展，大批农民进入了第二、第三产业。二是形成了以"边"为特征的产业体系，在边境贸易强劲带动下，加工贸易、矿产能源、农业生产、交通通信、商贸物流、边境旅游等边境经济和口岸经济迅速发展，以边境地区或越南的农、林、渔、矿等资源为主要原材料，充分利用国内外两个市场、两种资源，大力培育和发展锰加工、蔗糖加工、木薯淀粉加工、海产品加工、越南食品加工等"边境"优势十分突出的特色产业,如防城区的贸易加工业,东兴的旅游和边贸业,凭祥的口岸经济,大新的锰加工、制糖、农产品加工以及旅游业,宁明的中药材加工、林化工业,龙州的制糖、亚热带食品加工业,靖西的大肉姜、大果山楂等农产品加工和旅游业,那坡的八角、玉桂种植和加工业。这些优势特色产业成为促进边境地区经济社会发展的重要支点,构成了边境地区特色经济,并呈现不断增强的腾飞势头。

广西边境地区产业情况见表 3 – 4。

表 3 – 4　广西边境地区产业情况

城市	产业优势	
	一般产业	优势产业
防城	农业、海产养殖	临海加工业、仓储业
东兴	旅游、边贸、物流、商业、房地产开发、金融保险和信息产业	旅游、边贸、物流、商业
凭祥	旅游、商贸、贸易加工、物流	旅游、商贸
大新	糖蔗、锰矿冶炼、旅游、水果、农业	锰矿冶炼、旅游、农产品加工
宁明	农林、旅游、蔗糖、中草药	蔗糖、林化产业、旅游
龙州	农业、亚热带作物、蔗糖	蔗糖、农产品加工
靖西	农业、旅游、铝土矿、民族工艺品	农产品加工、旅游和旅游产品
那坡	农业、民族旅游	农业、民族文化旅游

资料来源:根据历年《广西年鉴》整理。

五　广西边境地区领先发展

广西边境地区通往越南的口岸和边贸点有 25 处,公路有 20 多条,便道有 300 多条,乡间小道众多。东兴和防城港毗邻越南的广宁省,宁明、凭祥和龙州毗邻越南的谅山省,大新、靖西和那坡毗邻越南的高平省,从自然、地理来看,广西和越南山连山、水连水,气候、地理等条件相差很小。但是 1978 年改革开放以后,广西边境地区发展日新月异。由于改革开放进程不同,双方边境地区发展上的差异越来越大。相对于越南边境地区来讲，广西不仅经济、社会、文化发展较快，改革开放、区域合作等也均领先于越南边境。从经济发展来看，2000～2010 年广西边境地区生产总值增长 19.1%，越南边境地区 GDP 年均增长率 7.12%，由于双方发展的基础数据本来就有差距，广西边境地区经济增长率又大大高于越南边境地区，因此广西边境地区经济发展的总量扩张是明显的。广西边境县域经济快速发展的同时，其在广西的经济地位得到了明显提升，防城区和东兴市被评为 2009 年广西科学发展十佳县，东兴农民人均收入为广西最高水平。从改革进程来看，广西边境地区逐步从以经济体制改革为先导，向全面深化经济、政治、社会各领域的改革推进，改革的目标是加快贯彻落实科学发展观，加快经济发展方式转变，实现经济平稳较快发展和社会和谐稳定的体制机制。改革的主要内容是深化经济体制改革、推进行政体制改革、推进社会事业领域改革，在重要领域和关键环节不断取得新突破。而越南边境地区在各领域的革新显然较慢，改革的力度和深度都不够。从开放合作来看，广西边境地区逐步形成了全方位、多层次、宽领域的扩大开放态势，以开放促开发、促发展，加快形成开放合作新优势。在中国与东盟开放合作的大格局中，广西边境地区扮演了十分重要的角色：是中国与东盟交往的主要门户和陆路通道；是广西深化以与东盟为重点的开放合作的核心区域；凭祥综合保税区，凭祥—同登、东兴—芒街、龙邦—茶岭跨境经济合作区等是中国对东盟国家的特殊开放平台。而越南边境地区在越南对中国开放格局中的地位和作用没有全面被体现出来，越南计划到 2020 年在其沿边地区建设 30 个沿边口岸经济区，与广西边境地区相邻的沿边口岸重点发展，但相对广西而言其进程较慢。从基础设施来看，经过边境地区基础设施建设大会战和兴边富民行动，边境地区交通道路、人畜饮水、农田水利、文教卫体、通电通信、广播电视、沼气池建设和改善村委办公条件等基础设施得到较大改善。2010 年凭祥综合保税区封关运行，实现了凭祥友谊关的大口岸、大通关、大服务目标。目前广西正在推进边境 3～20 条公路基础设施大会战。边境乡镇全部修通了柏油路，部分行政村所在地还修建了水泥路，形成了以南友高速公路、沿边公路为主体的，以连接口岸、边贸点以及边境乡镇为基础的，较为便捷的边境道路交通网络。近年来越南对边境地

表3-5 2011年广西边境地区国民经济基本情况

指标	单位	防城	东兴	凭祥	大新	龙州	宁明	靖西	那坡
年末总人口	人	413528	132509	111764	373646	273732	435973	650689	212790
地区生产总值(当年价)	万元	839198	920865	314009	760529	572788	606800	886366	131002
第一产业	万元	195543	97398	43833	191973	190511	221615	117362	51676
第二产业	万元	376412	200840	94307	400529	204935	233347	591768	23221
工业	万元	305102	158543	50561	370726	163197	2000734	558138	14883
第三产业	万元	267243	222618	175869	168027	177342	151838	177218	56105
人均地区生产总值	元	22961	35650	27855	25549	25699	17936	13622	8474
全社会固定资产投资额	万元	1004432	778829	482952	590657	473260	513439	1056073	208377
财政收入	万元	71728	76399	62185	85818	131621	65633	100278	11045
一般预算收入	万元	48915	53972	45981	41976	28270	49852	58212	6102
一般预算支出	万元	137342	114610	102845	136957	118136	130016	200748	99263
城乡居民储蓄存款	万元	754526	722865	477418	453078	414616	326562	544100	199897
社会消费品总额	万元	243602	134378	127093	71395	1002270	85283	166800	45978
农民人均收入	元	6709	8006	5305	5479	4705	5257	3623	3042

资料来源：2012年《广西统计年鉴》。

区基础设施建设十分重视，口岸交通道路、口岸配套基础设施建设快，边境学校、卫生院等惠及老百姓的事业也发展较快，双方在基础设施建设上各有优势。由于双方经济、社会发展水平处于不同阶段，广西边境地区对国际河流的开发与保护方面较越方的实力明显要强些。

第三节 广西国际河流开发存在诸多问题

在中国—东盟自由贸易区深化发展的大背景下，广西国际河流区以开放带动开发、以合作促进发展作为一切工作的重点和出发点。面对以与越南为重点的开放合作新局面，我们必须清醒地看到，国际河流在开发上新老问题相互交织，以开放合作带动国际河流流域整体开发、促进边境地区发展缺乏必要的支撑条件和基础。

一 受自然条件制约，水电资源开发存在一定难度

广西国际河流比较集中在云贵高原余脉六韶山、十万大山余脉久宝山，以及中越边境线上的大青山等高山峡谷区，属山区型河流，水量、水位随降雨量的大小而变化。多数河流流域形状为长条形，河道弯曲、落差大，岸低水浅，滩多流急，水电资源较为丰富。但沿边境线地区地理偏僻、山高坡陡，交通不便，运输距离长，水电资源比较不易开发，目前，沿中越边境线 50 公里范围内的水电资源开发进度迟缓，大部分河流处于无水电开发状态。

二 合作开发力度不够，对跨境河流水资源开发停滞

广西与越南双边合作起步于边境贸易，推进重点在旅游、交通、农业等产业上的合作，对双边资源性产品的开发合作，如矿产资源、水资源合作开发等进展不大，除 20 世纪 50 年代末大新县、靖西县曾与越南合作进行水利设施建设之外，其他的国际河流开发程度低，现在大多数国际河流尚处于自然状态，直到目前仍是以双方在经济领域的开放合作为重点，文化、教育、信息合作也不乏许多亮点。近期，中国与东盟高层协商时，提出推进双方基础设施、贸易、能源等全方位的互联互通。互

联互通问题在广西国际河流区实现的可能性很大，目前主要的通边高等级道路已经建成，基本实现了与越南的交通对接；旅游方面更是向前迈进了一大步，在大新、凭祥、东兴等地境内外无障碍旅游的试点正在开展，中越双方对建立跨境旅游合作区进行了有益的探索。相比之下，矿产资源、跨境水资源合作开发是滞后的。目前，广西国际河流水资源开发利用规划还没有编制，各地区在编制的水资源开发规划中，对国际河流开发的国际意识缺失，水资源的多种经济功能开发尚未启动。

三　跨境水资源矛盾依然存在，国家水安全问题亟待重视

广西国际河流既有毗邻水道特性，又有连接水道特性，与中越两国相关联的国际水道，大多为连接水道。在和平与发展时期，各种自然因素和人为因素上升为国际河流个体或系统最主要的影响因素。自然因素影响水安全主要是由于国际河流水资源时空分布不均，降雨量的年内、年际变化大，丰枯季节变化和丰枯水年交替现象明显，易发旱涝灾害和水土流失，还有人畜缺水和饮用水安全、水质安全、防汛安全等方面的问题。人为因素影响水安全表现在健康安全、生态安全、经济安全和国家安全方面，目前广西国际河流区工业化城镇化进程较慢，经济安全问题显然没有国家安全那么突出。涵纳黑水河、水口河、平而河、枯隆河等 10 条国际河流的左江是我国珠江的重要支流，广西国际河流区水资源丰富，水资源安全问题不仅仅涉及资源的安全，更关系我国的经济、社会安全以及国土安全。据广西水利厅资料，2000 年 2 月 24 日至 3 月 12 日，平而河发生了水污染事故。由于越南将几十头因口蹄疫致死的牛直接扔入界河，随河流漂流至我国境内平而河，牛的尸体高度腐烂，严重污染我国边境市区的水源，威胁我国边民的财产安全和身体健康。2004 年 1 月 18 日，发生了水口河段水污染事件。因水口河上游越南的 1 个糖厂向水口河排放超标废污水，造成从越南入境至水口电站约 4 公里长的河段水体中溶解氧和高锰酸盐指数超标，水面有白色泡沫，河水混浊，为劣 V 类水质，沿江 100 多个网箱养的鱼出现浮头或鱼肚翻白现象。[①] 近

---

① 广西壮族自治区水利厅地方志编纂委员会编《广西通志·水利志（1991~2005）》，2011。

年来，广西部分边境县对国际河流进行了局部性水资源开发，或是在靖西县因开发铝土矿资源而使河流的水质受污染，曾经引起了越南的反弹，这类涉及国家水安全的开发举动需要我们格外注意。此外，因为中越各方先后治理大新德天瀑布界河堤岸、东兴市海防堤岸，引起国土流失的争议的问题。

四　边境地区经济贫困、社会发展落后，制约国际河流开发

在广西，贫困人口比较集中的地区是边境地区、桂西大石山区、桂北高寒山区等，边境地区集老、少、边、山、穷于一体，8 个边境县（市、区）无一不戴贫困的“帽子”，龙州、靖西和那坡县为国家级贫困县；防城区、东兴市、大新、宁明和龙州县为广西级贫困县，贫困是摆在边境地区面前难以回避的一个现实问题。多年来，边境地区一直处于战争前沿地带，先是援越抗法，接着是援越抗美，继之是对越自卫反击战。由于战争因素影响，长期以来没有一个安定、和平的发展环境，再加上地处边境，国家投入到边境地区农业、交通、教育、医疗等方面上的资金很有限，因此，本来就十分落后的边境地区更加远远落后于内地。受特殊地理、资源条件、发展滞后等多因素影响，边民整体仍属于贫困群体。边境地区适合农村贫困监测标准的贫困村占总数的 40%，涉及贫困人口所占比重达 33%，那坡县贫困村比例达 45%。按国家贫困标准衡量，离边境线 0～20 公里范围内的贫困人口共 30.1 万人，占边境县（市、区）贫困人口的 60% 以上。2009 年，广西陆地边境 0～3 公里范围就有 38 万人按国家最低生活保障标准领取最低生活补贴。边境群众生产生活条件较差：一是行路难。边境尚有 64 个村委会和 763 个自然屯没通公路。通了路的村标准很低，许多乡村公道处于晴通雨阻状况（边境一线是广西主要的降雨集中区），行路难的问题没有真正解决。二是住房难。还有 2.6 万余户特困户仍住在茅草房或者极度危房中。三是喝水难。部分村屯的人畜饮水问题尚未彻底解决，或水源不符合卫生标准，有 35 万人饮水难和饮水不卫生问题未得到解决。四是用电难。距边境线 0～20 公里范围内，尚有 2300 多户未通电。五是看病难。距边防线 0～20 公里范围内还有 510 个行政村没有卫生室。六是上学难。边境一线多数村屯离教学点较

远，学生上学需跋山涉水，许多学生只好在学校寄宿，无形中增加了边民的负担，边境学校的运动场、图书馆、实验室等配套设施也基本没有。总之，边境乡镇多数边民尚未解决温饱，生活十分艰苦，"三难问题"突出，因灾、因病返贫人数较多，扶贫开发的任务相当艰巨，推进扶贫开发任重道远。边境地区贫困面大、贫困程度较深，县域经济实力不强。由于缺乏资金、技术、人才、信息等要素支撑，致使广西国际河流的开发利用受到严重影响。越南的国际河流开发很滞后，进而影响了广西国际河流的整体开发。

五 广西国际河流的开发处于初期阶段，各类影响因素较多

广西国际河流的开发利用目前只能说是处于初期阶段。从战略上考虑，需要进入中越两国共同推动的"两廊一圈"战略实施规划，需要进入我国全力推动的北部湾经济区、泛北部湾经济区战略实施规划；从发展上考虑，双方对国际河流水资源进行适度开发时，就会以开放合作方式引进世界各地资源、技术、人才、信息等优势资源的支持，这样有可能引导广西国际河流水资源开发利用；从经济、社会、生态的层面，向外交、经贸合作等复杂的国际关系层面演化，国际化、多元化的因素是在国际河流开发利用过程中必须考虑的问题。

|第|四|章|
广西国际河流开发利用与评价分析

　　广西国际河流主要发源于广西边境地区的崇山峻岭，地形地貌十分复杂，从西到东，既有云贵高原山脉、大青山、十万大山等陡峭山峰，切割落差较大的河谷；又有由石灰岩组成的峰林、峰丛山地。国际河流区的水文气候差异较大，雨热同季，雨量充沛，但普遍情况是降雨量季节（月）分配不均；地区分配也不均衡，靖西、那坡降雨量稍少，防城区、东兴降雨量多。由于易涝易旱、水土流失等原因，国际河流需要建设水利设施，对于农村易发生的水涝灾害进行防治。一旦国际河流水体生态和流域环境遭受污染和破坏或发生水患等问题，广西与越南方面就需要按规章制度即时处理，这就需要双方建立紧急预警和危机处理工作机制，以及常规性的国际河流开发和管理工作机制，此外，双方还要通过水危机管理体系、水环境安全制度、防洪抗旱工程等来维持国际河流健康生命。环境需水、农业用水、城镇用水和工业用水等有可能通过在国际河流干流上修筑水坝、水库等设施来保障获得安全的水源。随着边境地区经济社会加速发展，人口及用水需求量不断上升，广西国际河流开发与保护应提到各级政府工作的议事日程，在重要河段建设蓄、引、提水利工程设施，建立完善的防洪抗旱减灾体系，以及建设饮水安全和生态环境工程等，都是十分迫切和必要的。客观分析近年来广西国际河流开发利用状况，为进一步深化应用对策性研究积累经验，同时，运用模糊综合评价模型对水资源与边境地区经济社会协调发展进行评价，为广西国际河流水资源开发利用的研究提供科学的判断和依据。

第一节　广西国际河流水资源开发利用

古代广西地方文献对广西国际河流水资源利用的记述极少，而且不够具体。从各地地方志资料可知，边境地区河流水资源开发最早是在明朝，新中国成立以前，各地都有一些群众自发修建的小水坝、小水渠。边境地区大规模进行水资源开发利用是在新中国成立以后，特别是在改革开放以后的三十多年间，各类水利工程发展较快，水利化水平不断提高。不过对国际河流的开发，地方政府还是极为重视的。

一　新中国成立以前水资源利用程度极低

农业离不开水利。广西境内河流水资源利用最早有记载的是秦始皇派史禄修建灵渠，当时修建沟通湘江和桂江的灵渠的目的在于促进岭南地区与内地的政治、军事和文化交流。宋元时期，农田灌溉等水利设施发展较快，桂林一带出现了灌田陂塘和翻车、筒车等提水机具。明朝时期，南宁等地开始水利建设，不仅可以灌溉而且还可以通航，少数地区修建堰坝引水入田。明清时期，各地水利设施普及起来，除用石料修建陂堰塘坝外，还修建了较大规模的农田灌溉网。民国时期，地方政府鼓励民间以各种形式兴修小型农田水利工程，民国二十一年至三十六年（1932~1947）各地兴办 23173 处，灌溉面积 252.58 万亩，可增产粮食 9.55 万吨。到 1949 年，广西全境有效灌溉面积 400.6 万亩。[①]

从有关史料来看，边境地区河流水资源利用的时间比广西桂北地区晚，明朝嘉靖年间龙州等地人民凿山开渠、引水灌田，开始修建水利工程。漫长的时间过去了，边境地区的水利设施多为群众自办的小水渠、小水坝，或少数在低洼处挖掘成的池塘积聚雨水，作为人畜饮水之用。边境地区地形复杂，水资源较丰富，但降雨量时空分布不匀，再者各河溪沿岸分散着高亢田，水低田高，需提水灌溉，自古河流滩头安装有竹

---

① 广西壮族自治区地方志编纂委员会编《广西通志·水利志》，广西人民出版社，1998，第 62 页。

木制成的水车，以水力为动力提水灌田，如遇天旱，河水流量小，则以人工戽水保苗，靖西壮语叫"坡群"，意为戽水上坡。在靖西县有溪河的地方，一般有人采用片石夹土堆在溪河中建筑堰坝拦水、雍水，抬高水位后，架筒车提水灌田，靖西壮语叫"派"，如堂茫水坝叫"堂茫派"。据粗略估计，新中国成立以前，边境地区的水利工程有 800 多处，灌田面积 12 万多亩，宁明县峒平水利灌溉农田 3200 亩，为广西六大水利工程之一。史料还记载，1944 年、1945 年在靖西国际河流坡豆河上修建了上郡、古文、伏那屯三条坝沟，灌溉农田近 2500 亩。但这类堰坝都经不起洪水冲刷，往往需要反复整修。由于水利工程规模小、质量差、机具劣，即使经过改建、加修至今还能发挥效益的已不多。

二 20 世纪 50~60 年代水资源开发掀高潮

1949 年广西召开全省第一次水利会议，提出"以发展群众性小型水利为主、大力修复旧有水利工程、重点兴建新的大中型水利工程、逐步发展机械排灌"的水利建设方针。边境地区各地按照此部署，全面加固维修和改造原有的水利工程，同时地方政府组织群众逐步兴建了一批中小型水库、引水工程、提水工程和防洪排涝工程。因为采取的是社办公助、以小型为主的水利建设模式，政府出资、群众投劳，使各地大兴农田水利建设，在 20 世纪 50~60 年代形成了水利建设的高潮。至今各地仍在发挥效益的水利设施主要就是在那时建设的。据不完全统计，边境地区兴建各类水利工程近 7000 处，新增有效灌溉面积是新中国成立以前的 10 多倍。各地动工兴建的著名水利工程，如靖西县的朋怀水库、岜蒙水库；龙州的金龙水库、桂峒水利；大新的乔苗水库；那坡的团结水库；凭祥的燕安水库；宁明的派连水库；防城的黄淡水库；等等。这类具有较大调节能力的水库或水利工程在灌溉、防洪、发电、养殖以及解决人畜饮水等方面发挥了重要作用。

三 中越两国共同建设水利设施工程

20 世纪 50 年代末是边境地区组织人力、物力、财力，大力兴建农田水利工程的时期。这期间，中越两国边境地区的人民共同修建了"跃进水渠"和"个宝排洪工程",这是共同开发、共享效益的典型案例,在国际共享河流的开发史上有重要意义。

修建"跃进水渠"。1957 年初,征得双方上级政府同意,大新县与越南下琅县达成有效期为 20 年的兴修中越水利工程的协议。工程投资 59.12 万元人民币,其中越南投资 0.78 万元人民币,大新县群众自筹 32.01 万元人民币,国家投资 26.33 万元人民币。越方修建干渠 12.7 公里,大部分工作由中方派出的民工担任,管理上实行出工、收工、吃饭、休息统一指挥,并要求民工遵守边境管理规定和工地劳动纪律。由于渠道工程所经之地地质条件复杂,通水后越南段出现严重的渗漏、崩塌,1961~1965 年,大新县先后派民工过境对越方工程进行加固、改建、修补等施工。1974 年,鉴于中越双方签订的协议期限将至,广西对"跃进水渠"实行改道工程建设。

修建"个宝排洪工程"。1958 年初广西水利厅批准靖西县兴建个宝排洪工程的申请。同年夏,靖西县与越南高平省重庆县达成协议,由中国政府投资 89 万元修建个宝排洪工程。该工程由排洪明渠、排洪隧洞和灌溉渠系组成。排洪明渠共长 1.59 公里;排洪隧洞 3 座,共长 682.98 米;灌溉渠系共长 15.42 公里。中越双方均建明渠、隧洞和灌溉渠系,洪水由靖西坡豆河向越南大别河排放。整个工程于 1958 年 10 月 1 日动工,1963 年春完成。个宝排洪工程解决了靖西大利、果广、个宝等片洪淹区排洪问题,也解决了越南大别河泄洪问题,使越方流域的耕地不再受淹。

四 改革开放国际河流开发迎来新机遇

改革开放以来,边境地区水资源开发进入最好的发展时期,各地水利建设逐步从休整阶段发展到不断跨上新台阶阶段。"十二五"时期,我国将对农业水利工程实施大投入、大建设,边境地区水利工程建设进程还将加快。据不完全统计,到 2005 年边境地区已建成大型水库 1 座,中型水库 8 座,小型水库 150 座,总库容 22969 立方米,引水、提水工程 18783 处,电灌站 884 处,排涝工程 200 处,农村人畜饮水工程 16837 处。各类水利工程建设对当地经济社会发展和人民生活改善,对广西国际河流水资源安全、我国国土安全发挥了极其重要的作用。

边境地区水资源利用程度有了明显提升，部分县域 2005 年水资源的调查资料（见表 4-1）反映了水资源开发利用的较好情况。

表 4-1　2005 年广西部分边境县水资源利用情况

地区	水资源可利用量（亿立方米）			年供水量（亿立方米）	年供水量占水资源可利用量（%）	灌溉用水量（亿立方米）	灌溉用水量占水资源可利用量（%）
	地表水量（亿立方米）	地下水量（亿立方米）	总水量（亿立方米）				
龙州县	13.78	0.92	14.7	0.73	5.0	0.5	3.4
大新县	12.94	3.34	16.28	6.59	40.5	1.3	7.9
靖西县	18.09	7.36	25.45	4.25	16.7	2.3	9.0
那坡县	15.81	5.22	21.03	0.85	4.04	0.38	1.8

资料来源：各县水利电力志。

2005 年靖西县境内水资源可利用量 25.45 亿立方米，其中地表水量 18.09 亿立方米，地下水量 7.36 亿立方米，年供水量 4.25 亿立方米，年供水量占水资源可利用量的 16.7%；灌溉用水量 2.3 亿立方米，灌溉用水量占水资源可利用量的 9.0%。年供水量、灌溉用水量分别比 1980 年提高了 2 倍和 1.7 倍。靖西县农业用水量占 90% 以上，工业和城镇用水需要量增长较快，但现有水利工程设施供水不足，不能满足各方面的用水需要。

五　国际河流水能资源开发实现了很大突破

2001 年广西水利厅在对境内水力资源进行复查后，编制了各主要河流水力资源开发规划，并且由自治区统筹资金、物资等，推进重点水力工程建设。涉及边境地区的河流是左江、明江、公安河、黑水河、逻水河，水力工程建设地点为龙州、大新、宁明、靖西、那坡县，规划新建或扩建 25 座梯级电站，装机容量 26.58 万千瓦。其中，黑水河及逻水河规划推荐梯级方案全部落户在大新和靖西两县，16 处坝址有 9 处在大新县，到目前已经全部建成，年发电量 2.59 亿千瓦小时，大新县因此成为中国第一批农村中级电气化县。边境地区水利工程在进行水电开发的同时，还起着调蓄洪水的功能。水能资源的开发给边境地区经济社会发展提供了优越条件。

黑水河规划推荐梯级方案及主要技术指标见表 4-2。

表4-2 黑水河规划推荐梯级方案及主要技术指标

序号	梯级名称	建设地点	集水面积（平方公里）	多年平均流量（立方米/秒）	正常蓄水位（米）	调节库容（万立方米）	装机容量（万千瓦）	保证出力（万千瓦）	年发电量（亿千瓦小时）	坝型	最大坝高（米）	建设情况
1	爱布一级	靖西县	809	31.1	587587		0.06		0.0253	引水坝	1.0	已建
2	爱布二级	靖西县	820	31.1	570		0.126		0.076	引水坝	1.7	已建
3	爱布三级	靖西县	820	31.1	537		0.06		0.0253	引水坝	1.0	已建
4	四明	靖西县	1214	31.1			1.2		0.706			规划
5	德天	大新县	2272	55.3	418		0.3		0.13			规划
6	硕龙一级	大新县	2272	55.3			0.2		0.107			已建
7	硕龙二级	大新县	2276	55.4			0.34		0.187			已建
8	稳底	大新县	2276	55.4			0.72		0.312	引水坝	1.8	已建
9	那岸	大新县	3180	75.5	217		1.52		0.734			已建
10	上利	大新县	3320		178		0.72		0.14			在建
11	驮望	大新县	3320	83.1	165.2		0.24		0.11			规划
12	格强	大新县	4766	102	164		0.92		0.373	重力坝	9.0	已建
13	中年潭	大新县	5000	111	150.2		0.783	0.204	0.4327	梯形坝	7.7	已建
14	新和	崇左县	5740	117	133.2		0.535	0.143	0.2674	重力坝	7.2	已建
15	农本	崇左县	5900	130	120		0.96	0.210	0.4775	重力坝	29.5	已建
16	峒牌	靖西县 逻水河	507	16.3			0.15	0.05	0.0797			已建
17	三叠岭	靖西县 逻水河	607	16.3			1.35	0.43	0.7011			已建

资料来源：《广西通志·水利志》。[1]

①广西壮族自治区水利厅地方志编纂委员会编《广西通志·水利志（1991~2005）》，2011。

六 推动实施国际河流整治工程

近年来，广西水利厅统筹推进广西中越界河整治工程、小流域综合治理工程的建设，有助于改善国际河流区生态环境，防止水土流失。广西水利厅在 2001 年编制了"珠江片国际河流（广西部分）整治规划"，2005 年根据国家有关部门的指示精神，对规划报告进行了补充修改，主要成果有：整治规划工程点 39 个，其中已在建工程点 17 个，规划建设的工程点 21 个。[①] 修改后的规划对靖西县龙邦、岳圩、个宝 3 个国家重点口岸的河道提出了拟建防洪整治工程点，该工程建设的实施有利于解决这三地洪水灾害问题。

自 1999 年起，广西将灌阳、灵山、东兴、兴安、横县等地区小流域综合治理列为开发重点项目，东兴黄淡小流域治理工程是其中之一。目的是通过小流域综合治理工程建设，实现水、电、田、林、路综合治理，生态环境恶化的趋势基本得到控制，生态农业稳步发展，群众生活步入小康等控制性目标，形成小流域综合治理程度达到 70% 以上的示范小流域。东兴黄淡小流域位于东兴市东北面约 12 公里的黄淡水库库区，小流域总面积 69.3 平方公里。治理前，水土流失面积占小流域总面积的50.21%，是东兴市水土流失最严重的小流域之一。2000 年广西水利厅把黄淡小流域列入水土保持治理的中央国债项目，连续 4 年共下拨 370 万元专项资金用于该项工程建设。该工程通过多项治理措施收到了良好成效，具体措施如下：一是采取封禁治理，促使生态自我恢复；二是杜绝乱砍滥伐、乱挖乱垦，控制人为水土流失；三是人工造林和疏林补植。治理工程到检查验收时，所种下的水土保持林木已郁蔽成林，森林覆盖率从治理前的 53% 提高到 85%，林草恢复面积占宜林宜草面积的 94%。这些措施在涵养水源、减蚀保土、削洪缓洪、减少水土流失及水库淤积、绿化美化库区、增加旅游功能等方面发挥了作用。

---

① 广西壮族自治区水利厅地方志编纂委员会编《广西通志·水利志（1991~2005）》，2011。

第二节　基于信息熵理论的水资源与
经济、社会发展协调度评价

　　边境地区水资源与当地经济、社会发展的关系十分密切，水资源是人口增长、经济社会快速发展的必要支撑。水资源短缺、水环境恶化，会激化发展中的矛盾和问题，严重阻碍经济、社会发展，使经济、社会发展停滞不前甚至倒退。研究边境地区水资源与经济、社会发展协调度问题是一个多目标、多层次、群决策的过程。由于水资源与经济社会发展分属于不同子系统，两者之间的发展是一个随机的过程，又是相互制约的过程。采用信息熵理论来评价水资源与经济、社会发展的协调度，目的是揭示边境地区水资源与经济社会在现实中的关系。基于熵理论情景分析的多目标整体建模技术，对评价指标赋权、构建评价的数学模型、根据绝对或相对评价结果评判研究对象的优劣信息，可以减少定性分析的主观性，使水资源与经济社会发展的研究增加科学性。以下将借助信息论中的熵权法（IEW）和耦合协调度模型，并通过对收集到的指标数据的综合处理，来探讨边境地区的水资源与经济、社会发展的协调程度和发展程度，并据此作进一步的分析和评价。

一　模型概述

　　熵理论在经济和社会研究领域被广泛应用至今有六十多年的历史，学者们运用熵理论主要是评价资源与经济社会不同系统之间的协调性和协调度，由此形成的理论与数学模型已经见诸许多研究成果之中，而且是研究未来发展的一个主要方向。

（一）信息熵及其赋权法

1. 信息熵

　　熵的概念来源于热力学第二定律，是确定一个热力过程（如能量转化）中可用于转化为有用功的能量的一个热力学物理量。1948 年，Claude E. Shannon 在他的论文《通信中的数学理论》中提出了类似的理论，该理论后来被广泛地运用于信息论及其有关的各类交叉学科（如经济学、社会学等）中，因而信息论中熵也被称为信息熵或 Shannon 熵。在信息论中，信息熵是一种对与某一随机变量有关的不确定性的度量，同时，熵也可作为当某一随机变量的值未知时对该随机变量信息量的一种度量。[①]

信息量是信息论中用于度量信息的核心概念，信息获取将有利于消除不确定性。因而信息量被定义为消除不确定性，而随机事件的不确定性常被描述为概率分布。[②] 例如，抛掷一个密度均匀的硬币将有两个结果（正面和反面），且这两个结果是等概率的。可以证明，这个时候对于抛掷结果，信息熵将为最大值，即不确定性最大，信息量最少。如果我们知道这个硬币的密度是不均匀的，那么抛掷这一枚硬币的结果将以更大的概率出现其中的某一面，此时，该事件的信息熵将减少，即不确定性减少，同时信息量增加。

假设有一个有限离散的随机变量 X，它的取值为 $\{x_1, x_2, \cdots, x_n\}$，对应每个值的概率分别为 $\{p_1, p_2, \cdots, p_n\}$，其中，$p_i(i = 1, 2, \cdots, n)$ 满足 $0 \leqslant p_i \leqslant 1$ 且 $\sum p_i = 1$，故该随机变量 X 的概率分布见表 4 - 3。

表 4 - 3　随机变量 X 的概率分布

X	x_1	x_2	...	x_n
P	p_1	p_2	...	p_n

上述的随机变量 X 及其概率分布被称为信息源 $[X \cdot P]$，当随机变量 $X = x_i$ 时，信息函数 $I(x_i)$ 定义为

$$I(x_i) = -\log_b x_i, \forall i \in [1, n] \tag{4.2.1}$$

其中，对数函数的底 b 一般取 $b = 2$，$b = e$ 或者 $b = 10$。当随机变量 X 未知时，$I(x_i)$ 表示 $X = x_i$ 时的不确定性；当 X 已知时，$I(x_i)$ 表示 $X = x_i$ 时的信息量。进而，Shannon 将随机变量 X 的信息熵定义为信息源 $[X \cdot P]$ 的期望，即

---

① 该段文字来源于 http：//en. wikipedia. org。

② 参考 Ding Shi-fei, Shi Zhong-zhi, "Studies on Incidence Pattern Recognition Based on Information Entropy," *Journal of Information Science*, 31 (6) 2005：498。

$$H = E(I(X)) = \sum_i p_i I(x_i) = - \sum_i p_i \log_b p_i \qquad (4.2.2)$$

2. 信息熵赋权法

根据 Ding Shi-fei（2005）的观点，对某一指标体系中的指标赋予权重的方法大致有两类：第一类是通过专家或个人对该指标体系的已有知识和经验，主观判断各个指标之间重要性的差异来确定不同的指标的权重，该类方法被称为主观赋权法；第二类是根据指标的统计性质和数据测量来确定指标的权重，这种方法被称为客观赋权法。

对于某一特定指标体系中的指标，我们有理由认为涵盖信息量大的指标应该拥有更大的权重，而信息熵是对随机变量信息的度量，因而根据 Ding Shi-fei（2005）的观点，一种基于信息熵理论构造的新的客观赋权法应运而生，该方法被称为信息熵赋权法（IEW，information entropy weight），其定义如下。

假设 p 项指标分别为 $\alpha_1, \alpha_2, \cdots, \alpha_p$，$n$ 个样本分别为 $x_1, x_2, \cdots, x_n$ 对应的数据矩阵为

$$X = (\alpha_1, \alpha_2, \cdots, \alpha_p) = \begin{pmatrix} x_1 \\ x_2 \\ \vdots \\ x_n \end{pmatrix} = \begin{bmatrix} x_{11} & x_{12} & \cdots & x_{1p} \\ x_{21} & x_{22} & \cdots & x_{2p} \\ \vdots & \vdots & \vdots & \vdots \\ x_{n1} & x_{n2} & \cdots & x_{np} \end{bmatrix}$$

其中 x_{ij} 表示第 i 个样本的第 j 项指标的观测值。第 j 项指标第 i 个样本的指标比例设为

$$p_{ij} = \frac{x_{ij}}{\sum_i x_{ij}}, j = 1, 2, \cdots, p \qquad (4.2.3)$$

第 j 项指标的熵定义为

$$e_j = - (\log_b n)^{-1} \sum_{i=1}^{n} p_{ij} \log_b p_{ij}, j = 1, 2, \cdots, p \qquad (4.2.4)$$

将 e_j 称为输出熵，反映了第 j 项指标提供的信息量。根据信息熵的定义可以知道，e_j 越小，第 j 项指标提供的信息量越大。同时，也可知道

$0 \leqslant e_j \leqslant 1$ 。

第 j 个指标的差异系数定义为

$$g_j = 1 - e_j, \quad j = 1,2,\cdots,p \tag{4.2.5}$$

该数值反映了第 j 项指标的差异,即 g_j 越大,第 j 项指标的差异越大,则第 j 项指标也将获得更大的权数。进而,根据 IEW 将第 j 项指标的权重确定为

$$\omega_j = \frac{g_j}{\sum_j g_j}, \quad j = 1,2,\cdots,p \tag{4.2.6}$$

对应的赋权矩阵为

$$W = \begin{bmatrix} \omega_1 & \cdots & 0 \\ \vdots & \vdots & \vdots \\ 0 & \cdots & \omega_p \end{bmatrix} = \mathrm{diag}(\omega_1,\cdots,\omega_p) \tag{4.2.7}$$

上述的 IEW 赋权法提供了一种确定指标权重的客观形式,排除了主观因素对指标的赋权过程的影响,出于这一目的,本书选取这一方法对相应的评价指标进行赋权。

(二) 耦合协调度模型

协调度用于衡量不同系统或要素间的协调状况,以此来判断系统或要素间的协调情况的优劣。根据廖重斌(1999)的观点,协调度大体可以分为两类:一类是发展协调度,用于度量一个城市或区域在不同阶段环境与经济的协调状况;一类是对比协调度,用于衡量同一阶段不同城市或区域的环境与经济的协调情况。

设 m 项水资源指标分别为 $x_1, x_2, \cdots, x_m$,而 n 项经济发展指标为 $y_1, y_2, \cdots, y_n$,分别将每项指标数据进行标准化,以消除不同数据之间量纲带来的影响。标准化数据的方法很多,为了将指标值控制在 $[0,1]$ 区间内,这里采用的方法如下所示:

当 x_{ij} 为效益型指标时,即 x_{ij} 越大越好时

$$u_{ij} = \frac{x_{ij}}{\max\limits_i x_{ij}}, \forall i \tag{4.2.8}$$

当 x_{ij} 为成本型指标时,即 x_{ij} 越小越好时

$$u_{ij} = \frac{\min\limits_{i} x_{ij}}{x_{ij}}, \forall i \qquad (4.2.9)$$

式（4.2.8）与式（4.2.9）中的 u_{ij} 分别表示标准化后的数据，同理可以对经济发展指标的数据进行标准化，设标准化后的数据为 v_{ij}。

根据获得的数据，将第 i 个地区的不同系统的综合评价函数定义为

$$f_i(u) = \sum_j a_j u_{ij}, \ g_i(v) = \sum_j b_j v_{ij} \qquad (4.2.10)$$

其中，$f_i(u)$ 为第 i 个地区的综合水资源评价指标，$g_i(v)$ 为第 i 个地区的综合经济发展评价指标，a_j 和 b_j 分别为水资源和经济系统中对应的第 j 个指标的权重，可通过上面所述的 IEW 来确定。

根据廖重斌（1999）的观点，如果认为 i 地区的水资源系统和经济发展系统是协调的话，该地区的水资源综合评价指标 $f_i(u)$ 与经济发展综合评价指标 $g_i(v)$ 之间的变差系数应该足够小，即

$$CV_i = \frac{S_i}{M_i} \triangleq \frac{\sqrt{\frac{1}{2}\left[\left(f_i(u) - \frac{f_i(u) + g_i(v)}{2}\right)^2 + \left(g_i(v) - \frac{f_i(u) + g_i(v)}{2}\right)^2\right]}}{\frac{f_i(u) + g_i(v)}{2}}$$

$$= \sqrt{1 - \frac{f_i(u) \cdot g_i(v)}{\left(\frac{f_i(u) + g_i(v)}{2}\right)^2}} \triangleq \sqrt{1 - C'_i}$$

其中，$C'_i \triangleq \dfrac{f_i(u) \cdot g_i(v)}{\left(\dfrac{f_i(u) + g_i(v)}{2}\right)^2}$。

由上面的表达式可以知道，要满足 CV_i 很小，只需 C'_i 很大即可，而且 $0 \leqslant C'_i \leqslant 1$。因此，这里定义两个系统间的协调度为

$$C_i = C'^k_i = \left[\frac{f_i(u) \cdot g_i(v)}{\left(\frac{f_i(u) + g_i(v)}{2}\right)^2}\right]^k \qquad (4.2.11)$$

式中，$k \geqslant 2$ 表示调节系数，同时可以知道协调度 C_i 满足 $0 \leqslant C_i \leqslant 1$。根据廖重斌（1999）的观点，在某些情况下无法反映一个地区的综合情况，因而这里需要引入协调发展系数 D，其定义如下

$$D_i = \sqrt{C_i \cdot T_i} \qquad (4.2.12)$$

其中，$T_i = a_1 f_i(u) + a_2 g_i(v)$ 表示 i 地区的水资源与经济发展评价的综合指数，$0 \leqslant a_1, a_2 \leqslant 1$ 为待定的权重，满足 $a_1 + a_2 = 1$。为了简化过程，这里直接取 $a_1 = a_2 = 0.5$。可见，D_i 综合考虑了两个系统的协调度和综合状况。将协调发展系数和两个体系综合指数的评价标准罗列如下，[①] 见表 4-4 和表 4-5。

表 4-4　协调发展系数 D 的评价标准

D	评价等级	D	评价等级
0.00 ~ 0.09	极度失调衰退类	0.50 ~ 0.59	勉强协调发展类
0.10 ~ 0.19	严重失调衰退类	0.60 ~ 0.69	初级协调发展类
0.20 ~ 0.29	中度失调衰退类	0.70 ~ 0.79	中级协调发展类
0.30 ~ 0.39	轻度失调衰退类	0.80 ~ 0.89	良好协调发展类
0.40 ~ 0.49	濒临失调衰退类	0.90 ~ 1.00	优质协调发展类

表 4-5　水资源与经济发展两个系统间比较评价标准

情形	评价等级	情形	评价等级
$f < g$	水资源环境滞后	$f > g$	经济发展滞后
$f = g$	水资源环境与经济发展协调		

二　边境地区水资源与经济发展协调度评价

本节将选取边境地区 5 个具有代表性的县域：靖西县、那坡县、防城区、大新县、龙州县，根据上述的模型进行有关数据处理，并通过计算相应的指标值来对这 5 个县域的水资源状况及相应的经济发展状况水平的协调程度进行评价和分析。

（一）选取指标体系

根据有关数据整理，这里选出了几个具有代表性的指标来分别反映这 5 个边境县域的水资源状况和经济发展状况，这些指标见表 4-6。

---

① 参考廖重斌《环境与经济协调发展的定量评判及其分类体系——以珠江三角洲城市群为例》，《热带地理》1999 年第 6 期。

表 4 – 6　广西边境地区的水资源状况指标与经济发展状况指标

系统	指标	单位
水资源状况	年径流量 x_1	亿立方米
	年径流深 x_2	毫米
	年均降雨量 x_3	毫米
	河网密度 x_4	公里/平方公里
	水资源量 x_5	亿立方米
经济发展状况	GDP y_1	万元
	人均 GDP y_2	元/人
	GDP 增长率 y_3	%
	财政收入 y_4	万元
	全社会固定资产投资 y_5	万元
	社会消费品零售总额 y_6	万元
	全社会劳动生产率 y_7	元/人
	农民人均纯收入 y_8	元/人

通过对 2010《广西统计年鉴》及相关的水利资料的整理，本书收集了 2009 年靖西、那坡、防城、大新、龙州 5 个边境县域的指标数据，并进行下一步的数据分析，从而考察它们的水资源和经济发展的相对协调发展情况，从而提出结论性意见。

（二）IEW 指标权重计算

查阅有关资料将数据整理出来后，即可通过上面所述的 IEW 来确定表 4 – 4 中的指标权重，该权重可以经由式（4.2.3）到式（4.2.6）得到，而且由式（4.2.4）的定义，计算结果与对数函数选取的底数无关，故默认底数为 $b = e$。计算结果列于表 4 – 7。

表 4 – 7 列出了水资源状况与经济发展两个系统中的不同指标的熵值及由 IEW 确定的各指标的相对权重。可以看出，各个指标的熵值基本都在 0.85 以上（最低为水资源量的 0.869），可见这 5 个边境县域的这些指标值都相对比较接近，没有反映出特别大的差异，因而熵值很高，信息量很小。事实上，根据 2009 年这 5 个县域的经济数据，只有那坡县的经济水平与其他县域的发展差距较大，这里将在计算出经济发展系统的综合评价指数后再做进一步的分析。

表 4 – 7 各指标熵值及相应的权重

系统	指标	e_i	g_i	ω_i
水资源状况	年径流量 x_1	0.942	0.058	0.213
	年径流深 x_2	0.948	0.052	0.192
	年均降雨量 x_3	0.984	0.016	0.060
	河网密度 x_4	0.985	0.015	0.054
	水资源量 x_5	0.869	0.131	0.481
经济发展状况	GDP y_1	0.934	0.066	0.145
	人均 GDP y_2	0.971	0.029	0.065
	GDP 增长率 y_3	0.961	0.039	0.086
	财政收入 y_4	0.918	0.082	0.181
	全社会固定资产投资 y_5	0.929	0.071	0.156
	社会消费品零售总额 y_6	0.904	0.096	0.212
	全社会劳动生产率 y_7	0.955	0.045	0.100
	农民人均纯收入 y_8	0.975	0.025	0.055

（三） 边境县域的水资源和经济发展协调度评价

由于已经通过 IEW 对水资源状况与经济发展系统中的指标进行了赋权，因而可以利用上面所述的耦合协调度模型对 5 个边境县域的情况进行数据分析。

首先，需要借助式（4.2.8）和式（4.2.9）的思想对收集到的数据进行标准化处理，通过变换将数据的范围缩小到［0,1］区间内，即归一化，从而方便下一步的数据分析、处理和最后的评价。标准化处理后的县域各指标数据如表 4 – 8 所示。

可以确定的是，选取的这 13 项指标均为效益型指标，即数据越大情况越好。因而根据表 4 – 8，并结合上述标准化过程的定义可以知道，在边境地区中，防城区的表现情况是比较好的：13 项指标中有 7 项最高，分别是水资源状况系统中的年径流量、年径流深、年均降雨量和水资源量，还有经济发展状况系统中的人均 GDP、社会消费品零售总额和农民人均纯收入，GDP 虽然没达到 5 个边境县域中的最高（靖西），但水平也相当接近了，大约为最高值的 95.6%。那坡县在这 5 个边境县域中的水平则表现得比较落后：基本上各个指标的相对水平都是最低。具体情况将在下文中作进一步分析。

表 4 - 8　广西 5 个边境县域各指标归一化数据

	靖西	那坡	防城	大新	龙州
年径流量	0.534	0.360	1.000	0.405	0.347
年径流深	0.431	0.434	1.000	0.390	0.394
年均降雨量	0.706	0.600	1.000	0.565	0.573
河网密度	0.991	0.770	0.525	0.884	1.000
水资源量	0.374	0.223	1.000	0.240	0.240
GDP	1.000	0.183	0.956	0.820	0.645
人均 GDP	0.680	0.364	1.000	0.854	0.856
GDP 增长率	1.000	0.388	0.488	0.455	0.605
财政收入	0.944	0.135	0.870	1.000	0.594
全社会固定资产投资	1.000	0.243	0.898	0.536	0.405
社会消费品零售总额	0.658	0.184	1.000	0.309	0.414
全社会劳动生产率	1.000	0.361	0.500	0.549	0.412
农民人均纯收入	0.512	0.458	1.000	0.806	0.717

　　根据表 4 - 8 中标准化后的数据及表 4 - 7 所列出的各个指标的权重，即可通过式（4.2.10）、式（4.2.11）和式（4.2.12）分别计算出这 5 个边境县域的协调发展系数 D，以此来评价各个县域的协调发展水平，计算结果如表 4 - 9 所示。

表 4 - 9　广西 5 个边境县域的综合评价指数及协调发展系数

地区	水资源综合指数	经济综合指数	协调系数	综合评价指数	协调发展系数
靖西	0.472	0.870	0.832	0.671	0.747
那坡	0.345	0.246	0.945	0.296	0.529
防城	0.974	0.860	0.992	0.917	0.954
大新	0.358	0.643	0.845	0.501	0.650
龙州	0.354	0.540	0.915	0.447	0.639

　　表 4 - 9 的计算结果进一步证实了上面的判断。在 5 个边境县域中，防城区的相对情况非常好，该区水资源状况的综合评价指数约为 0.974，为 5 个边境县域的最大值，该项综合指数远远大于其他的县域，排在第二的靖西县的水资源综合指数也仅约为 0.472；至于经济发展方面，防城区仅次于靖西县，而且差别不是太大，靖西的经济发展综合指数约为

0.870，而防城区的约为0.860。因此防城区两个系统的综合评价指数也是5个边境县域中最好的，该指数约为0.917。无论是水资源状况系统还是经济发展状况系统，那坡县的水平都处于这5个边境县域中的最低位——这两项综合指数分别为0.345和0.246，因此那坡县的综合评价指数也是这5个县域中的最低，约为0.296。

根据表4-9中的计算结果和表4-5中所罗列的评价标准，5个边境县域的评价结果如表4-10所示。

表4-10　广西5个边境县域的评价结果

地区	系统综合指标比较	评价	协调发展系数	评价
靖西	$f < g$	水资源环境滞后	0.747	中级协调发展
那坡	$f > g$	经济发展滞后	0.529	勉强协调发展
防城	$f > g$	经济发展滞后	0.954	优质协调发展
大新	$f < g$	水资源环境滞后	0.650	初级协调发展
龙州	$f < g$	水资源环境滞后	0.639	初级协调发展

根据上述的计算过程，上面的评价水平是相对而言的。因此，据表4-10所列出的评价结果可以看出，在这5个边境县域中，防城区的情况是相当好的。根据其协调发展系数，该区已相对达到了优质协调发展的水平；根据水资源状况与经济发展状况的综合指数比较，该地区的经济状况仍稍微落后，但总体而言该地的经济发展状况与其优越的水资源状况还是比较接近的。排在第二的是靖西县，该地区的协调发展系数约为0.747，在5个县域中属于中级协调发展的水平，而该地区的经济综合指标远大于当地的水资源状况，由此可知当地的经济发展已相对优于地方的水资源条件。在5个边境县域中，排在第三位和第四位的分别为大新县和龙州县，相较而言，这两个县的协调发展系数还是相当接近的——大新的约为0.650，龙州的约为0.639——两个边境县的相对协调发展水平都为初级协调发展，且依据水资源状况与经济发展状况综合指数的比较，这两个边境县的经济发展状况都要优于当地的水资源环境。协调发展系数排在这5个边境县域之末的是那坡县，该县的协调发展系数仅为0.529，相应的水平评价为勉强协调发展，考虑到该县水资源状况

与经济发展状况的综合比较，当地的水资源状况略优于当地的经济发展状况。事实上，根据那坡县的这两个综合评价指数计算出的协调系数（表 4 - 9）仍显示出两个系统之间的不错的协调度：那坡县的协调系数为 0.945，仅次于该指标排在第一的防城区（0.992），但在考虑了两个系统的相对水平的综合指数时，那坡县就只能排在最后了。

三　结论性意见

第一，从熵值来看，边境地区反映不出太大差异，说明各地基本情况较为相同。各地水资源与经济发展两个系统中的不同指标的熵值很高，信息量很小。

第二，在边境地区，水资源优势突出的县域的综合条件可能优于其他县域，资源优势成为边境地区经济优势的前提和条件。防城区 13 项指标中有 7 项最高；而资源条件差和经济基础弱的县域，如那坡县，则表现出各项指标的相对水平都低。

第三，边境地区各县域水资源状况系统与经济发展状况系统在协调度上表现出明显差异，防城区水资源与经济发展的综合评价均居边境地区前列，因此，其综合评价指标是 5 个边境县域中最好的。那坡县水资源状况系统与经济发展状况系统两项综合指数分别为 0.345 和 0.246，综合评价指数约为 0.296。

第四，从系统协调度来看，边境地区各县域差异大。边境地区县域依次排列是：防城区，协调发展系数约为 0.954，达到了优质协调发展水平；靖西县，协调发展系数约为 0.747，为中级协调发展水平；大新县，协调发展系数约为 0.650，为初级协调发展水平；龙州县，协调发展系数约为 0.639，为初级协调发展水平；那坡县，协调发展系数约为 0.529，为勉强协调发展水平。显然，边境地区县域水资源与经济社会协调发展问题主要是差异性问题。

第五，基于信息熵理论的模糊评价模型在理论与方法上是较为完善的，一是考虑了评价准则和评价指标的模糊性和不确定性，二是注意了减少评价过程中人为主观性，因而评价结果切合客观事实，与实际期望情景相符合。

第 五 章

广西国际河流区水资源承载能力评估

我国西南地区的国际河流情况复杂，共性的问题是生物多样性保护、水源地保护；地区性的问题是，云南和西藏面临划界、水资源分配等突出问题，而广西则面临保持良好水质、维护水生态环境和水安全等主要问题。广西国际河流区经济欠发达，属典型的农业区域，大工业集聚程度较低，但是，随着边境地区经济社会越来越快的发展，人口增长以高于其他地区的自然增长率增长，水资源将不能满足日益增长的发展需求，以及人们的生产和生活需要。国际河流区的水资源开发利用，越来越成为关系广西边境地区经济社会发展的重要问题，成为关系中越两国边境和睦的大问题。上一章研究了水资源与经济、社会发展协调程度，这一章有必要对边境地区水资源承载力与社会、经济、环境可持续发展的协调性进行评估。现实中水资源与经济、社会、人口和环境等因素构成一个复杂的大系统，通过评估水资源承载力，分析不同子系统之间的关联程度和内涵特征，有助于为边境地区水资源的可持续利用、实施水资源安全战略提供科学的依据和参考。

第一节　水资源承载力的概念和内涵

水资源承载力（Carrying Capacity of Water Resources，CCWR）的概念，最早源自于《生态学》中的"承载能力"（Carrying Capacity）一词，

是自然资源承载能力的一部分。① 20 世纪 80 年代我国学者施雅风首次提出水资源承载力的概念。何谓水资源承载力，至今还没有一个统一、明确的界定。联合国教科文组织认为，一个国家或地区的水资源承载力是指在可以预见到的时期内，利用水资源和智力、技术等条件，在保证符合其社会文化准则的物质生活水平条件下，该国家或地区能持续供养的人口数量。② 根据这一论点，国内学者展开了有意义的讨论，从两种不同角度形成了两类不同的观点：一种观点为水资源开发容量论或水资源开发规模论，另一种观点是水资源支持持续发展能力论。这两种观点并没有脱离可持续发展的主题。

水资源开发容量论的观点：水资源承载力是指某一地区的水资源，在一定社会历史和科学技术发展阶段，最大可承载的农业、工业、城市规模和人口的能力；水资源支持持续发展能力论的观点：水资源承载力是指在一定区域、一定物质生活水平下，水资源能够持续供给当代人和后代人需要的规模和能力。我们认为，水资源承载力指的是在某一区域的水资源，在一定经济技术水平和社会生产条件下，对人口、经济、社会和环境的最大支撑能力。其内在特征表现在：第一，水资源系统是水资源承载能力的主体，客体是范围较广的人类社会经济系统；第二，水资源与人口、社会、经济、生态环境应是协调发展、可持续发展；第三，水资源是生态系统的重要组成部分，必须满足生态系统对它的需求；第四，水资源应合理开发与优化配置，确定水资源对人口及社会经济规模的最大支撑能力。水资源承载能力具有的特点：空间变异性，即在不同区域，相同水资源量的承载能力有所不同；时变性，即水资源承载能力随着时间而变化，同时又不断地受到社会、经济、生态环境系统的影响；可控性。

第二节　水资源承载力研究和计算方法

目前，在科学发展、可持续发展的大背景下，我国的水资源承载

---

① 鹿坤：《喀斯特地区水资源承载力模型研究》，贵州省水文水资源局，2006。
② 齐文虎：《资源承载力计算的系统动力学模型》，《自然资源学报》1990 年第 5（2）期。

能力研究越来越成为水资源领域的一个新的研究热点，并取得了颇为丰富的研究成果与多元化的评估计算方法，为下一步研究打下了基础。

一　水资源承载力研究简述

基于可持续发展理论的水资源承载力研究是当前我国水资源研究的主流，纷纷涌现的各种研究成果和学术观点使这一领域保持着生机和活力。目前，学术界较为一致地认为，水资源承载能力综合评价是在对区域水资源特征、保证程度、开发利用情况以及工农业生产、人民生活和生态环境对水资源的需求程度等供需诸方面进行综合分析的基础上，经过多个因素分析评价而得出的结论，[①] 在这一观点的基础上，一些学者从不同的视角提出了多种研究方法，概括起来为综合评价法、支撑评价法、极限估算法三类，见表5-1。[②]

表5-1　国内常用的水资源承载力评价研究方法

	要义与路线	主要研究方法
综合评价法	选用单个或多个指标对不同时段或不同方案或不同区域的水资源开发利用规模或承载状况或两者进行评价，比较排序	综合指标法、模糊综合评价法、主要成分分析法
支撑评价法	从资源承载的主体和客体整体考虑，以系统的、动态的观点，研究在不同的社会经济发展模式、不同的水资源开发利用方式下，水资源对区域的经济和人口在不同水平年的承载状况	系统动力学法、多目标分析法、常规趋势法
极限估算法	通过类似区域比较或水资源量的估算或模拟递推达到极限等方法，试图寻求区域水资源的最大承载能力	背景分析法、供需平衡或定额估算法、动态模拟递推法、投影寻踪法、神经网络法

---

① 孙弘颜、汤洁、刘亚修：《基于模糊评价方法的中国水资源承载力研究》，《东北师大学报》（自然科学版）2007年第39卷第1期。

② 张丽、董增川、张伟：《水资源可持续承载能力概念及研究思路探讨》2003年第10期。

二 水资源承载力的计算方法

评估水资源承载力是必要的。研究水资源承载力无论是从水资源的最大开发规模或最大供水量，还是从水资源支撑人类社会经济的最大规模的视角来考虑，都涉及了自然和社会系统，即水资源系统和人类社会经济系统，后者是一个极其复杂的巨系统。以水资源本身的特殊属性来讲，包括完整性、生态性、极限性、动态性，以及被赋予的社会经济性，等等。水资源承载力评价涉及因素复杂，不但水资源系统内部关系复杂，而且水资源与人口、社会、经济、资源、环境等系统因素之间的关联性也非常复杂，再加上水资源承载能力与可持续发展具有不可否认的相互联结关系，因此，水资源承载力评价应该是一个多指标的评价问题。目前，学术界对水资源承载力的评价方法属于哪种级别难以作出准确的判断。

这里将采用模糊综合评价法对广西边境地区的水资源承载力状况进行综合评价。基本思路是选取并建立边境地区水资源特征、开发利用及水资源对工农业生产、人民生活和生态环境的供需诸方面指标体系，建立模糊综合评价模型，对水资源承载力作多因素、多层次的综合评价，以更好地、更合理地反映边境地区水资源承载能力的状况。

关于该评价方法的概况及建立过程具体如下。

假设有指标集 $X = \{x_1, x_2, \cdots, x_n\}$，其中包括反映地区水资源承载力状况的各项指标，以及对应 X 中各项指标的评价标准 $V = \{v_1, v_2, \cdots, v_m\}$，$m$ 表示各个指标的等级数，并且每个等级都有相应的评分。这里令 $m = 3$，即将评价标准分为 3 个等级：v_1 为指标反映的情况相对较好，表明当地有较高的相对水资源承载力和较好的水资源综合状况；v_3 为指标反映的情况较弱，表明当地有相对弱的相对水资源承载力和较差的水资源综合状况；v_2 所反映的情况则介于两者之间，属于相对中等的水平。根据有关文献，这 3 个等级的评分分别为 0.95、0.05 和 0.50。

另设 W 是指标集 X 中各个指标的模糊隶属度，设 W 的形式为 $W = \{w_1, w_2, \cdots, w_n\}$，应满足 $0 \leqslant w_i \leqslant 1, i = 1, \cdots, n$ 且 $\sum w_i = 1$，在下文的讨论中将 W 视为 X 的权矩阵，即 w_i 为指标 x_i 的权重。为了排除主观因素

的影响，这里将采用信息熵赋权法来对指标集 X 中的各项指标赋权，该方法已在第四章中介绍过，在此便不赘述。令 R_k 表示第 k 个地区的指标 X 对评价标准 V 的模糊隶属度，R_k 满足以下条件：

$$R_k = \begin{bmatrix} r_{11k} & \cdots & r_{1mk} \\ \vdots & \ddots & \vdots \\ r_{n1k} & \cdots & r_{nmk} \end{bmatrix}, \sum_j r_{ijk} = 1, \forall i, k$$

r_{ijk} 的数值可由式（5.2.1）到式（5.2.6）进行确认。

当 x_i 为越大越好的指标时，

$$r_{i1k} = \begin{cases} 0.5(1 + \dfrac{x_{ki} - v_1}{x_{ki} - v_2}) & x_{ki} \geqslant v_1 \\[3mm] 0.5(1 - \dfrac{v_1 - x_{ki}}{v_1 - v_2}) & v_2 \leqslant x_{ki} < v_1 \\[3mm] 0 & x_{ki} < v_2 \end{cases} \tag{5.2.1}$$

$$r_{i2k} = \begin{cases} 0.5(1 - \dfrac{x_{ki} - v_1}{x_{ki} - v_2}) & x_{ki} \geqslant v_1 \\[3mm] 0.5(1 + \dfrac{v_1 - x_{ki}}{v_1 - v_2}) & v_2 \leqslant x_{ki} < v_1 \\[3mm] 0.5(1 + \dfrac{x_{ki} - v_3}{v_2 - v_3}) & v_3 \leqslant x_{ki} < v_2 \\[3mm] 0.5(1 - \dfrac{v_3 - x_{ki}}{v_2 - x_{ki}}) & x_{ki} < v_3 \end{cases} \tag{5.2.2}$$

$$r_{i3k} = \begin{cases} 0 & x_{ki} \geqslant v_2 \\[3mm] 0.5(1 - \dfrac{x_{ki} - v_3}{v_2 - v_3}) & v_3 \leqslant x_{ki} < v_2 \\[3mm] 0.5(1 + \dfrac{v_3 - x_{ki}}{v_2 - x_{ki}}) & x_{ki} < v_3 \end{cases} \tag{5.2.3}$$

当 x_i 为越小越好的指标时，

$$r_{i1k} = \begin{cases} 0.5(1 + \dfrac{v_1 - x_{ki}}{v_1 - x_{ki}}) & x_{ki} < v_1 \\[3mm] 0.5(1 - \dfrac{x_{ki} - v_1}{v_2 - v_1}) & v_1 \leqslant x_{ki} < v_2 \\[3mm] 0 & x_{ki} \geqslant v_2 \end{cases} \tag{5.2.4}$$

$$r_{i2k} = \begin{cases} 0.5(1 - \dfrac{v_1 - x_{ki}}{v_2 - x_{ki}}) & x_{ki} < v_1 \\[2mm] 0.5(1 + \dfrac{x_{ki} - v_1}{v_2 - v_1}) & v_1 \leq x_{ki} < v_2 \\[2mm] 0.5(1 + \dfrac{v_3 - x_{ki}}{v_3 - v_2}) & v_2 \leq x_{ki} < v_3 \\[2mm] 0.5(1 - \dfrac{x_{ki} - v_3}{x_{ki} - v_2}) & x_{ki} \geq v_3 \end{cases} \qquad (5.2.5)$$

$$r_{i3k} = \begin{cases} 0 & x_{ki} < v_2 \\[2mm] 0.5(1 - \dfrac{v_3 - x_{ki}}{v_3 - v_2}) & v_2 \leq x_{ki} < v_3 \\[2mm] 0.5(1 + \dfrac{x_{ki} - v_3}{x_{ki} - v_2}) & x_{ki} \geq v_3 \end{cases} \qquad (5.2.6)$$

根据上述的定义，令

$$F_k = W \cdot R_k \qquad (5.2.7)$$

由式（5.2.7）及上述的定义可知，F_k 表示第 k 个地区指标状况隶属于评价标准 V 中各个等级的情况，且 F_k 的形式为 $F_k = (f_{k1}, f_{k2}, \cdots, f_{km})$，满足 $\sum f_{kj} = 1, \forall k$，即 f_{kj} 应该表示的是根据选取的指标体系，k 地区的综合情况隶属于第 j 个等级的隶属度。由此可以根据最初设定的各个等级的评分标准得到 k 地区的最终综合评分，也即该地区的相对水资源承载力综合状况。

第三节　广西边境地区水资源承载力现状评价

在这一节中，将利用上一节所述的模糊综合评价法，对边境地区靖西、那坡、大新、龙州、凭祥、宁明、防城区、东兴的水资源承载力的相对状况进行评价。

一　建立评价指标体系和评价标准

进行水资源承载力评价研究，关键问题是水资源承载力评价指标体系的建立，核心是用什么指标体系反映"社会经济—自然复合生态系统"

的发展规模与质量。① 水资源承载力评价涉及水资源系统、经济和社会系统、资源和环境系统的各个方面，代表各种因素的指标可以根据实际需要择机选取。水资源承载力评价的标准一般分为好、中、差三个等级。

（一）水资源承载力评价指标体系

由于资料所限，本次水资源承载力评价选取了地方水资源总量、耕地灌溉率、人均水资源量、供水模数、人口密度 5 个主要因素作为评价因素，各因素的含义如下：

地方水资源总量：区域可供水资源总量（单位：$10^8 \cdot m^3$）；

耕地灌溉率：耕地有效灌溉面积与耕地总面积之比（单位：%）；

人均水资源量：地方水资源量与总人口数量之比（单位：$m^3/人$）；

供水模数：频率75%的供水量与土地面积之比（单位：$10^4 \cdot m^3/km^2$）；

人口密度：人口数与土地总面积之比（单位：$人/km^2$）。

评价因素数据来源于 2005 年的广西有关水利志和《广西统计年鉴》。表 5-2 为边境地区各县域水资源承载力的各项指标值。

表 5-2　广西边境地区水资源承载力评价指标值

地　区	水资源总量 （$10^8 \cdot m^3$）	耕地灌 溉率(%)	人均水资源量 （$m^3/人$）	供水模数 （$10^4 \cdot m^3/km^2$）	人口密度 （$人/km^2$）
靖　西	25.45	46.90	4328.23	76.61	177.00
那　坡	14.45	45.74	7261.31	64.77	89.20
凭　祥	3.93	63.09	3738.10	60.38	161.54
宁　明	23.10	30.98	5732.01	62.52	109.07
大　新	17.43	45.66	4855.15	63.57	130.93
防城区	43.01	70.42	11438.83	175.91	153.78
东　兴	8.35	99.10	7657.80	152.04	198.54
龙　州	14.94	28.76	5553.90	64.45	116.05

（二）水资源承载力评价的标准

将以上 5 个评价因素对区域水资源承载力的影响程度划分为 3 个等级，每个因素各等级的评价标准和数量指标列于表 5-3。

---

① 闵庆文、余卫东、张建新：《区域水资源承载力的模糊综合评价分析方法及应用》，《水土保持研究》2004 年第 11 卷第 3 期。

表 5 - 3　广西边境地区水资源承载力各指标评价标准

指标	单位	v_1	v_2	v_3
水资源总量	$10^8 \cdot m^3$	>60	10～60	<10
耕地灌溉率	%	<40	40～80	>80
人均水资源量	m^3/人	>1700	1000～1700	<1000
供水模数	$10^4 \cdot m^3/km^2$	<10	10～60	>60
人口密度	人/km^2	<400	400～800	>800
评价值	—	0.95	0.50	0.05

每个因素对区域水资源承载力的影响程度的等级解释为：

v_1 级属情况较好。表示本区水资源仍有较大的承载能力，本区水资源供给情况较为乐观，经济社会发展对水资源的需求是有保障的。可能的原因是本区水资源利用程度、发展规模均较小。

v_2 级属介于上下两级之间的情况。表明本区水资源开发利用已有相当规模，但仍有一定的潜力，水资源供给需求对本区国民经济和社会发展有一定的保证。

v_3 级属较差状况。表示本区水资源承载能力已经接近饱和值，开发利用潜力较小，发展下去可能随时发生水资源短缺。水资源不但能支撑经济社会的发展，还将制约经济社会的发展。

由此可知，v_1、v_2、v_3 表示各因素对水资源承载力的影响程度。数值越高，表示水资源的开发潜力越大。

二　确定各因素的权重和计算

定量分析各因素对水资源承载力的影响程度，下一步先确定各影响因素的权重，再进行评判矩阵计算。

（一）对各等级影响因素确定权重

根据表 5 - 2 中所列出的边境县域水资源承载力的各项评价因素，利用式（5.2.1）到式（5.2.6）即可确定各项指标的信息熵权重，由此便得到了式（5.2.7）中的 W。计算结果如表 5 - 4 所示。

表 5 – 4 水资源承载力各项评价指标的熵及其权重

指标	e_i	g_i	ω_i
水资源总量	0.916	0.084	0.394
耕地灌溉率	0.963	0.037	0.172
人均水资源量	0.971	0.029	0.138
供水模数	0.951	0.049	0.229
人口密度	0.986	0.014	0.068

（二）计算矩阵 R_k

这里假设 v_1 和 v_3 为情况较好和较差两个等级的临界值，而 v_2 为两个临界值的算术平均值，即 $v_2 = 0.5(v_1 + v_3)$。利用 R 软件，计算得出的各地各项指标的模糊隶属情况如表 5 – 5 所示。

表 5 – 5 广西边境地区指标模糊隶属情况

地区	等级	水资源总量	耕地灌溉率	人均水资源量	供水模数	人口密度
靖西	v_1	0.000	0.328	0.941	0.000	0.764
	v_2	0.809	0.672	0.059	0.300	0.236
	v_3	0.191	0.000	0.000	0.700	0.000
那坡	v_1	0.000	0.357	0.970	0.000	0.804
	v_2	0.589	0.643	0.030	0.420	0.196
	v_3	0.411	0.000	0.000	0.580	0.000
凭祥	v_1	0.000	0.000	0.927	0.000	0.772
	v_2	0.402	0.923	0.073	0.492	0.228
	v_3	0.598	0.077	0.000	0.508	0.000
宁明	v_1	0.000	0.655	0.960	0.000	0.796
	v_2	0.762	0.345	0.040	0.454	0.204
	v_3	0.238	0.000	0.000	0.546	0.000
大新	v_1	0.000	0.358	0.950	0.000	0.787
	v_2	0.649	0.642	0.050	0.438	0.213
	v_3	0.351	0.000	0.000	0.562	0.000
防城区	v_1	0.160	0.000	0.983	0.000	0.776
	v_2	0.840	0.739	0.017	0.089	0.224
	v_3	0.000	0.261	0.000	0.911	0.000

地区	等级	水资源总量	耕地灌溉率	人均水资源量	供水模数	人口密度
东兴	v_1	0.000	0.000	0.972	0.000	0.751
	v_2	0.469	0.256	0.028	0.107	0.249
	v_3	0.531	0.744	0.000	0.893	0.000
龙州	v_1	0.000	0.680	0.958	0.000	0.793
	v_2	0.599	0.320	0.042	0.424	0.207
	v_3	0.401	0.000	0.000	0.576	0.000

根据表 5 - 5 所列出的隶属度计算结果可以看出，在上文中所确定的评价标准下：对于指标水资源总量，8 个边境县域基本上都没达到等级 v_1 的水平，只有防城区的值较为接近——其对等级 v_1 的模糊隶属度约为 0.160，而对等级 v_2 的隶属度则约为 0.840——也可以说，在上述评价标准下，边境地区水资源总量情况并不是特别理想；同样地，供水模数指标也显示出了相似的情况，边境地区的该项指标没有一个达到等级 v_2 以上的水平，对该项指标 v_1 的评价标准的模糊隶属度均为 0。

对于指标耕地灌溉率、人均水资源量和人口密度，8 个边境县域均显示出了较好的状况。对耕地灌溉率指标，除了凭祥、防城区和东兴，其他 5 个县域都显示出比较好的情况，其中最好的是龙州县，该县耕地灌溉率对等级 v_1 的模糊隶属度约为 0.680，而对等级 v_2 的隶属度则约为 0.320。对指标人均水资源量和人口密度，边境地区各县域的水平在上述的评价标准下都较好地隶属于等级 v_1，即各地的这两项指标对等级 v_1 的隶属度均在 0.5 以上。其中对人均水资源量指标，情况较好的是防城区，该项指标对等级 v_1 的模糊隶属度约为 0.983，而对等级 v_2 的隶属度则约为 0.017；对人口密度指标，情况较好的是那坡县，该项指标对等级 v_1 的模糊隶属度约为 0.804，而对等级 v_2 的隶属度则约为 0.196。当然，还需要通过计算来对 8 个边境县域的水资源综合状况作出进一步的评价。

三 广西边境地区水资源承载力综合评判

依据表 5 - 4 和表 5 - 5 的计算结果及式（5.2.7）计算出各地在现有评价指标的前提下所得到的水资源综合状况对应上述所确定的 3 个等级

的模糊隶属度，还可以进一步根据表 5 - 3 中所设定的对各个等级的评分，计算出最终的相对水资源综合承载力。结果列于表 5 - 6 中。

表 5 - 6 广西边境地区的综合模糊隶属度及相对水资源承载力

地 区	v_1	v_2	v_3	相对承载力
靖 西	0.238	0.527	0.235	0.501
那 坡	0.250	0.456	0.295	0.480
凭 祥	0.180	0.455	0.365	0.417
宁 明	0.299	0.482	0.219	0.536
大 新	0.246	0.487	0.267	0.491
防城区	0.251	0.495	0.253	0.499
东 兴	0.185	0.274	0.541	0.340
龙 州	0.303	0.408	0.290	0.506

以上综合评判结果表明：

第一，总体上边境地区水资源综合承载力呈现出较为一般的水平。水资源承载能力综合评价结果对 v_2 的隶属度大，在现有经济技术条件下，水资源承载潜力出现逐步减小的趋势，水资源供需矛盾因经济社会的加快发展而越来越突出。

第二，边境地区各县域水资源综合承载力状况存在差异，宁明县水资源承载力评价综合得分为 0.536，为边境地区较好的县域；东兴市水资源综合承载力得分为 0.340，为边境地区较差的县域。相对水资源承载力的综合得分在 0.5 以上的有宁明县、龙州县和靖西县，防城区为 0.499，接近 0.500 的中等水平。也就是说在边境地区的 8 个县域中，50% 的县域的水资源承载力较好，水资源与经济社会发展基本上表现出较为协调的状态。

第三，从各项指标情况判断边境地区各县域水资源综合承载力的现实情况。以宁明县为例，其水资源承载力评价综合得分约为 0.536，综合指标评价隶属于 3 个等级的模糊隶属度依次为 0.299、0.482 和 0.219，说明该县各项指标的综合情况徘徊在 v_2 附近，但更加偏向于 v_1，从表 5 - 5 中也可以看出，宁明县有 3 项指标，耕地灌溉率、人均水资源量和人口密度均处在优于等级 v_2，甚至优于 v_1 的水平，其中，人均水资源量和

人口密度对 v_1 的隶属度分别为 0.960 和 0.796，显示出了较好的水平。由于宁明县各项指标趋优，因而其水资源综合承载力处于较好的状况。

东兴市的水资源综合承载力得分仅约为 0.340，对各个等级的综合隶属度依次为 0.185、0.274 和 0.541。从表 5-5 也可以看出，东兴在选取的 5 项评价指标中，有 3 项均未能达到等级 v_2 以上的水平，这 3 项指标分别是水资源总量、耕地灌溉率和供水模数，而且从这 3 项指标的模糊隶属度上可以看出，东兴县的这 3 项指标值均处在 v_3 以下的水平，3 项指标对等级 v_3 的隶属度均大于 0.500。因此，综合来说，东兴相对水资源综合承载力状况在边境地区中并不是很理想。

第四，上述评价结果可以说明，边境地区水资源承载力处于中等水平。这是得益于从 20 世纪 80 年代起广西对边境地区的主要河流编制了开发利用规划以及实施了水环境功能区划，这使大部分国际、国内河流按 II 级的水质目标进行保护性开发利用。但是，相对而言边境地区水资源利用效率较低。

第四节　边境城市水资源承载力与广西比较

本节运用与上一节相同的方法，即模糊综合评价法对广西的崇左、百色和防城港 3 个边境城市水资源综合承载力状况与广西平均水平进行比较分析，从而研究分析这 3 个边境城市和广西水资源承载力的差异情况。

一　广西边境城市与国际河流

在广西，与越南交界的城市有崇左、百色和防城港，崇左市下辖大新、龙州、凭祥、宁明 4 县（市）；百色市下辖靖西、那坡 2 县；防城港市下辖东兴市和防城区，这 3 个城市是集革命老区、少数民族地区、边境地区、贫困地区于一体的特殊地区。每一个城市都分布着国际河流，国际河流对于人的生命和健康、地方经济社会发展、水资源生态系统与生物多样性的维持至关重要。从国际看，边境城市因拥有国际河流而具有突出的战略地位。国际河流不仅在历史上是中越两国人民交往的天然通道和民族文化的走廊,而且在今天也是维系中越睦邻友好关系、深化战略合作伙伴关系、维持水资源系统和生物多样性、民族文化多样性的纽带和桥梁。从国内看,边境城市的国际河流因其作为珠江的重要支流而具有突出的生态地位。边境地区是珠江上游地区之一,崇左、百色和防城港的大部分面积在珠江流域范围,国际河流跨境水资源、境内河流水质和水生态系统等问题,不仅与本地可持续发展密切相关而且与珠江流域可持续发展也密不可分。因此,选择拥有广西国际河流的崇左、百色和防城港进行水资源承载力评价,并与广西全区平均水平作比较分析是十分有现实意义的。

二 评价因素选择和评分

影响水资源承载力的因素包括:水资源数量、质量及开发利用程度;生态需水;社会经济技术条件;生产力水平和社会消费水平;等等。[①] 研究时可按照评价指标的可测性、可靠性及充分性原则,参照全国水资源供需分析中的指标体系进行,并作分级和评分。

(一) 水资源承载力评价指标体系

在本节的讨论中,选取的用于评价地区水资源指标综合状况的指标有人均水资源量、人均供水量、供水模数、生活用水定额、耕地灌溉率、万元工业总产值需水量 6 项,各项指标解释如下:

人均水资源量:地方水资源量与总人口数量之比(单位:m^3/人);

人均供水量:地方供水总额与当地总人口的比值(单位:m^3/人);

供水模数:频率 75% 的供水量与土地面积之比(单位:$10^4 \cdot m^3/km^2$);

生活用水定额:整个地区平均每人每天的供水量(单位:L/人/d);

耕地灌溉率:耕地有效灌溉面积与耕地总面积之比(单位:%);

万元工业总产值需水量:平均每万元的工业总产出需要的水资源量(单位:m^3/万元)。

相关数据来自于 2010 年的《广西统计年鉴》和相关水利资料,各地区的指标值列于表 5 - 7 中。

---

① 孙弘颜、汤洁、刘亚修:《基于模糊评价方法的中国水资源承载力研究》,《东北师大学报》(自然科学版) 2007 年第 39 卷第 1 期。

表 5 - 7　广西和边境城市的水资源承载力评价指标值

地　区	人均水资源量（m³/人）	人均供水量（m³/人）	供水模数（$10^4 \cdot m^3/km^2$）	生活用水定额（L/人/d）	耕地灌溉率（%）	万元工业总产值需水量（m³/万元）
防城港	7158.42	1079.83	9.00	258.71	29.84	147.56
百　色	3900.79	5691.69	5.47	1571.26	24.10	191.15
崇　左	2988.52	3458.10	7.14	1085.20	14.77	160.17
广　西	3057.16	595.76	12.82	159.48	34.35	62.03

（二）水资源承载力评价的标准

根据对相关文献资料的整理，以上选取的 6 项指标的评价标准如表 5 - 8 所示。

表 5 - 8　广西水资源承载力评价 6 项指标的评价标准

指标	单位	v_1	v_2	v_3
人均水资源量	m³/人	> 1700	1000 ~ 1700	< 1000
人均供水量	m³/人	> 400	240 ~ 400	< 240
供水模数	$10^4 \cdot m^3/km^2$	< 10	10 ~ 60	> 60
生活用水定额	L/人/d	< 70	70 ~ 130	> 130
耕地灌溉率	%	< 40	40 ~ 80	> 80
万元工业总产值需水量	m³/万元	< 20	20 ~ 100	> 100
评分值	—	0.95	0.50	0.05

对于各个等级的解释，可以参照上一节的相关内容，在此便不作赘述。

三　各因素计算与评判

利用式（4.2.3）到式（4.2.6）对表 5 - 7 中的各项指标值进行计算，得到各项指标的信息熵权重，也即计算出式（5.2.7）中的 W。计算结果如表 5 - 9 所示。

接下来便要计算各个地区的隶属度矩阵 R_k，这可以根据表 5 - 7 中的数据、表 5 - 8 中的评价标准和式（5.2.1）到式（5.2.6）计算出来。和上一节的计算过程一样，这里假设 v_1 和 v_3 为两个等级的临界值，而 v_2 为两个临界值的算术平均值，即 $v_2 = 0.5(v_1 + v_3)$。由此利用 R 软件，计算得出的各市指标的模糊隶属情况如表 5 - 10 所示。

表 5 – 9　广西水资源承载力评价中的各项指标信息熵及权重

指标	e_i	g_i	ω_i
人均水资源量	0.948	0.052	0.086
人均供水量	0.788	0.212	0.351
供水模数	0.964	0.036	0.059
生活用水定额	0.774	0.226	0.374
耕地灌溉率	0.969	0.031	0.051
万元工业总产值需水量	0.952	0.048	0.080

表 5 – 10　边境城市和广西全区的模糊隶属矩阵 R_k 计算结果

地区	等级	人均水资源量	人均供水量	供水模数	生活用水定额	耕地灌溉率	万元工业总产值需水量
防城港	v_1	0.970	0.947	0.519	0.000	0.668	0.000
	v_2	0.030	0.053	0.481	0.095	0.332	0.228
	v_3	0.000	0.000	0.000	0.905	0.000	0.772
百色	v_1	0.931	0.993	0.577	0.000	0.721	0.000
	v_2	0.069	0.007	0.423	0.010	0.279	0.152
	v_3	0.000	0.000	0.000	0.990	0.000	0.848
崇左	v_1	0.893	0.987	0.551	0.000	0.779	0.000
	v_2	0.107	0.013	0.449	0.015	0.221	0.200
	v_3	0.000	0.000	0.000	0.985	0.000	0.800
广西	v_1	0.897	0.855	0.444	0.000	0.610	0.000
	v_2	0.103	0.145	0.556	0.252	0.390	0.975
	v_3	0.000	0.000	0.000	0.748	0.000	0.025

　　从表 5 – 10 中可以看出在选取的指标值和设立的评价标准下，百色、崇左和防城港与广西全区在 6 项指标中均有同样的两项指标没能达到等级 v_2 以上的水平，这两项指标分别为生活用水定额和万元工业总产值需水量。对于这两项指标，广西平均水平均高于百色、崇左和防城港。对生活用水定额，广西对 v_2 的模糊隶属度约为 0.252，对等级 v_3 的模糊隶属度约为 0.748，处于 v_3 以下；而对万元工业总产值需水量广西对等级 v_2 的模糊隶属度约为 0.975，对 v_3 的模糊隶属度约为 0.025，处于等级 v_2 的中间值和等级 v_3 的范围内，更靠近 v_2 的中间值。

　　此外，对于另外 4 项指标——人均水资源量、人均供水量、供水模数和耕地灌溉率，各地显示出了较好的水平，且差距并不大。在这 4 项指标中，人均水资源量、人均供水量和耕地灌溉率的指标值相对而言情况较好，各市和广西全区的这 3 项指标值对 v_1 的模糊隶属度均达到了 0.500 以上的水平，也即很大程度地隶属于 v_1，情况良好。其中，对人均水资源量和人均供水量两项指标值，各市和广西全区对 v_1 的模糊隶属度均达到了 0.850 以上的水平，表明在这两项指标上，各市和广西全区表现为水资源承载力状况较为乐观。下面将通过计算作进一步分析。

四　边境城市和广西全区水资源承载力评价与比较

至此，根据表 5 - 9 和表 5 - 10 的计算结果通过式（5.2.7）便可直接计算出各市和广西在现有评价指标的前提下所获得的相对综合水资源状况对上面所确定的 3 个等级的模糊隶属度。根据表 5 - 8 中所设定的对各个等级的评分，可以计算出最终的相对水资源综合承载力。结果列于表 5 - 11 中。

表 5 - 11　边境城市和广西全区的相对水资源承载力

地　区	v_1	v_2	v_3	相对承载力
防城港	0.480	0.120	0.400	0.536
百　色	0.499	0.064	0.438	0.528
崇　左	0.495	0.073	0.432	0.528
广　西	0.434	0.284	0.282	0.569

从表 5 - 11 的计算结果中可以看出，在选取的指标体系和评价标准的前提下，防城港、百色、崇左和广西全区的相对水资源承载力综合评分结果比较相近，且评分结果都处于 0.500 以上，可以算是水资源承载力中等稍微偏上的状况。根据表 5 - 9 及表 5 - 10 所列出的结果也可以看出，生活用水定额指标很大程度影响了这 3 个边境城市和广西全区的水资源承载力评价的最终结果：由表 5 - 10 可以发现，防城港、百色、崇左和广西的生活用水定额指标值在确定的评价标准下对 v_3 的模糊隶属度都处于 0.500 以上，说明很大程度地低于 v_3 的临界值。进一步地从表 5 - 9 可以看出，在根据信息熵的原理确定的权重中，指标生活用水定额也占有较

大的份额，该项指标的权重约为 0.374，为 6 项指标中占权重最大的指标，因而拉低了各个地区的水资源承载力的最终评价得分。

可以看出广西全区水资源承载力综合得分较好，为 0.569，对各个等级的模糊隶属度依次约为 0.434、0.284 和 0.282，显示了较好的水平。从表5－10 也可以看出，在 6 项指标中，广西有 3 项指标对等级 v_1 有较高的模糊隶属度，即隶属度均高于 0.500，这 3 项指标分别为人均水资源量、人均供水量和耕地灌溉率，对 v_1 的模糊隶属度依次为 0.897、0.855 和 0.610，表明广西这 3 项指标的平均水平均高于评价标准中 v_1 的临界值，状况优良。

广西水资源承载力综合得分较好，取决于生活用水定额和万元工业总产值需水量，广西平均水平相对于 3 个边境城市的状况都比较好。因而，在选取的评价体系中，广西获得了略高于 3 个边境城市的相对水资源承载力综合评分。换句话说，百色、崇左和防城港 3 个边境城市显示出了略低于广西平均水平的水资源综合承载力水平，他们的相对水资源承载力综合评分分别为 0.528、0.528 和 0.536，正如上面所述，受到了指标生活用水定额的影响，导致了边境城市较低的水资源承载力综合评分。

边境城市相对水资源承载力综合评分略高于 0.5，对 v_3、v_2 两级的隶属度都较大，对 v_1 级隶属度在 0.5 以下，表明水资源开发利用空间有限，水资源承载力的潜力不足。边境城市水资源开发利用已有相当规模，但开发利用的层次较低，今后要注意经济社会发展与水资源利用的协调性，大幅度提升水资源合作开发利用水平，为百色、崇左和防城港重点发展重化工业、有色金属工业等耗水量较大的产业预留空间、提供支持。

综上所述，百色、崇左和防城港这 3 个边境城市水资源相对承载力与广西平均水平存在差距，生活用水定额不足是主要的影响因素之一。虽然边境城市是广西的丰水地区，人均水资源量较高，水资源优势比较明显，开发容量较大，但目前开发利用程度较低，许多水资源因未被有效利用而闲置。相信经过合理开发利用，边境城市的水资源承载能力会更具有潜力，成为其突出的资源优势之一。

|第|六|章|

广西国际河流区开发的利弊条件分析

广西国际河流水资源在广西边境地区水资源中所占比重较大，养育着边境地区 250 多万人口。广西国际河流区是我国国际河流区的一个比较特殊的区域，跨越中越国境线的国际河流"自由"地出入境流动，反映了其因地形山势导致的自然特征；广西国际河流区境内境外互为上下游，共享跨境水资源，反映了其山水相连、文化相似的国际社会特征。百南河、黑水河、水口河、北仑河等国际河流的有些河段为国际界河，其开发利用所产生的经济、社会、生态和环境影响是国际化的。我国国际河流主要分布在东北、西北和西南片区，广西国际河流位于西南片区，在我国国际河流区中的地位重要而特殊。广西国际河流特殊之处在于，国际河流因地势在国境线上几进几出，河流天然径流忽大忽小，还有从地下暗河流出或流入境，仅地表水资源已经是很复杂的水系，地下水资源就更为复杂的水系了。国际河流涉及水量、水体、水质、生态环境等自然要素，还涉及经济、社会、人文、文化等社会要素，要综合考虑国际河流水资源的多重价值属性和人类需求的多目标性，以及流域国家经济社会发展需要和国家水安全、国土安全，等等。这一系列问题的解决需要考验各方的智慧和能力。然而，基于广西国际河流的特殊地位与区位特征，其他国际河流的合作开发模式和经验不可直接照搬、运用。应该充分考虑国际和国内的宏观形势变化，由于各种因素调整和配置的不确定性和倾向性构成了国际河流开发、保护、利用的有利条件和不利条件，因此认识和理清现实中的利弊条件是很有必要的。

第一节 广西国际河流开发与保护的有利条件

广西国际河流由于其区位特殊、水资源丰富、生物多样性、民族文化源远流长等，因此其开发与保护的有利条件较多，包括国际和国内、经济和社会，以及各层面、各领域的因素。

一 全球国际河流水资源开发与管理进入新阶段

在2001年的"世界水日"，联合国安南秘书长提出："对淡水的激烈争夺很可能成为未来的冲突和战争的根源"。这是他对21世纪全球性水国际问题演化趋向作出的清醒认识和冷静判断。一切可能发生的问题，很大程度与国际河流有关。世界上有263条国际河流，这些国际河流水资源约占全球河川淡水资源量的60%。当前，世界上国际河流的数目还在变化，如某地发生的局部性政治纷争使国家和边境数发生增减变化，从而引起国际河流数的改变，因此，全球国际河流数还是一个动态的数目。国际河流数的变动，除政治、军事、外交等原因外，很大程度上还因为各流域国之间对跨境水资源的争执而引起的冲突。当然，各国已经意识到，比起相互竞争更有意义的是相互合作，这意味着流域国之间只要就合作方式、开发模式、共享权益和水资源分配等方面达成共识，就可互惠互利达成共赢。

第二次世界大战后，欧洲国家开始探索国际河流的开发利用，涉及航运、发电、灌溉等领域。美国与加拿大、美国与墨西哥通过国际河流的合作开发，合理利用了跨境水资源，还解决了双边纠纷，为全球国际河流的开发利用提供了成功的经验。亚洲和非洲一些国家对国际河流的开发也进行了一些有益的探索。各国一直以来对国际河流开发利用的实践探索为以后国际河流的开发和管理奠定了基础。

如今，国际河流开发与管理迈入新阶段，呈现以下趋势：①从传统国际河流开发的思路转向对国际河流整体综合开发利用的思路，强调整体性，把经济、社会、资源、环境各因素纳入一个复合系统进行综合权衡，展开全面合作，追求整体综合效益；强调开放性，把国际河流流域内外的相关开发联系起来，在更大范围内整合各国的资源和市场，优势互补。②从水资源利用的单一目标转向经济、社会和生态的多目标统一，强调发展性，国际河流水资源利用既要满足人类多目标需要，又要与流域国家经济社会发展相适应；强调合理性，国际河流的可持续发展是建立在流域上、中、下游和各流域国之间的公平合理利用与协调管理基础上的。③从单一国家开发方式转向多方参与、多国联合开发方式，强调合作协调，发展和加强合作机制，达成国家间合作与协调共识，建立共享开发和管理联合机构，等等。④从技术层面转向以实行法规政策、机构和机制建设等为手段。依靠国际水法和国际河流法，以及流域管理机构行为来规范国际河流开发，调解已有纠纷和潜在纠纷。⑤国际河流整体综合开发利用从传统型对策措施转向创新型对策措施。①

面对全球性水短缺和水生态危机，国际上一些专家提出了有价值的对策建议：比如建立"水银行"，依靠市场机制调节；采取"等价交换"方式，解决各流域国在水量上的分配问题；通过加强沟通和培训，提高流域国合作机构的工作能力；研究机构渠道与政府外交渠道有机结合，发挥双渠道在解决跨境地水资源问题中的作用；邀请开发机构、国际组织等第三方介入，促成各方合作；倡导流域内广大民众多层次参与，等等。这类建设性意见在实践中取得了较好的效果。这些对国际河流开发和管理的思路、目标、方式与目前国际河流的客观现状、未来趋势比较吻合，一些西方国家经过漫长的探索，已经建立起来的法规政策、管理机构和市场机制基本上构成了比较完备的体系，这些为广西国际河流开发与保护提供了可参照的依据和可借鉴的研究成果，将会引导广西公平、合理地开发利用国际河流，有效地维护跨境生物多样性，防止跨境水污染和保护水生生态系统，积极地推动合作开发管理工作。

---

① 何大明、冯彦、胡金明等：《中国西南国际河流水资源利用与生态保护》，科学出版社，2007，第4页。

二 我国国际河流的合作开发不断向前推进

20世纪90年代，世界经济发展的总趋势是经济重心向亚太地区转移，而东北亚与东南亚又是亚太地区经济最活跃的地区，区域经济一体化风起云涌，方兴未艾，在这一进程中，各种形式的区域合作发挥了十分重要的作用。在我国"放弃争端、共谋发展"和"结束过去、开辟未来"的主题思想下，我国与周边国家的区域合作发展迅猛，拥有突出区位优势的东北、西北、西南广大国际河流区率先推进，"图们江地区国际开发""澜沧江—湄公河次区域合作"（后改为"湄公河次区域合作"）等凸显国际河流概念的区域合作脱颖而出，不仅获得我国政府的高度重视和极大支持，还得到了世界组织和周边国家的参与。1991年联合国开发署把位于中、俄、朝三国交界的图们江流域的开发列为东北亚合作的关键项目，并制订了拟用20年、投资300亿美元建立多国经济技术开发区的计划。

1991年，由亚洲开发银行发起的澜沧江—湄公河次区域合作计划在该流域实施、推进。澜沧江—湄公河发源于世界屋脊青藏高原，流经西藏东部和云南南部。从西双版纳南腊河口出境，穿越缅甸、老挝、泰国、柬埔寨、越南，然后注入太平洋，全长4880公里，是亚洲唯一的"一江连六国"的国际河流，素有"东方多瑙河"之称。澜沧江—湄公河次区域合作除流域六国积极参与外，还有日本、澳大利亚、美国、德国、法国等国家的参与。6国动员资金总额53亿美元，启动的项目达119个，涉及交通、能源、通信、旅游、环境、人力资源开发、贸易和投资、禁毒等领域，成功推动了南北经济通道（昆明—曼谷公路）、东西经济通道、南部经济通道、电信骨干网、区域电力、便利跨境贸易与投资、人力资源开发等11个标志性项目的建设。

为了使湄公河次区域合作不断向纵深发展，在中国与东盟领导人会议的建议下，广西从2005年起正式加入湄公河次区域合作，与云南省共同代表中国参与湄公河次区域合作。这意味着湄公河次区域合作范围从"5+1"（即老挝、泰国、缅甸、柬埔寨、越南+中国云南）扩展到"5+2"（即老挝、泰国、缅甸、柬埔寨、越南+中国云南、广西）。广西和云南都与东南亚国家山水相连，是湄公河次区域经济一体化不可或缺的载体，是我国开放战略的重要组成部分。滇桂两省区直接参与湄公河次区域合作，有利于提高我国的影响力。我国是次区域合作的主要倡导者和执行者，可以从全局的角度来协商解决发展的相关问题。广西将在交通、能源、农业、旅游、投资和贸易、人才资源的开发等重要领域加强与东南亚和湄公河次区域国家的合作。

澜沧江—湄公河流域、广西国际河流流域、我国珠江流域天然地联系在一起，既有其自然特征，又有其国际社会特征。广西加入湄公河次区域经济合作，以国际区域合作和经济一体化作为优先方式，一方面淡化了边境的界定，使中国与东盟对国际河流水资源公平合理利用，实现跨境水资源整体综合最大效益的可能性增大；另一方面突破了湄公河次区域与经济发达的我国珠三角的空间屏障，搭起了珠三角与东盟对接的桥梁，为湄公河次区域合作注入了强大的动力。湄公河次区域合作由于广西的正式加盟，区域合作格局发生新的变化，区域分工协作方式有所改变，区域发展空间和领域大为拓宽，其战略意义是十分明显的。

三　我国与东盟开放合作成为区域发展的主流

目前，广西国际河流区置身于中国—东盟自由贸易区建成并不断深化发展的大环境之中。开放合作是我国与东盟区域一体化的主题，互利共赢是我国与东盟整体建立战略伙伴关系的基石。自由贸易区的建成为各参与方提供了前所未有的战略机遇；双方关系的快速提升和发展为各国提供了十分难得的发展机会，对于地处我国与东盟前沿地带、接合部的广西国际河流区来讲，在其地位和作用明显提升的同时，更有把握机遇、抓紧机会的先天优势，因为我国货物从陆路出口至东盟，通过广西国际河流区最为便利；我国与东盟交通、旅游等方面互联互通，路线走广西国际河流区最为现实。毫无疑问，广西国际河流区作为我国走向东盟的前沿和窗口，必将在沟通两大市场板块中担任重要的角色。我国与东盟的进一步深化合作把广西国际河流区历史性地推向台前，其在区域一体化中的战略地位显而易见。

深化与东盟的开放合作，是"十二五"时期广西对外开放工作的重中之重。在改革开放后的不同发展阶段，广西对外开放工作重点体现出不同的阶段特征，20世纪90年代初，重点实施沿海、沿边和南宁、桂林等中心城市开放战略；90年代中后期，全面实施开放带动战略，以建设西南出海通道为重点；进入21世纪，广西不断加强与东盟之间的开放合作，特别是中国—东盟自由贸易区建成以后，广西紧紧抓住历史机遇，把与东盟的开放合作作为对外开放的重点，实施北部湾经济区优先发展战略。这是广西在我国与东盟开放合作全局的高度上作出的战略部署，有助于充分发挥广西在自由贸易区运行过程中的作用，有助于推动广西在对外开放中形成新优势以及参与国际国内竞争的新优势。

广西已经形成了以东盟为重点的，全方位、多层次、宽领域的对外开放格局。在经贸合作方面，进出口贸易额逐年增长，东盟连续11年成为广西第一大贸易伙伴；投资、服务贸易、产业、教育、文化等领域的交流和合作发展良好。在区域合作方面，积极参与和推动泛北部湾、湄公河、中越"两廊一圈"等次区域合作，积极推进泛珠合作、西南地区、长三角、环渤海等省际合作，此外，与欧美、日韩等国家以及我国港澳台地区的合作也在不断加强。在建设平台方面，打造了中国—东盟博览会、商务与投资峰会、泛北部湾经济合作论坛等会展交流平台；建设运营了钦州保税港区、南宁保税物流中心、凭祥综合保税区特殊开放平台；加快推进了南宁—新加坡经济走廊和凭祥—同登、东兴—芒街、龙邦—茶岭跨境经济合作区，以及东兴国家重点开发开放试验区等互利合作平台。南宁、钦州、梧州、北海等地开放型经济发展越来越活跃，促使广西市场化、国际化进一步加快。

站在我国与东盟区域一体化的起点上，必须清醒地看到，尽管广西与东盟开放合作的成绩斐然，但开放合作的支撑条件和基础仍需打牢；尽管广西与东盟双赢的格局初步形成，但在产业、贸易、物流、市场准入等多方面的新老问题相互交织，需要继续努力，进一步巩固与东盟开放合作的成果，不断扩大开放合作，努力推动以东盟为重点的开放合作向纵深发展。

四　广西与越南建立起广泛而密切的境外关系

广西与越南陆海相连，从中越关系正常化后，广西与越南政府、民间相互往来日趋频繁，边境地区与越南相邻省关系也越来越密切，双方边民之间的友谊越来越深，这种双边相互联系包括交通对接、通关便捷、文化往来、经贸关系等。随着《南海各方行为宣言》《中越陆地边界条约》《北部湾划界协定》和《渔业合作协定》的签署及逐步落实，中越共建"两廊一圈"取得积极进展，广西与越南区域合作进一步加强，双边经贸进入了最活跃的时期。

（一）天然的山水相连

我国和越南山连山、水连水，黑水河、平而河、水口河、北仑河等国际河流一衣带水，养育着400多万中越两国边境地区的人民。广西国际河流区有南亚热带季风气候条件、丰富的水资源、丰富的生物多样性以及丰富的南国边疆少数民族文化，无论是自然因素还是人文要素，无不与毗邻的越南发生密切而广泛的联系，为双方交往、交流提供了便利。

广西部分国际河流的指标情况见表6-1。

表6-1　广西部分国际河流的主要指标情况

地区	河名	流域面积（平方公里）		干流长（公里）		所属水系	发源地	流域国家和地区
		总面积	中国境内	总长	中国境内			
百色市	百南河	2260	1404	119.3	93	百南河	中国云南	越南、老挝、中国云南、中国广西
崇左市	黑水河	6025.1	5520	197	64.3/界河长15	西江	中国广西	越南、中国广西
	平而河	7066.48	5974	299	50/界河长3	西江	越南广宁	越南、中国广西
	水口河	5531.9	1277	188	65/界河长2	西江	中国广西	越南、中国广西
	峒桂河	984	177	86.9	界河长18	西江	中国广西	越南、中国广西
防城港市	北仑河	1187	830	107	界河长31	桂南沿海诸河	中国广西	中国、越南

资料来源：根据《广西通志·水利志》整理。

（二）交通的互联互通

近年来我国实施西部大开发战略、兴边富民战略，加大支边力度。

广西实施边境基础设施建设大会战，重点加强边境公路建设，加大建设资金投入，使边境地区交通基础条件得到明显改善，广西与越南互联互通，铁路、公路交通都很便捷，水路交通有较大改善。

铁路方面：南宁—凭祥—河内铁路，该铁路将建设成为高速铁路；新规划建设德保—龙邦—河内铁路和防城港—东兴—海防—河内铁路。全国各地通过粤桂线、湘桂线、焦柳线、黔桂线、南昆线经过南宁、凭祥与越南的北部地区铁路连接，进而再与正在修建的泛亚铁路联网，成为中国与东南亚大陆的最重要和最便捷的钢铁通道。该通道经越南、柬埔寨、泰国、马来西亚直达中南半岛南端的新加坡，沿途连通6个国家。

公路方面：东兴至那坡沿边三级公路，通达沿边境线各口岸、边贸点；南宁—友谊关高速公路，经过南宁、凭祥与越南1号公路连接；南宁—东兴高速公路与越南芒街—海防公路相连接；规划新建梧州—武宣—平果—硕龙高速公路、崇左—水口支线高速公路、百色—楷邦支线高速公路、崇左—爱店支线高等级公路、那坡—平孟支线高等级公路、东兴—峒中支线高等级公路、龙州—科甲支线高等级公路、平孟—东兴高等级公路，形成连接广西边境口岸的高等级公路网架。

跨国客货运输方面：广西运德集团相继开通了南宁—下龙湾、北海—下龙湾、凭祥—谅山、崇左（龙州）—高平、南宁—河内、北海—河内、南宁—海防、南宁—岘港等跨国旅游客运班线，2007年完成客运量8.1万人次，客运周转量2260万人公里。[①] 目前，广西至越南的跨国客货运输班线达20条。龙州县至高平国际运输线为最长的线路，从龙州县城至越南高平省府长达103公里。

水路方面：重新恢复左江水路交通功能，打造左江国际水路水道，这是连接越南到东盟水路交通建设的战略方案。规划用5年时间，尽快修建有关船闸及建设河道疏浚工程，恢复左江通航；建设崇左、扶绥、龙州、宁明和凭祥5个港区，拟建集装箱码头、件杂货码头和散货码头3

[①] 古小松、赵明龙、刘建文：《中国与东盟交通合作战略构想——打造广西海陆空交通枢纽研究》，社会科学文献出版社，2010，第131页。

个千吨级泊位。左江国际水路，上溯水口河航道可达越南高平省高平市，由平而河航道可达越南谅山省谅山市；下游可沿西江航运干线直达贵港、梧州和粤港澳，实现珠江流域水路联通。有关方面还计划与越南共同推进跨国航道通航建设，实现中越国际水路联运。

（三）经济上紧密合作

中国—东盟自由贸易区的建成及运行，促使广西与越南开放合作向更深层次、宽领域加快推进。从政治到经济、从政府到民间，广西的对外开放事业获得了前所未有的发展。在对外贸易方面，广西与越南贸易总体呈现快速增长态势，广西与越南进出口贸易额从1998年的2.9亿美元，增加到2011年的75.7亿美元。从2003年起，广西与越南进出口贸易额加速增长，几乎每隔1~2年突破整数大关。2003年广西与越南进出口贸易额突破5亿美元大关，达到6.7亿美元；2006年突破10亿美元大关，达到14.67亿美元；2007年突破20亿美元大关，达到23.77亿美元；2008年突破30亿美元大关，达到31.25亿美元；2010年突破50亿美元大关，达到51.28亿美元，2011年再破70亿美元大关，广西与越南进出口贸易保持着强劲大幅度增长的态势。

《广西统计年鉴》中1998~2011年广西与越南进出口贸易数据显示（见图6－1），在这14年间，广西与越南进出口贸易经历了从不断逐年增长到加速增长的过程。数据表明1998年到2002年5年间广西对越南的进

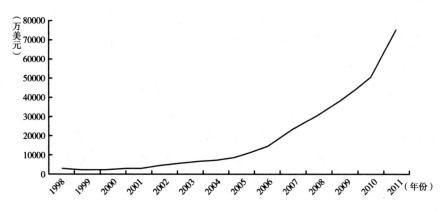

图6－1　1998~2011年广西与越南进出口贸易额

数据来源：1999~2012年《广西统计年鉴》。

出口贸易额由 2.9 亿美元增长到 4.86 亿美元，名义增长率平均为 13.47%；2011 年，广西对越南的进出口贸易额增长到 75.7 亿美元，9 年间平均名义增长率约为 35.25%，可见，自 2002 年中国—东盟自由贸易区启动以来，广西与越南的进出口贸易额实现了飞速增长。

在区域合作方面，广西、越南可借助的平台有：湄公河次区域合作、泛北部湾经济合作和中越"两廊一圈"合作；实体平台有：三个跨境经济合作区、凭祥综合保税区、东兴国家重点开发开放试验区和跨境旅游合作区等。这为广西与越南在经济上相互依存、相互融合提供了良好的条件和环境。因此，广西与越南互联互通、交流合作，形成经济一体化是可以预见的。广西国际河流的开发目前仍是以贸易、旅游经济为实现目标，这符合广西与越南经济一体化发展的阶段性特征。

五　各流域国重视国际河流可持续发展并积极推进

水与人类生存和发展息息相关。在水资源短缺和水环境污染问题越来越突出的今天，各国都遵循可持续发展的原则和方向，以可持续发展为思路指导国际河流水资源开发利用。

一是以水资源共享为理念，在跨境水资源开发利用和管理中体现可持续发展的思想。各国达成的共识是，国际河流的水量和水质是其整体水道系统中不可分割的子系统，要将流域整体进行统一研究、规划、开发利用和管理。按共享概念对跨境水资源进行管理是实现国际河流可持续发展的需要，必须"①限制流域内所有用户对环境的影响；②减少用户之间的不利影响；③控制土地利用行为对水资源的影响"[1]。

二是流域国水量的分配，以可持续发展为原则进行。各流域国拥有水权，还有担负维护水质的义务。着眼于流域整体开发利用和维护水生态系统健康良性循环，产水和上游流域国要给下游流域国提供较为充足的水量和优良的水质，而下游流域国因为来水获利，适当补偿上游流域国，并理解和支持上游流域国经济社会多元需要，权利、责任和义务共

---

① 何大明、冯彦：《国际河流跨境水资源合理利用与协调管理》，科学出版社，2006，第 50 页。

享共担。

三是维持河流生态系统平衡。国际河流水资源的分配从流域全局出发，既要公平合理地在水道国之间分配水量，又要考虑可持续发展，在代与代之间进行水分配，同时兼顾人与自然之间的水分配，这样才能维持国际河流的自然生态系统平衡。良好的森林植被是江河之源，同时也能有效地控制水土流失。采取切实措施保护流域的生态环境是各流域国家的义务。

我国国际河流众多，是世界上国际河流问题最复杂的国家。中国坚持可持续发展战略，坚持开发与保护相结合，推进国际河流开发利用。自 2003 年以来，我国水利部通过湄公河委员会向其成员国提供了报汛服务，2010 年还提供了应急旱季特枯情况下的水文资料，今后水利部还将进一步加强与湄公河流域各国的技术交流与合作。中国承诺绝不会做有损于下游国家利益的事。

第二节 广西国际河流开发与保护的不利条件

从国际、国内宏观层面来看，广西国际河流存在如下不利条件和主要障碍。

一 中越双方发展的目标和利益存在差异

近年来中国、越南国民经济和社会发展情况各异。"十一五"时期我国社会生产力、综合国力显著提高，国内生产总值跃居世界第二位；各项社会事业加快发展，人民生活明显改善，据世界银行报告说，中国中产阶级人数达到 8 亿多人。"十二五"时期，我国 GDP 年均增长 7%，人均 GDP 达到 6000 美元。到 2020 年中国将全面建成小康社会，基本实现工业化。

1991 年，越共七大通过"社会主义过渡时期国家建设纲领"，标志着越南改革进程的全面开启。自此，越南进入了发展的快车道。1991~2000 年，越南 GDP 年均增长 7.5%；2001~2010 年，越南 GDP 年均增长 7.2%。此外，到 2010 年，越南贫困户所占人口比例下降了 9.5%，而医疗保险覆盖率则达到60%，人均寿命从1990年的63岁增加到2010年的72岁，城市化比例从2000年的14.2%增加到2010年的30%。2011～2015年，越南要实现国内生产总值（GDP）平均增长7.5%～8%，人均GDP达到2100美元。越南的发展目标是2020年基本成为现代化的工业国家。

2008年以来越南主要经济指标的增长率见表6-2。

表6-2　2008年以来越南主要经济指标的增长率

单位：%

年份	2008年	2009年	2010年	2011年一季度
国内生产总值	6.31	5.32	6.78	5.43
其中:农林水产业	3.79	1.83	2.78	2.05
工业	6.33	5.52	7.7	5.47
零售和服务业	7.2	6.63	7.52	6.28
出口金额	29.5	-9.7	26.4	33.7
进口金额	28.3	-14.7	21.2	23.8
国际游客人次	0.6	-10.9	34.8(500万人次)	11.9
CPI涨幅	22.97	6.88	9.19	12.79
城镇失业率	4.6	4.6	4.43	—
贫困户比例	13.4	12.3	10.62	—
人均GDP(美元)	1000	1050	1168	—

资料来源：越南统计年鉴。

目前，中国、越南既面临国际国内重要的发展机遇期，又面临诸多可预见和难以预见的风险挑战。越南2011年1月消费者价格指数（CPI）同比上涨12.17%，3月通胀率为13.89%，创过去25个月来新高，越南宏观经济形势堪忧。面对高通胀和外汇严重短缺的紧迫形势，越南央行采取一次性对越南盾贬值9.3%的措施，同时，政府管理部门联合行动，采取力度空前的治理措施抑制通货膨胀、稳定宏观经济和保障社会民生。高通胀以及高通胀背后的深层次问题都是越南目前亟待解决的问题，只要经济的隐患没有消除，越南经济前景不容乐观。

"长期稳定、面向未来、睦邻友好、全面合作"的十六字方针和"好邻居、好朋友、好同志、好伙伴"的四好精神是中越两党、两国政府和两国人民处理两国关系的正确选择，是发展和深化两国关系的方向指南。但也应该清醒地看到，尽管目前两国都下决心抓经济，但是双方追求的长远目标和最大利益存在差异。

二 国际河流合作开发项目很少

广西境内国际河流开发，一般在远离边境线、对越南的利益无损害或无影响的地方进行，仅局限于水利、发电、灌溉、旅游等领域，缺乏真正意义上的中越合作开发跨境水资源的重要项目。靖西县坡豆河、大新县黑水河流域极易发生洪涝灾害，20 世纪 50 年代末，在中方倡议下，中越两国共同建设了主体工程在中国境内的跨国水利——个宝排洪工程和跃进水渠，两国边境地区人民共享了跨境水利设施带来的好处。在以后的时期内，两国边境地区政府时常就国际河流水利开发问题进行商谈，但由双方出资共建的类似个宝排洪工程和跃进水渠这样的重要水利工程几乎没有了。

兴建水利设施只是国际河流整个流域整体综合开发的一小部分内容，更多合作开发内容还要包括水资源可持续利用、流域整体综合开发和协调管理、跨境水污染控制、生物多样性保护、重大突发事件的预警预报和防护，以及消除地区贫困、维护区域安全，等等。但是，目前双方更加注重经济领域的合作，对重大资源的开发利用，如跨境水资源还没得到更大关注，在促进国际河流公平合理利用与协调管理方面的工作做得不够，比如广西流向越南的出境水量还未完全统计出数据；国际河流水质的监测、水体生态和流域环境监控工作时断时续；地方政府对于国际河流开发照搬国内河流开发的做法，对如何加强国际河流合作开发还没有一个特别明确的理念，更谈不上编制规划、增设相关管理机构、建立国际河流开发与管理的机制了。

三 国际河流开发上的协调不足

广西国际河流在水污染控制、防洪抗旱等方面的协调不足，一是跨国水利工程开发效益的不稳定和不确定。据靖西县水利部门反映，中越合作建设的个宝排洪工程于20世纪50年代末建成，但至今存在遗留问题。原因是岳圩乡得兴村的河流流到足谷屯进入暗河，经越南重庆县巴马屯出口，流入附近的玉溪河。由于暗河流水不畅，每年雨季，靖西足谷、弄英屯大片耕地被淹没。在个宝排洪工程修建中，靖西县计划顺暗河疏通河床，打通越南方出口处，解除足谷屯、弄英屯洪灾。靖西县有关领导与越方商议时，越方提出帮助修建河床和公路桥的要求，由于种种原因，中国方无法出境施工，个宝排洪工程的设计目标未能实施。二是当国际河流发生水污染时无法展开双边协调和控制。近年来，在广西国际河流发生过数起严重的水污染事件，如平而河水污染事故、水口河段水污染事件等，水污染给广西凭祥、龙州人民财产安全和身体健康造成威胁。由于中越双方尚未建立起控制国际河流水污染的工作机制，对发生跨境生态和环境影响事件缺少必要的监控和处理手段。同样，广西靖西县矿产开发项目造成的水质污染，也应该对越方给予利益补偿。双方都应在维护跨境水生态和环境上达成一致意见。

四　国际河流区旱涝灾害应急机制未建立

防洪抗旱与减灾等应急事件和突发情况处理方面存在不少问题，广西国际河流区是水旱灾害频繁发生地区。左江流域发生洪涝灾害的多数情况是，南海上空形成的台风从越南进入，越南普降暴雨，越南北方洪水流入左江流域，致使左江水位上涨，左江流域各县（市、区）遭受洪灾，导致部分交通中断，部分县城和乡镇、村、屯受淹，洪涝灾害比较严重。其实有些灾情可以预防的，但因为中国与越南没有建立起灾害预警预报系统，相互之间雨情、水情及时通报程序缺失，还因为中国与越南水文信息采集、交流、运用上存在差异和障碍，水文资料和水情信息不能共享，从而使广西对国际河流流域内的汛情不明，无法及时防范，形成了重大灾害。

五　西南片区国际河流开发存在差距

中国西南片区国际河流涉及10个境外流域国，他们是缅甸、泰国、老挝、柬埔寨、越南、不丹、印度、孟加拉国、巴基斯坦、阿富汗。作为西南地区的边境省区之一，广西国际河流涉及的流域国为越南、老挝，但大部分国际河流涉及越南。越南是澜沧江—湄公河、元江—红河、珠江的流域国之一。越南65％以上的水资源来自境外，[①] 主要是从中国云南和广西的国际河流输入。越南大部分水资源依靠从中国云南出境的国际河流提供，广西国际河流输出越南的水量每年估计约31.19亿立方米，占中国出境水量的份额并不大，在这一点上，云南与越南加强国际河流合作机制的现实意义显得更为重要些。由亚洲开发银行推动的流域六国"澜沧江—湄公河经济合作计划"（简称GMS），云南积极参与，在开拓跨境航运、跨国旅游方面取得了可喜成绩。广西自2005年应邀加入湄公河次区域合作以来，至今没有开展国际河流方面的合作项目，还需要借鉴云南方面的经验。

珠江在中国被视为内河，由水利部珠江水利委员会对珠江流域依法行使水行政管理职责。工作范畴涉及流域规划、水资源管理和保护、水行政管理、防汛抗旱、水土保持、河口治理、滩涂等资源开发、水科学研究、工程管理等方面。近些年，珠江委在珠江流域的防洪、水资源开发利用、水土保持生态建设上取得了骄人的成绩。但是，该机构对"澜沧江以东国际河流"，即指分布在广西边境地区的国际河流，未给予足够的重视，对全珠江流域整体综合开发考虑不多，这种状况与广西边境地区实施的沿边开放战略、区域合作战略、兴边富民战略不相适应。

六　国际非政府组织参与带来的影响

近年来国际非政府组织对国际河流的关注、影响和行动是很大的。中国与越南的国际河流也是其关注的焦点。国际非政府组织制定的目标是维护生物多样性、保护流域生态环境、捍卫人权、消除贫困和促进当地社区可持续发展。1987年以来，在亚洲地区，国际非政府组织与亚洲开发银行开展项目合作，重要的平台之一就是"湄公河次区域经济合作"

---

① 何大明、冯彦、胡金明等：《中国西南国际河流水资源利用与生态保护》，科学出版社，2007，第11页。

计划，1996 年越南通过这一平台获得了国际非政府组织 600 多个省级水平的项目，项目涉及农业灌溉、农业支持服务、健康与人口、供水与卫生、渔业、教育等领域，国际非政府组织现已成为干预越南经济合作不可忽视的重要力量。①

国际非政府组织也对广西国际河流区逐步有了关注，他们秉承该组织的宗旨和原则，关注开发项目中的妇女问题。2007 年英国救助儿童基金会在广西崇左市进行越南流入中国边境地区妇女儿童生存状况调查，该组织想更多地了解越南籍妇女儿童现在的生存状况、流入地社会和家庭对待、流入地的权利保障情况等。该组织希望通过调研，提出中越两国建设睦邻友好、和谐边境的有益建议。不排除国际非政府组织对广西国际河流区的参与和介入，在他们的影响下，各种围绕流域国共同关心的问题开展的研究项目越来越多，这将有助于中越两国在国际河流方面的相互沟通和交流，促进中越国际协商与区域合作不断加强。

第三节 越南在相关方面的政策与制度设计

广西与越南接壤，国际河流涉及的主要流域国是越南，国际河流开发、保护和管理首先要考虑的相关国家是越南，两国关系发展决定了广西国际河流的现实和前景，因此，需要对越南方面发展情况以及相关的政策和制度作研究分析。

一 越南边境地区经济发展的 SWOT 分析

越南的广宁、谅山、高平 3 个边境省与广西边境地区接壤。越南边境地区与广西边境地区相比，无论是经济、产业发展，还是社会、文化教育的进步都存在较大差距，尽管广西的边境县，如那坡、靖西经济落后，自然条件差。

表 6 - 3 为越南边境地区经济发展的 SWOT 分析。

---

① 何大明、冯彦：《国际河流跨境水资源合理利用与协调管理》，科学出版社，2006，第25 页。

表 6-3　越南边境地区经济发展的 SWOT 分析

PEST	优势	劣势	机遇	威胁
政治	中央政策支持；地方政府战略能力	市场经济滞后；管理体制障碍	①中国—东盟自由贸易区建成；②越—中和中国—东盟合作日益巩固和增强；③中越合作共建"两廊一圈"；④中越合作推动跨境经济合作区；⑤中国批准在广西东兴建立重点开发开放试验区；⑥中越边境地区不受南海形势影响保持稳定；⑦越南建设北方经济区	①中国—东盟一体化的威胁；②世界产业转移步入一个缓解期；③广西边境地区发展势头很猛；④越南经贸政策摇摆多变
经济	区位、资源优势；沿海、沿边优势；形成了煤炭开采、森林、机械、建材、海产品加工、港务经济、旅游、转口贸易产业	经济总量低；贫困面大；城市发展滞后		
社会	与广西壮族文化可接近性	文化教育科技发展慢		
技术	一般技术	产业技术落后；信息化水平不高		

（一）发展优势分析

1. 资源丰富

越南与广西接壤的边境地区自然资源丰富，属山地与海洋资源的种类比较齐全、分布较广泛、品位较高，资源互补性、组合性较好。矿藏主要有煤、铁、锌、铜等，其中尤以煤炭储量为最大，矿脉长达200公里，所产煤炭热值高、灰分低、没有烟，质量很高，世所少见，久负盛名。广宁省的海洋资源非常丰富。光热资源丰富，夏季湿热，冬季温暖。亚热带、南亚热带、海洋调节性气候形成了多日照、多雨量、多季风的气候特征，适宜亚热带农业、林果业、珍稀林木生长。

2. 区位突出

越南广宁省、谅山省和高平省为与广西接壤的北方边境省，三省为越南面向中国开放的最前沿，具有明显的战略地理位置。广宁省，面积6100平方公里，人口约125万人，战略定位为中越"两廊一圈"经济交汇点、中国与越南各省之间对接中转站，被越南政府确定为北部重点经济省。谅山省，面积8305.2平方公里，人口约73万多人，战略定位为中越"两廊一圈"重要桥头堡，首都河内的屏障门户。高平省面积

6691 平方公里，人口约 50 万人，战略定位为中越"两廊一圈"关键地带。

3. 经济发展

2006～2010 年，广宁省的经济增长速度高于越南全国平均水平，年均增长速度达到 12.7%，2010 年经济规模是 2005 年的 1.8 倍。2010 年人均 GDP 达到 2460 万越南盾，是 2005 年的 2.14 倍。全省 GDP 增长比全国总平均高出近 1 倍，跻身全国增长速度最快地方之列。广宁省集聚了经济发展的多种行业，包括开矿、热电、旅游、航海服务、水产加工、食品、造船、建材生产等领域。谅山借助广西凭祥和龙州口岸经济加快发展的有利时机，着重在贸易和旅游方面推动发展，目前谅山进出口额接近 20 亿美元。

（二）发展劣势分析

越南有目的地发展北方经济区，制定了相应的发展规划，广宁、谅山边境省更是为北方经济区的重点发展省，得到了越南国家政策的强力支持，同时当地政府实施发展战略的能力和水平也在日益提高，但是，由于市场经济不发达、管理粗放，并未使生产力全面释放出来，因此地方经济无法实现跨越式的发展，经济实力不足、贫困人口众多，缺乏中心城市的辐射带动，产业技术水平较低，基础产业处于世界产业链的低端，等等。总体上讲，越南边境三省的经济社会发展面临的制约因素较多。

（三）机遇和挑战

1. 发展的机遇

越南边境三省面临多重发展机遇，有的机遇是历史上难以遇见的。中国—东盟自由贸易区建成，随着广西在自贸区地位的日益提升，必将影响与广西接壤的越南边境地区；中国与越南开放合作进入了新的时期，越南—中国和中国—东盟合作日益巩固和增强，双方经济走向一体化；中越合作共建"两廊一圈"，对主要承载次区域合作的边境地区来讲是重大的机遇；中越合作推动跨境经济合作区、中国批准在广西东兴建立重点开发开放试验区、越南建设北方经济区，这类重点园区建设，边境地区受益最大。更为重要的是边境地区不受南海形势影响保持稳定，这是发展难得的时机。

2. 发展的挑战

中国—东盟自由贸易区建成运行，催生了中国与东盟开放合作向宽领域、多层次、多渠道发展，对地处于中国与东盟前沿地带的边境地区发展的要求会更高。区域合作的深入推进势不可挡，一些地区如不随之发展，必然会被边缘化。同时，广西边境地区发展保持较猛的势头，仍然呈现出勃勃的生机，这给越方带来不利的影响。当然，越南自身经济发展还面临许多矛盾和问题，为解决危机，越南经贸政策多变，已经成为常态，直接打击本国的边境地区发展。

越南主要经济指标情况见表6-4。

表6-4 越南主要经济指标情况

	2008年	2009年	2010年
国内生产总值(亿美元)	903.0	931.7	1035.8
国内生产总值增长率(%)	3.6	5.1	5.4
人均国内生产总值(美元)	1047.9	1068.3	1173.6
人均国内生产总值增长率(%)	5.2	4.2	5.7
农业增加值占国内生产总值比重(%)	20.4	22.2	20.9
工业增加值占国内生产总值比重(%)	41.5	39.8	40.2
服务业增加值占国内生产总值比重(%)	38.2	38.0	38.9
居民消费率(%)	66.7	69.4	65.9
居民消费价格指数(%)	143.8	177.0	188.9
货物出口总额(亿美元)	627	571	722
货物进口总额(亿美元)	807	699	848
货物和服务出口总额占GDP比重(%)	76.9	77.9	68.3
货物和服务进口总额占GDP比重(%)	92.7	93.1	78.7
外汇储备(亿美元)	239	160	121
外商直接投资(亿美元)	67.4	95.8	76.0
国际旅游收入(亿美元)	37.5	39.3	30.5
入境旅游人数(万人)	422.9	423.6	374.7
谷物产量(万吨)	4330.5	4332.4	4459.8

资料来源：国家统计局国际统计信息中心、国家统计局广西调查总队编《中国—东盟国家统计手册》。

二　越南的相关政策和制度分析

分析越南目前对于跨境国际河流的开发制定的相关政策和实施的行为，带有先易后难、避重就轻、缓慢推进的特点。

（一）越南对跨境国际河流的管理理念

2010 年 5 月 23 日，国际大坝委员会第 78 届年会在越南河内召开，会议期间举办了"大坝与可持续水资源开发"国际研讨会。越南副总理黄忠海在会上致词，从他的讲话中，可以了解越南目前对跨境国际河流开发与管理的制度和政策。越南国土面积约 33 万平方公里，境内河流较多，年径流总量达 8430 亿 m^3，年水电蕴藏发电量为 85000kW·h。每年有 60% 的地表水由邻国流入越南。在越南北方边境的西部地区，国际河流以从中国流入为主，黑水河在越南边境地区绕了一圈后，再穿越高平省与广西大新县的边境线流回中国境内。越南的巴望、七溪、奇穷河等河流从本国的发源地出发，流入中国广西境内，多数注入左江。越南同样面临水资源分布不均、水涝灾害频繁的问题，因而对水资源开发和管理的重视程度一直不变，已建成多座坝高超过 100 米的大坝，这些水库大坝和灌溉工程满足了灌溉、工业、生活和渔业用水需求。但是对与中国交界的地区的国际河流开发力度较小，综合利用水资源不到 5%，这在水利工程技术上可以忽略。越南对跨境国际河流开发与管理坚持国际公认的理念和原则："水资源综合管理是以公平的方式、在不损害重要生态系统可持续性的前提下，促进水、陆地及相关资源的协调开发和管理，从而使经济和社会财富最大化。"为了与邻国互惠互利、共同开发，越南尊重并遵循国际共享河流利用惯例，高度重视水资源有效开发的国际合作，以实现国际共享河流流域的可持续发展。越南对于国际河流水资源的合作开发，企图引导各方在技术转让、投资、产业研究、人力资源开发和培训等方面开展各种形式的国际合作。

（二）越南对跨境国际河流的管理模式

目前，国际上比较认同的国际河流开发模式是，尽可能考虑国际河流流域的整体利益和相关流域国的利益，通过建立相关协调联系机制和河流流域管理机构，实现国际河流水资源公平合理开发与协调管理。国际上已经形成了比较成熟的模式，例如流域区以水资源为主体的多目标综合协调开发的 TVA 模式；整体流域管理、水资源的公平合理利用和协调管理的 MDB 模式，这些开发模式都值得借鉴。现阶段主要的问题在于，越南对于跨境国际河流开发与管理仅仅是在理念和想法上与国际通行做法接轨，但还未把具有连接水道特性或毗邻水道特性的国际河流的开发提上议事日程。具体说：既无国际河流开发和管理机构，又缺乏国际河流开发与管理机制，国际河流处于一种无管理下的天然状态。地方水利部门仅对水利工程负责，不涉及水资源管理。

（三）越南对于跨境国际河流的开发与合作政策

目前，中越两国都先后在边境地区设立了拥有对外开放特殊优惠政策的经济合作区，并且制定了一整套比较完善政策体系。越南北方经济区各种优惠政策也比较齐全，政策优惠在一定程度上优于中国。但是在制定政策框架中，越南对于国际河流水资源的开发和国际合作没有给予足够的重视：流域协调管理的国际机构或机制均未建立；开发和管理方案、政策支持或项目安排欠缺；尚没有与广西合作签署任何涉及流域跨境水资源合理利用、国际分配、协调管理以及流域综合开发和保护的国际协议；一些相关文件涉及水情预报、航运开发等，但是只停留在水资源开发单一系统范围，如出现矛盾和问题时，便采取临时性磋商解决方式，没有从根本上解决问题。

（四）越南边境省与广西方面的协商工作机制

目前越南对国际河流的开发，主要参照内河的开发方式。越南对边境地区国际河流开发力度较小，或是不开发，致使境内国际河流处于天然状态。如果为减少水患，需要对跨境国际河流进行开发，一般的做法是，越南边境省（或县）政府选择与广西边境各县（市、区）的政府进行磋商，必要时双方会就某水利项目工程签订协议。但是，往往由广西方面主动与越方进行协商，因为广西边境地区正在大发展、大建设，对水资源的需求日趋旺盛，比越方更加迫切需要开发利用国际河流水资源。目前，广西跨越式发展的态势与越南慢发展的态势形成强烈的反差，长期以来，广西对越方的管理模式还是不能适应。

（五）越南在与中方共建跨境经济合作区上的表现

中越两国在建设跨境经济合作区上达成了共识，但越方虽合作意愿明确，实际行动却较迟缓，在一定程度上影响了跨境经济合作区建设进程。越南在推动跨境合作区建设上的表现：一是越方一直拖延跨境合作区越方的规划编制工作，致使双方的共同规划不得按时编制。如没有整个跨境合作区的规划，则不能上报到中越两国高层审批。二是由于越方的不积极，双方地方政府合作机制尚未健全，没有成立联合工作小组，双方相关地方政府磋商协调机制还没有真正高速运转。三是越方的合作区的政策支持体系和基础设施建设协作机制还不健全，故双方尚未进入实质性磋商阶段。

第七章

广西国际河流区开放新战略：
打造开放先行先试区

2007 年 11 月，胡锦涛在党的十七大上提出了"继续贯彻与邻为善、以邻为伴的周边外交方针，加强同周边国家的睦邻友好和务实合作，积极开展区域合作，共同营造和平稳定、平等互信、合作共赢的地区环境"的中国周边战略。广西国际河流区正处于中国—东盟自由贸易区建成，中国与东盟间 93% 的商品实现零关税，双边开放合作向纵深发展的大背景、大环境之下，因为其区位、资源优势十分突出，成为了国际国内多区域合作的主要覆盖地区与重要承载地区。顺应全球区域合作的大趋势和中国—东盟自由贸易区建成，以及广西积极参与多区域合作的战略实施，推动以与越南为重点的开放合作是广西国际河流区压倒一切的重要工作，将对国际河流区经济社会全局产生重大影响。开展与越南的国际合作，符合中国新的周边战略，有利于通过区域合作密切中越两国关系，有利于通过建设合作平台和载体来深化双方相互依赖关系，有利于在中国—东盟自由贸易区背景下实现中越两国边境地区睦邻友好、和谐稳定。开展国际河流综合合作是毫不动摇的，必须突破以往对国际河流仅进行小水利开发单项的合作，朝着对跨境国际河流资源和市场共享综合区域合作的方向发展，这才是今后广西国际河流开发与保护的主流和趋势。要善于抓住历史机遇，确立开放合作的战略思路，发展沿边经济、口岸经济等特色经济。要努力打造开放合作的平台，实现开放型经济新突破，培育边境县域经济实力，为广西国际河流开发与保护奠定经济基础和打造基本条件。

第一节 区域合作是广西国际河流区开发的主题

面对经济全球化深入发展，世界经济政治格局出现新变化，国际环境总体上有利于中国和平发展的国际形势，中国仍将实行更加积极主动的开放战略，加强区域合作是我国对外开放工作的重中之重，开放合作也是我国国际河流流域地区，包括广西国际河流区在内压倒一切的工作。

一 加强合作机制是密切相关流域国关系的大趋势

当全球水短缺和水危机问题越来越突出时，很多国家把注意力转向国际河流。国际河流一般涉及两个或两个以上国家，是各国国土的一部分，而国际河流水资源跨境自然流动，淡化了边境的界定；国际河流受暴雨、洪水等自然因素影响，常常会改道；或因水土流失、河岸崩塌，导致领土纠纷；全球气候变暖，导致从降水到径流深发生较大变化，打破以往一些国际河流水分配规则，出现新的矛盾。此外，还涉及跨境水资源权属和权益、国际水分配、维护生物多样性、流域生态保护与控制水污染等问题，国际河流公平合理开发和协调管理是一个最复杂、最难以解决的问题。部分国际河流已经超越其自然特性，在资源权属、利害分配、国际关系等经济社会层面上发生明显的质变，区域国际"水冲突""水荒""水战争"从古到今仍未平静。

虽然到目前国际社会还没有统一的、可以普遍接受的模式或标准来求解国际河流水资源纷争，但至少许多国家达成了一致共识，在法律、技术、管理、制度等方面确立相应措施和办法，这些措施包括订立合法的条约、应用恰当的技术与创新的管理方法、制定处理纷争的制度等。[①]事实上进行国际河流流域整体综合开发和管理，将水问题与流域其他资源进行多目标权衡协调，不是仅仅依靠上述措施就行得通的。为此，各国寻找到了更佳的模式，这就是各流域国之间开展合作，共同实施国际

---

① 何大明、冯彦：《国际河流跨境水资源合理利用与协调管理》，科学出版社，2006，第44页。

河流水资源的开发。

2000 年全球"21 世纪水安全"部长级会议的重要主题为，整体水资源管理、国际河流跨境共享水资源的公平合理利用和国家主权问题。会议达成倡议，要求到 2005 年以前，在所有主要国际河流的流域国之间发展和加强合作机制，并在 2015 年前促成共享水资源协议的签署。国际社会对国家间的合作与协调高度重视并且制定了推进的时间表。合作开发利用国际河流水资源是取得综合效益的最佳途径，反映出世界上诸多国际河流流域开发和管理的经验和未来趋势。实践中，各国合作目标和协商事务涉及了整体流域的资源、市场、技术、信息、生态环境等，实质性意义在于使各流域国共享水资源综合开发和多目标协同开发能够带来预期收益，遵循水文系统循环特征，维护河流水生态，保护各沿岸国家的利益。

在全球化和区域一体化的进程中，广西应该借助中国与东盟国际性区域合作不断深化的东风，借助各方在交通、产业、文化、教育等方面合作取得成效的影响和辐射，与越南一道实施国际河流水资源的合作开发行动。这将从更大范围整合的资源要素，引导到广西国际河流的开发和管理上，使广西国际河流在有弹性且广阔的环境下实现合作开发，进而淡化流域内难以协调的目标冲突。

二　国际河流区的区域合作重点放在经济领域

普遍的现象是，如果国际河流涉及的国家属于发展中国家，那么它们相互合作的愿望和设定的目标都是把经济放在第一位。更高层面的区域合作也是如此，加强相互合作，企图通过共享跨境水资源和市场，获取更多的区域协作的综合效益。与广西国际河流密切相关的次区域合作，其重点和优先合作领域同样体现为经济层面的内容。重点推动各方经济合作，更加有助于广西国际河流区的经济发展和对外开放。

湄公河次区域（GMS）合作。属于国际区域合作，始于 1992 年。合作区包括湄公河流域内的中国、缅甸、老挝、泰国、柬埔寨、越南 6 个国家，云南和广西是中国参与 GMS 合作的重要省区。优先合作的领域为交通、能源、环境、农业、电信、贸易便利化、投资、旅游和人力资源开发。

中越"两廊一圈"合作。属于国际区域合作，始于 2004 年，为 GMS 合作框架之下的次区域合作，包括中国的云南、广西、广东、海南四省 区和越南北方沿海 10 省市。其中"两廊"指的是"南宁—河内—海防" 和"昆明—河内—海防"经济走廊，"一圈"指的是环北部湾经济圈。优 先合作的领域为基础设施、制造业、人力资源开发、矿产加工、能源、 农业、旅游及北部湾合作。

南宁—新加坡经济走廊。属于国际区域合作，始于 2006 年。合作区 包括中国、越南、柬埔寨、泰国、马来西亚、新加坡 6 个国家。经济走 廊依托南宁—河内—金边—曼谷—吉隆坡—新加坡铁路和高等级公路建 设。优先合作的领域为基础设施、贸易、产业与投资、旅游、文化交流、 人力资源开发及通关便利化。合作机制正在建立之中。

泛珠三角区域合作（即"9+2"合作）。属于国内区域合作，始于 2004 年。合作区包括国内 11 个省区，"9"代表福建、江西、湖南、广 东、广西、海南、四川、贵州、云南，"2"代表香港、澳门两个特别行 政区。优先合作的领域为经贸、交通、能源、科教文卫、农业、旅游、 劳务合作。

上述的次区域合作主要发生在经济领域。基于广西国际河流区开发 利用现状和邻国越南经济发展情况，广西国际河流区的合作开发主题应 为互惠互利，主流应为共同经济利益，着眼点应为国际河流流域的可持 续发展。

三 深化以东盟为重点的开放合作有利于国际河流开发

"十一五"期间，广西坚定不移地实施开放带动战略，积极参与和推 进与东盟全面合作、泛北部湾区域经济合作、湄公河次区域经济合作、 南宁—新加坡经济走廊建设、中越"两廊一圈"建设等国际区域合作和 次区域合作，为广西国际河流区扩大开放和加快发展注入新活力。

（一）与东盟合作翻开新的历史篇章

中国—东盟自由贸易区建成，翻开了中国与东盟合作新的历史篇章。 广西抓住自贸区建成的重大机遇，采取积极有效的措施，推进与东盟国家的友好交往，加强双边经贸合作，完善对接东盟的基础设施，继续办好中国—东盟博览会和泛北部湾经济合作论坛，进一步全方位、多领域拓展与东盟区域合作空间，使广西与东盟开放合作水平得到新的全面提升。2003～2008 年，广西与东盟贸易额年均增长 37%，2008 年贸易额是 2003 年的 4.8 倍。广西与东盟贸易增幅一直位居全国前列，其中 2008 年广西与东盟贸易增幅高于全国与东盟贸易增幅 23.2 个百分点。2008 年，广西与东盟的贸易规模跻身全国十强，稳居中西部地区首位，是云南与东盟贸易额的 1.4 倍。2011 年中国东盟自由贸易区建成运行，广西与东盟国家贸易又以 46.6% 的速度增长，高于对外贸易发展先进地区，其中，出口值位列北京之后，进口值位列天津之后。广西进出口规模稳居西部 12 省区市之首，高出排名第 2 位的云南省 36.1 亿美元。2012 年上半年广西与东盟贸易额增长 20.9%，广西外贸进出口总值增长 28%，高于同期全国进出口总体增速 20 个百分点。广西与东盟的贸易额占广西外贸总额的比重从 2003 年的 25.9% 上升至 2011 年的 41%，其中，广西边境地区与东盟的贸易额所占比重较大。

（二）大力推动泛北部湾经济合作

泛北部湾经济合作自 2006 年 7 月提出至今已有 7 年的发展历程。7 年来，泛北部湾经济合作作为中国—东盟海上次区域合作，在多方高度关注和全力支持下，借助每年一度在广西南宁市举办泛北部湾经济合作论坛形成的影响和作用，依托逐步建立起来的以联合专家组为主的对话与合作机制，泛北部湾经济合作基本上完成了从构想到共识，再从实践到收获的过程。泛北部湾地区是世界港口富集区，港口合作是泛北合作的重要内容。2010 年泛北部湾经济合作论坛上把"泛北部湾航运、港口、物流合作"作为研讨的三大议题之一。广西明确提出"建议泛北部湾各方携手加快建设沿海港口群，形成高效通达的港口运输网"的合作主张。2011 年的第六届泛北部湾经济合作论坛以共建中国—东盟新增长极为宗旨，紧紧抓住中国—东盟自由贸易区建设与泛北部湾经济合作这一主题深入开展专题研讨，推动泛北部湾经济合作取得新进展，迈上新台阶。广西自治区党委书记郭声琨在会上提出四点建议：一是加强泛北合作顶层设计，抓紧制定指导性规划，成立协调泛北合作的官方组织机构，建立完善稳固的合作机制；二是加强各方互联互通建设，完善泛北陆海空立体交通运输体系，加强各方海上、陆地和空中的互联互通；三是加强港口物流合作，尽快在泛北各港口间开辟直航线路，支持相互港口建设与经营，加强港口人员培训和技术交流；四是推动贸易投资便利化，重点改善海关制度、检验检疫措施、贸易物流和商务人员流通四个优先领域的政策环境，实现贸易与投资便利化。

（三）积极参与湄公河次区域经济合作

为了使湄公河次区域合作不断向纵深发展，在中国与东盟领导人会议的建议下，广西从 2005 年起正式加入湄公河次区域合作，与云南省共同代表中国参与湄公河次区域合作。作为 GMS 新的一方，广西积极在交通、能源、农业、旅游、投资和贸易、人才资源的开发等重要领域加强与别国的合作。几年来，广西与 GMS 各国在交通、投资与贸易便利化、城市基础设施建设、农业、环境保护、旅游、教育、医疗卫生等领域合作取得了显著成效，尤其是推动双边交通互通方面更加明显。广西加快了出海、出省、出边通道建设和通往东盟的铁路、公路、海港、空港建设进度，"十二五"期间，广西将实现中越边境一类口岸通高速公路、二类口岸通二级路、广西与越南接壤的每个县至少有一条二级以上公路通道通往越南，将建成北仑河二桥、水口河二桥、峒中（横模）大桥、平而河大桥等中越界河桥。目前，广西境内与东盟连接的铁路通道初步具有南、中、北三条通道的雏形，南宁机场与 GMS 国家已全部通航。2011年广西与 GMS 国家进出口贸易总额约 70 亿美元，出口商品主要包括机电产品、农产品、矿产品、服装、建材、中成药等；进口商品主要包括农林产品、橡胶原料、矿产品、宝石、海产品等。

（四）稳步推进中越"两廊一圈"建设

近年来，中越两国政府共同推动"两廊一圈"合作计划稳步进行。两国政府成为次区域合作的主要倡导者和执行者，从全局的角度来协商解决发展的相关问题，促使中越合作不断向前发展。2011 年习近平会见越南总理阮晋勇时提到，中越要加快推进"两廊一圈"建设。一是加强政策规划。双方应该加强经济发展战略协调，充分发挥两国经贸合作委员会的作用，落实好《中越经贸合作五年发展规划》，大力推进农业和渔业、交通运输、能源等重点领域合作。二是扩大贸易规模。双方应充分利用好中国—东盟自贸区的优惠政策，积极开拓新的贸易增长点。在提前实现双边贸易额 250 亿美元的目标之后，建议双方制定 2015 年双边贸易额达到 600 亿美元的新目标。三是突出合作重点。双方要加快推进"两廊一圈"建设，抓好基础设施建设、跨境经济合作区等重点领域合作。中方支持有实力的中国企业在越投资建设经贸合作区。中越两国将就"两廊一圈"建设编制共同规划，两国将进一步加强在农业和渔业、交通运输、能源、矿业、制造业和配套工业、服务业及"两廊一圈"等领域的互利合作。

（五）推动南宁—新加坡经济走廊建设

为积极推进中国与东盟的经贸往来，广西在 2006 年提出"一轴两翼"区域经济合作的战略构想，得到新加坡、菲律宾、印尼、越南等东盟国家领导人的认同。"南宁—新加坡经济走廊"是从中国广西南宁南下，纵穿越南、老挝、泰国、马来西亚，直到 3800 公里外的新加坡的一条陆上经济走廊。2010 年推动南宁—新加坡经济走廊建设迈出了新的步伐，由广西北部湾经济区规划建设工作委员会办公室和广西社会科学院发起的中国"南宁—新加坡经济走廊"考察团经过实地考察，形成了"南新走廊"将成为中国与东盟经济合作交流的大动脉，太平洋西岸发展最有活力经济增长带的很有分量的成果。专家按照泛亚铁路的总体构想，建议从新加坡到越南河内，北上南宁，通过中国铁路网再往北延伸，把中南半岛和中国的华南、中南地区乃至整个中国紧密地联系起来，实现中国—东盟之间的海陆联动，南新通道将成为沟通中国南部与中南半岛东盟国家的经济大动脉。2010 年泛北部湾经济合作论坛深入研讨了"中国—东盟自贸区建成与南宁—新加坡通道建设"的议题。经过几年建设，南宁至新加坡公路通道基本全线贯通，广西已建成南宁至友谊关高速公路，防城港至东兴高速公路基本建成，10 条通往越南的国际道路运输线已开通，余下 14 条待开通，其中，南宁—河内国际线路于 2009 年 1 月 1 日正式开通。广西通往东盟国家的道路运输建成和运营，标志着南新经济走廊雏形初现，发展前景看好。

四 越南鼓励北方边境地区扩大开放

近年来越南大力鼓励与中国广西接壤的北部边境地区扩大开放合作，制定许多政策着力支持开放合作战略的实施。越南政府总理批准了《关于批准至 2020 年北部湾沿海经济带发展规划的决定》《2020 年谅山—河内—海防—广宁经济走廊发展规划》《关于批准至 2020 年广宁省芒街国际口岸城市发展提案的决定》等规划和文件，以大力支持北方边境地区发展。越南采取的主要措施是建立边境口岸经济区，通过边境口岸经济区与周边国家开展贸易，引进国内外投资。越南颁发《关于颁布口岸经济区财政机制政策的决定》，对边境口岸经济区给予重点政策扶持。一是国家财政支持口岸经济区的基础设施建设；口岸经济区的一些收费项目用于口岸的基础设施建设和维护；可发行由中央政府和地方政府担保的建设债券；口岸经济区征收的土地费用、土地租金用于投资、发展口岸经济区的基础设施、服务和公益工程，或用于征地拆迁。二是企业营业收入税、个人所得税，特别销售税、进出口税等税种更加优惠。三是土地或水域租金优惠，减免土地使用费。与广西凭祥有界河相邻的越南谅山省出台了优惠政策：实行用地、用水租金优惠；工艺技术转让补助；损失赔偿、土地拆迁和安置的补助；人力资源培训资助，提出商贸和投资促进经费；等等。

与广西国际河流相关的是建立在流域区内的越南同登—谅山口岸经济区和越南芒街口岸经济区。依托国际河流平而河而建的越南同登—谅山口岸经济区，空间范围为 394 平方公里，这是一个综合、多功能，跨越经济、社会、国防和安全等要素的经济区。发展定位是中部和北部山区贸易、服务、旅游和工业的中心，目标是建成连接区域、国际的贸易枢纽，谅山—河内—海防—广宁经济走廊和北部湾经济带的重要交通枢纽。依托国际河流北仑河而建的越南芒街口岸经济区，实行由国家颁行的针对国外投资、国内投资、工业区投资、制造区、口岸经济区所给予的最优惠的鼓励政策和机制以及最为宽松的土地及税收优惠政策等，芒街市要建设成为越南北方仅次于首都河内的第二大经济中心，重点发展贸易、旅游、加工三大支柱产业。

第二节　国际河流区开发开放模式的重大突破

在区域经济一体化浪潮中，拥有国际河流共享资源的国际河流区以其特殊的地理位置和水资源优势，理所当然成了毗邻国家之间开展区域合作的最前沿和窗口，寻求最佳的区域合作方式，谋求国际河流合理开发和协调管理，为毗邻国家开展区域合作的主要目标之一。建设开放先行先试区，推动国际河流开发就是广西国际河流区开发开放的战略选择。

一　国际河流区开发开放的传统合作模式

我国国际河流区主要分布在东北地区、西南地区和西北地区，随着对外开放不断深入和开放合作水平的不断提高，这些国际河流区相继成为与周边国家开展国际区域合作的重点区域。以国际河流区作为主要的承载地区来开展国际间的区域合作，这在毗邻国家间达成了共识。20 世纪 90 年代初，我国以扩大边境地区开放、发展沿边经济为主要形式，推动与毗邻国家的开放合作。

在东北地区国际河流区的图们江流域，1992 年 3 月，国务院批准地处中、朝、俄三国交界地带，位于图们江下游的吉林省珲春市为沿边开放城市，批准其设立边境经济合作区，此后由联合国开发署规划推进由中国、俄罗斯、朝鲜、蒙古、韩国共同参与建设多国经济技术开发区。虽然这一经济区发展至今并未达到预期目标，但对中国边境县域的影响和带动是很大的，其中不乏成功的事例，尤以珲春市短短 10 年实现了跨越发展最为典型。经过多年开发建设，珲春市已发展成为"二产"与"三产"、"大经贸"与"小经贸"竞相发展，开放型产业体系初步形成的现代化边陲城市。

同一时期，西南国际河流区的澜沧江—湄公河流域，在亚洲开发银行倡导下，马来西亚、菲律宾、印度尼西亚、新加坡、泰国、越南、老挝、缅甸、柬埔寨、文莱等东盟 10 国和中国参与推动湄公河次区域合作（GMS），并吸收了日本、美国、欧盟及其他发达国家和国际组织。目前，形成了三大合作机制：亚洲开发银行湄公河次区域合作、东盟—

湄公河流域开发合作、湄公河委员会。在 GMS 区域合作机制下，我国云南河口成为了受益的边境县域之一。云南河口位于云南省南端红河与南溪河交汇处，与越南老街、谷柳隔河相望，地理优势明显，交通四通八达，东有砚河公路直达文山、广西南宁；西有鸡河、蛮耗公路可至个旧、思茅、西双版纳；中有滇越铁路、昆河公路等直通昆明；南可下越南河内、海防港、西贡等城市，是云南乃至西南地区连接东南亚的重要门户。县境内国境线长 193 公里，其中，河界 73 公里，陆界 120 公里。河口县是滇越铁路、昆河公路、红河航道与越南乃至东南亚地区铁路、公路、航道连接的交通枢纽。河口县城距昆明市 469 公里，距越南首都河内 296 公里，出海口距越南北方最大海港海防市 416 公里，具有进入越南及东南亚各国便捷的水陆交通优势，是我国西南地区进入东南亚、南太平洋的最近出海口。河口在我国与东盟建设自由贸易区和云南省与越南建设滇越"昆—河—海"经济走廊的规划中，处于"咽喉"的重要地位，区位优势极其明显。1991 年 11 月中越关系恢复正常化后，1992 年国务院批准河口为沿边开放县，河口口岸为国家一类开放口岸，享受沿海开放城市的政策；同年，国务院特区办批准河口设立 4.02 平方公里的边境经济合作区，享受特区优惠政策。至此，河口由改革开放的末端变为前沿，赢得了全面发展的机遇。1993 年 5 月 18 日，中国河口—越南老街口岸复通；1996 年 2 月 14 日开通国际铁路货运；1997 年 4 月 18 日开通昆明到河内国际铁路客运，使河口从长期封闭一步步走向开放，促进了县域经济快速发展。河口立足"边贸、旅游、热区开发"三大支柱产业，全面推进地方经济建设。2001 年国内生产总值 4.2 亿元，2009 年国内生产总值 14.87 亿元，完成对外贸易进出口总额达46.8 亿元，河口已经由边陲小县逐步发展成集国家贸易、边境贸易、对外经济合作、跨国旅游于一体的外向型县域，为创建一流边境商贸旅游城市打下坚实基础。

广西从 2005 年起加入 GMS，1.8 万平方公里的国际河流区当仁不让地成为了广西参与次区域合作的门户和桥头堡。凭祥、东兴是广西国际河流区的两个县级市。凭祥是我国西南地区最大的边境口岸城市，其西南与越南接壤，边境线长 97 公里；东兴是我国南疆几个边境城市中唯一与越南海陆相连的城市，与越南相距不到 100 米，从陆路到越南首都河内只有 256 公里，水路到越南胡志明市仅 820 海里。凭祥、东兴两市被认为是中国与越南和东南亚联系最便捷的水陆门户。自被国务院批准为边境开放城市以来，凭祥、东兴两市的国内生产总值年均增长速度均接近 20%，高于广西同期的平均水平。城市经济持续保持快速发展的良好势头，边境贸易、跨国旅游发展迅猛，凭祥、东兴与越南的边贸交易额每年均占广西边贸交易额的 70% 以上。凭祥、东兴两市的先行发展为我国边境县域经济快速发展提供了成功的经验，也为加快广西边境县域发展发挥了典型引路的作用。

二 打造开放先行先试区，开创国际河流开发新模式

开放先行先试区主要指与越南共建的跨境合作区、跨境旅游区，以及在广西境内建设的综合保税区、重点开发开放试验区等。随着中国—东盟自由贸易区建设不断向前推进，巩固双边合作成果，不断推出合作亮点，保持各方参与国际区域合作的热情高涨，是我国与东盟开放合作深入持久的不二选择。在这一过程中，广西如何推动与越南的合作向纵深发展，如何拓展合作的领域和空间，如何创新合作模式，提升合作水平成为摆在人们面前的问题。在相邻流域国的边境河流附近各划出小范围地区，共建跨境经济合作区，这是在当今世界上国际河流区寻求区域合作的最新模式，它克服了传统模式对国际河流开发停留在概念上、合作关系处于松散状态等问题，有助于国际河流区走向睦邻友好和务实合作的正确轨道上来。因此，打造突出互惠互利、资源共享的开放先行先试区，有助于推动国际河流区开发模式转型和提升。

（一）建设开放先行先试区具有重大战略意义

2005 年，广西凭祥市率先提出与越南共建跨境经济合作区的设想，打破了毗邻国家开展国际合作的传统模式，随后此设想逐步为中越两国的高层认可，为后来更多的区域合作模式创新打开了广阔的空间。事实表明，在流域国家之间打造跨境经济合作区，突破了国际河流区传统开发开放模式，是推动国际河流开发模式转换升级的战略选择，有利于扩大中越两国资源、市场和其他需求方面的优势互补，获取国际河流区开

发利用的最大利益。实践还表明，在边疆地区选择一些有发展基础的边境城市建设重点开发开放试验区，是提高沿边开放水平、完善我国全方位对外开放格局的需要，是探索沿边开放新模式、促进形成与周边国家互利共赢共同发展新局面的需要，是深入实施西部大开发战略、打造新的区域增长点的需要，是深入推进兴边富民、维护边疆繁荣稳定的需要。在广西国际河流区范围内，无论是与越南共建跨境经济合作区，或是在中方境内建设综合保税区、重点开发开放试验区等，都将对国际河流实现整体综合开发和协调管理产生重大而积极的影响。

目前，中越之间的政治、经济关系越来越密切，双边经贸蓬勃发展，合作交流方兴未艾，为中越两国积极选择新兴经济合作模式，如建设跨境经济合作区、国际旅游合作区等提供了契机。中国在加强与越南开放合作上表现出了更大的诚意、更大的决心、更大的力度。西部大开发新十年战略中，国务院决定建立东兴重点开发开放试验区，先前还批准了北部湾经济区发展规划、建设凭祥综合保税区。这意味着国家在广西国际河流区部署了建设北部湾经济区和东兴重点开发开放试验区两个大战略，以及建设凭祥综合保税区，把中国积极参与国际区域合作的重心如此倾向于这一区域，是在东北、西北和西南国际河流区唯一的，是云南瑞丽、内蒙古满洲里重点开发开放试验区所欠缺的。目前，广西国际河流区拥有重要的区域合作实体大平台，主要有：三大跨境经济合作区，中国凭祥—越南同登、中国东兴—越南芒街、中国龙邦—越南茶岭跨境经济合作区；两大重点经济区，北部湾经济区、东兴重点开发开放试验区；一个海关特殊监管区，凭祥综合保税区；一个跨境旅游合作区，中越德天—板约旅游合作区。目前，已经启动建设或建成运行的开放先行先试区主要有以下几个。

跨境经济合作区。由中越两国共同建设的三大跨境经济合作区主要布局在广西凭祥平而河、东兴北仑河、靖西龙邦河等国际河流的沿岸。即桂西南左江河片区布局中国凭祥—越南同登跨境经济合作区；在桂南沿海河流片区布局中国东兴—越南芒街跨境经济合作；在桂西南红河片区布局中国龙邦—越南茶岭口岸中越边境经济合作区。穿流于中越国界的国际河流为公共产品，国际河流资源和市场共享符合两国毗邻地区的共同期望。

凭祥边境综合保税区。凭祥综合保税区是我国第四个获得国务院批准设立的综合保税区，也是中国第一个在陆地边境线上设立的综合保税区。一期工程已于 2011 年 6 月 18 日通过国务院联合验收组验收，2011 年 9 月 30 日正式封关运营。凭祥综合保税区规划控制面积 8.5 平方公里，坐落于国际河流平而河沿岸。

东兴国家重点开发开放试验区。东兴重点开发开放试验区位于我国陆地边境线与大陆海岸线交会处，与越南芒街市隔河相邻，是我国唯一与东盟陆海河相连的地区。2010 年 6 月 29 日，中国提出建设广西东兴重点开发开放试验区，2012 年 7 月 9 日，国务院正式批准《广西东兴重点开发开放试验区建设实施方案》（以下简称《方案》）。《方案》明确试验区包括国际经贸合作区、国际商务区、港口物流区、临港工业区、生态农业及发展预留区五大功能区，陆地面积 1226 平方公里。总体定位是：着力构建中国—东盟战略合作先行区、连接东盟的国际重要交通通道、西部沿边地区新的经济增长极和睦邻安邻富邻示范区，努力把试验区建设成为引领我国沿边开发开放的边境特定经济区。东兴市的北仑河，防城区的江口河、滩散河、峒中河都为广西国际河流，位于国际河流区范围内的东兴市和防城区还是广西东兴重点开发开放试验区的建设中心、开放前沿和窗口。

这些重要的先行先试区建设进展不一，已经建成运营的是凭祥综合保税区，目前广西正在强劲推动凭祥—同登、东兴—芒街跨境经济合作区，以及东兴国家重点开发开放试验区建设，其余的正在抓紧做好前期工作。开放先行先试区涉及平而河、北仑河、左江等国际河流的整体开发和管理，这就需要考虑与越南以怎样的模式进行合作，这些都值得在实践中不断探索。

（二）开放先试先行先试区建设进程

目前，广西国际河流区开放先行先试区建设进展有快有慢，中国凭祥—越南同登、中国东兴—越南芒街、中国龙邦—越南茶岭跨境经济合作区建设有所进展；凭祥综合保税区已经封关运行；东兴国家重点开发开放试验区启动建设，总体发展形势良好。

1. 跨境经济合作区建设情况

建设中越跨境经济合作区，对于加强中国—东盟自由贸易区合作、湄公河次区域合作、中越"两廊一圈"合作具有重要现实意义。

（1）凭祥—同登跨境经济合作区先行一步

凭祥市跨境经济合作先行推进。一是合作协议方面。2005 年 4 月崇左市政府与越南谅山省商贸旅游厅签订中国凭祥—越南同登跨境经济合作区的合作意向；2007 年 1 月，广西与越南谅山的商务部门共同签署了《中国广西壮族自治区与越南谅山省建立中越边境跨境经济合作区合作备忘录》，提出在双方接壤地区各划出 8.5 平方公里共同建设中越跨境经济合作区的设想。二是编制规划方面。中方已经完成《中越跨境经济合作区战略研究》《中国凭祥—越南同登跨境经济合作区可行性研究》和《国外跨境区域合作模式比较研究》三个研究报告，《中国凭祥—越南同登跨境经济合作区可行性研究》于 2009 年 7 月 15 日获得中越双方代表及专家组评审通过，该报告明确了凭祥—同登跨境经济合作区建设将分两步走：第一阶段是 2009～2010 年，为申报及准备阶段；第二阶段是 2011～2015 年，为对接及运行阶段。发展目标是把凭祥—同登跨境经济合作区建设成为中国—东盟自由贸易区下的"一区两国"的先行先试的跨境合作示范区。三是项目建设方面。2007 年初以来，广西决定先期启动中方境内项目，把广西作为先期启动项目进行大力度建设。大规模建设的关键项目有：投资约 10 亿元的凭祥边境综合保税区、投资 28.8 亿元的凭祥万通物流园，投资 2 亿元的友谊关现代口岸和投资 6 亿的中越边境贸易城等。四是在两国形成较为稳定的沟通协商机制。中越两国高层领导都表态支持中越跨境合作。2008 年 6 月，中越两国经贸合作委员会在北京举行第六次会谈，双方同意探讨建设凭祥—同登跨境经济合作区的可行性，并将该项目纳入中越经贸发展五年规划。2008 年起，中国广西和越南边境三省联合工作委员会将推进跨境经济合作区建设作为年度会晤的主要内容。2010 年 10 月 20 日，广西壮族自治区政府与越南谅山省人民委员会在南宁共同举办中国凭祥—越南同登跨境经济合作区工作商讨会，双方在跨境经济合作区名称、定位、区域范围、推进措施等方面达成一致意见，并形成会议纪要。越方同登口岸经济区管理委员会已于 2009 年初开

始运作。五是获得了国际组织和银行的支持。联合国开发计划署
（UNDP）支持中越跨境经济合作区建设，将中国凭祥—越南同登跨境经
济合作区项目列入该署援助澜沧江—湄公河次区域合作项目，并获得 75
万美元的资助。亚洲开发银行向中越凭祥—同登跨境经济合作区建设出
资 80 万美元提供技术援助。

（2）东兴—芒街跨境经济合作区大力推进

东兴是我国唯一沿边、沿江、沿海的边境城市，初步形成了边境加
工、商贸物流和边境旅游等产业优势。一直以来，东兴积极推动与越南
芒街的合作，并不断提升双方合作层次和合作规模。2007 年 10 月东兴与
越南芒街签订了《东兴—越南芒街跨境经济合作区框架协议》，双方在待
建的中越北仑河二桥两侧各划出 5 平方公里土地，建设中国东兴—越南
芒街跨境经济合作区。中方大规模的建设项目于 2011 年 3 月 21 日正式启
动，项目功能定位为面向东盟的边境进出口资源加工基地、商贸中心和
现代物流、信息交流中心。为加快共同建设中国东兴—越南芒街跨境经
济合作区的步伐，东兴主要着手以下三个方面工作：一是编制中国东兴
—越南芒街跨境经济合作区东兴区域总体规划；二是与广西北部湾投资
集团签订跨境经济合作区投资框架协议；三是规划建设中越二桥北端中
方口岸、验货场、物流园等基础设施。

（3）龙邦—茶岭口岸中越边境经济合作区抓紧做前期工作

百色的靖西、那坡两县分别与越南高平、河江两省接壤，多年来边
境贸易依托一个一类口岸、两个二类口岸和七个边民互市点实现平稳发
展。为了深化对外开放，百色市于 2007 年 11 月与越南高平省签署了
《中国龙邦—越南茶岭口岸中越边境经济合作协议书》，双方同意在中国
龙邦—越南茶岭口岸边境地区共同规划 16 平方公里（双方各自规划 8 平
方公里）的集边境贸易、转口贸易、口岸加工于一体的中越边境经济合
作区。百色市开展的前期工作主要有：一是编制完成《百色边境经济合
作区可行性研究》报告；二是将边境合作区建设纳入地方城市总体规划
和土地利用规划。

2. 凭祥综合保税区建设情况

广西凭祥边境综合保税区为在中方境内先期启动项目，位于国际河

流平而河畔。2008 年 12 月 19 日，中国国务院《关于同意设立广西凭祥综合保税区的批复》（国函〔2008〕121 号），2009 年 1 月 13 日，海关总署《关于广西凭祥综合保税区规划建设有关事宜的函》（署加函〔2009〕11 号），对广西凭祥综合保税区的建设和经营提出了明确要求。广西北部湾经济区规划建设管理委员会办公室 2009 年 9 月 3 日出台了《广西凭祥综合保税区开发建设工作方案》，广西凭祥综合保税区规划总用地面积为8.5 平方公里，分三期规划建设，一期建设投资近 10 亿元，规划面积 1.2 平方公里，形成保税物流加工区、口岸作业区、配套服务区三个功能区。二期规划面积为 3 平方公里，三期规划面积为 4.3 平方公里，视运作进行适时建设。保税区一期建设选址放在友谊关口岸及地处弄怀、浦寨区的卡凤盆地，两地以封闭的专用通道相连，已于 2011 年 9 月正式封关运营。作为跨境合作区的先期项目，凭祥综合保税区的建成在带动中国凭祥—越南同登跨境经济合作区发展方面发挥了核心助推的作用。

3. 东兴国家重点开发开放试验区建设情况

东兴市地处广西南部，中国大陆海岸线最西端，东南濒临北部湾，西南与越南接壤，陆地边境线长 39.5 公里，海岸线长 50 公里。东兴与越南口岸经济区——芒街市仅一河之隔。北仑河发源于防城桐中、那峒乡，干流全长 107 公里，多年平均年径流量 29.7 亿立方米，因地势分出的部分支流向南流向越南，其中在东兴与越南芒街接壤的地带，有河段为中越界河。中国东兴—越南芒街跨境经济合作区就建设于此，合作区规划建设口岸管理区、金融商贸组团区、加工组团区等，各组团建设不仅与北仑河综合开发联系紧密，更是带来资源、市场、信息、技术、生态环境等共享，跨境经济合作区建设有利于东兴北仑河国际河流区开发开放。

2010 年 6 月 30 日党中央、国务院出台了积极建设东兴国家重点开发开放试验区的重大战略举措。2012 年 7 月 9 日，东兴国家重点开发开放试验区建设实施方案获得了国务院批准。试验区建设重点布局五大功能区，即国际经贸区、港口物流区、国际商务区、临港工业区和生态农业区。目标是经过 5~10 年的努力，把东兴试验区打造成为高度开放、可管可控、富有活力的边海联动开发开放"新特区"，成为中国—东盟战略合作先行区、沿边地区经济增长极、国际通道重要枢纽和睦邻、安邻、富邻示范区。

三　推动开放先行先试区加快发展，实现国际河流整体开发

布局在广西国际河流区的开放先行先试区的战略意义十分重大，三大跨境经济合作区是由中越两国共建推进的，凭祥边境综合保税区是中国第一个在陆地边境线上设立的综合保税区，东兴国家重点开发开放试验区是中国第一批边境重点开发开放试点城市，都是国家级或国际级的开放先行先试区。发展的层次很高，发展的目标很明确，发展的机遇很明显，需要在开发与开放、建设与发展、平安与和谐方面走在广西的前列。

（一）建设跨境经济合作区的对策

中越共同建设跨境经济合作区是一项开创性工作，在进一步发展中面临不少困难和问题。一是边境地区经济实力差，难以支持跨境经济合作项目建设；二是越方态度明确，但行动迟缓，双方工作节奏和进度不相协调；三是跨境经济合作区项目建设与其他规划并不衔接，用地指标、产业安排、规划对接方面政策冲突；四是跨境经济合作区项目未获得两国政府审批以及优惠政策缺失。要解决和克服这些问题，需要中国和越南以及边境地方政府、研究人员多方面的共同努力。

1. 抓好跨境经济合作区建设规划及相关研究

中越跨境经济合作区涉及两国的协调，因此比起国内其他类型特殊经济区域的审批更为复杂。"最大的挑战是必须确保中越双方上报各自中央政府的方案的版本和内容协调一致。"对于这项难度大又必须先行完成的工作，中越双方应尽快成立联合专家工作组，首先是对中方跨境经济合作区项目的可行性研究进行调整完善，编制好跨境经济合作区项目建设总体规划和控制性详细规划，开展环境影响评价。其次是加强与越方在区域布局、功能定位、运作模式、政策措施、管理制度等方面的交流、协调，为制定共同规划做好准备。广西拿出较为完善的跨境合作区建设规划，为越南提供借鉴参考，以此加快越南的相关研究进度，尽快形成中越联合报告上报两国政府。还应借鉴国外跨境经济合作区的成

功经验，组织国内研究力量开展跨境经济合作区的主要政策研究，提出科学合理、操作性强的政策框架，提高跨境经济合作层次和水平。再次，争取从高层推动跨境经济合作区建设。把跨境经济合作区建设上升至国家层面，从国家层面推动越南同我国签署跨境合作的框架协议，安排跨境合作区的综合框架。推动建立中越双边首脑会晤机制和谈判议程，争取两国高层关注支持项目建设。推动越南加快本国规划编制进度，并尽早与我国编制共同规划，争取联合国开发计划署的进一步支持。推动越方放宽对跨境合作区的市场准入，协商解决前置审批权限和提高通关便利化。

2. 完善和健全中越边境合作经济运行机制

近年来，广西充分利用中越两国领导人例行会晤的有效机制，主动与越方共同商议跨境经济合作区规划建议、产业布局、运作设想等相关问题，就区域合作的市场机制、相关政策和相关法律进行会谈，积极推动与越南设立从中央到地方政府的对等协调机制，并以联席会议制度的形式，定期协商确定合作区建设事宜。广西边境地区与越南形成了年度性、稳定性的沟通协商工作机制，推动一些重要的合作工作方案列入两国经贸合作的重要议事日程。东兴和凭祥坚持举办中越（凭祥）商品交易会，中越边境（东兴一芒街）商贸、旅游博览会，持续开展中越边境地区节庆互访等活动，不断扩大与越南等东盟国家的交流与合作，形成广西与越南及相关地区政府之间、企业家之间、学术界之间乃至民间的交流与合作机制，为中越双方企业创造合作机会。越南对跨境经济合作的态度越来越积极，中越双方就跨境合作举行的专题会谈和互访跨境合作区规划区域的活动频繁，双边会晤机制、地方政府不定期对话机制等较为稳定的边境合作机制不断完善。推动成立中越跨境经济合作联合工作小组，领导、组织、协调推进跨境经济合作项目。完善由两国地方政府参与或主导的边境合作经济机制，一是建立两国边境地区地方政府联席会议制度，组织相关政府部门研究确定双边经济合作的重大事宜，具体协商合作区的重要政策和相应措施。二是建立和完善工作会议机制、督导和通报机制，推进中越不同层面的协商对话，推动实施产业开发、项目建设、生态保护等战略规划，在合作区特定的运作模式下，实现双边合作经济正常运行。三是建立合作区战略规划研究机构，联手制定与协调合作双方税收、投资政策，研究制定统一的优惠政策、相互衔接的管理办法、符合国际范例的法律文件，为多元化市场主体营造公平开放的竞争氛围。

3. 加大项目推进力度，推进边境合作经济发展

坚持中方跨境合作区率先建设的思路不变，继续完善综合保税区的配套服务设施，同时积极推进保税加工区和国际贸易区的建设，分别构成综合保税区的第二期和第三期的建设内容。根据无缝对接跨境合作的思路，进行推山填沟造地工程。根据中方规划，全面建设跨境经济合作区最重要的两大工程——推山填沟造地工程和通道工程，把在友谊关、浦寨、弄怀周边范围边境交接的垧朗岭、左辅山、无名山等16座以上山坡推平，使现有的4平方公里面积扩大到8.5平方公里，将浦寨—新清、弄怀—谷南、叫隘—那行、爱店—峙马等互市贸易点通道连接，实现与越南边境地区互通互连、开放合作、共同发展的新自由贸易区域。发挥区位优势，充分利用凭祥综合保税区平台，扩大招商引资，吸引东部沿海地区开放型产业转移，争取入园企业数量和投资规模，打造出口加工制造基地的核心区，带动中越边境地区开放合作型经济发展。

4. 拓宽资金来源渠道，多方筹措建设资金

积极争取信贷资金支持，加强与亚洲开发银行、国家开发银行等银行金融机构的沟通对接，为建设项目寻找和共建融资平台。积极推进TOT融资方式，通过转让大型基础设施项目的经营权筹集资金。实行融资租赁等方式，扩大资金来源。合理引导社会资本和民营企业独资、合资、合作、联营、项目融资等方式参与跨境经济合作区投资建设，进一步改善非公有制经济投资环境。通过深化投融资体制、土地供应制度、项目建设管理制度等一系列改革，推进投融资体制机制创新，加快推进跨境合作区项目实施。

5. 加强边境地区基础设施建设，优化沿边开放环境

推进实施富民兴边大会战，持续加大对边境地区基础设施建设的投入，完善边境交通、边境口岸的基础设施，提升其档次。为适应中国与

东盟深化开放合作的要求，近期要把边境口岸基础设施和边境地区基础设施建设作为一个重点，加大资金投入并在争取国债资金和国家各项资金方面对边境地区予以倾斜。要重新调整或规划连接口岸的公路交通网络，营造通边、通海大通道，提高通往主要景区公路的等级。加强边境地区水、电和通信等基础设施的建设。完善口岸基础设施，建设高标准的口岸联检楼、口岸国门、查验货场，提升口岸功能。重点抓好东兴、凭祥（友谊关）水口、爱店、硕龙、龙邦等口岸及所在小城镇建设，配套完善水、电、路、通信、市场等基础设施，改善边境地区基础设施和公共设施条件。

（二）建设东兴国家重点开发开放试验区的对策

根据国家决策，东兴国家重点开发开放试验区要承担开发和开放双重任务，因此，东兴应注重开发模式和机制的创新，力争在统筹城乡发展上有新的突破；应注重开放模式和机制的创新，力争在利用两个市场和两种资源上有新的突破。关键是要统筹好自身发展与扩大开放的关系，以开放促开发、促发展，努力实现把东兴建成我国沿边开放的"新型特区"的战略目标。目前，建设东兴重点开发开放试验区的规划已经编制完成，通过评审后，将进入规划实施阶段。

1. 转变观念，努力提高对外开放水平

一是更新观念要有新突破。东兴过去是在县一级层面上推动沿边开发开放，现在是从国家的层面上深化对外开放。要顺应东兴目前的战略地位变化，就必须实现观念、思维等思想意识的转换与更新，彻底摈弃不符合国家战略要求的思想观念和模糊认识，冲破阻碍发展的思想障碍、做法规定的束缚和体制弊端，促使干部群众的思想观念体现时代性、把握规律性、富于创造性，树立率先而为、敢想敢干的意识，争当沿边开发开放排头兵，从更高层次上推动东兴的对外开放，提升对外开放的水平。

二是发展定位要有新认识。国家把东兴确立为重点开发开放试验区，是出于整个中国—东盟自由贸易区建设以及广西北部湾经济区建设的考虑，是对东兴在国际区域一体化格局中的重要地位和作用的高度认可。东兴作为国家推动沿边开发开放的先行先试区，应该立足于既沿海

又沿边的区位优势，处理好自身发展与对外开放的关系，以发展带路，致力于在统筹城乡发展上取得新进展；以开放引领，致力于在利用两个市场和两种资源上取得新突破，形成开发与开放联动发展、协调推进的局面。

三是战略意识要有新提升。实施国家建设东兴重点开发开放试验区这一重要战略决策，意义重大而深远，要从国际化视野和国家层面来认识试验区的战略地位。其一，东兴政策优势凸显，开发开放潜力巨大，将发展成为中国—东盟自由贸易区的一个新型特区；其二，东兴具有沿海沿边优势、纵深腹地优势和东西互动优势，将发展成为中国沿边开发开放的排头兵；其三，东兴在做好"出海出边"文章上更有可为，将发展成为广西北部湾经济区对外开放中的"增长极"；其四，东兴创抓机遇，在中国与东盟深化合作中找准定位和角色，将发展成为中国迈向东盟第一城。因此，加快建设东兴国家重点开发开放试验区，符合国家发展战略要求，顺应经济全球化和区域经济一体化的发展趋势，对加速中国沿边开发开放具有重要战略意义。

2. 打牢基础，创建开放和发展良好环境

一是建设开放合作平台和基地。东兴在中国沿边开发开放中争当排头兵，必须要在打造和完善合作平台、建设开放合作基地上做足文章，拓展新领域、开发新亮点、增创新优势。首先是加快推进跨境经济合作区建设和跨国旅游区建设，实现与越南开放合作新跨越；其次是建立健全中国—东盟博览会分会场运行机制，增强重要会展的平台作用；再次是加强工业园区规划建设，建立面向东盟的进出口资源集散基地和深加工基地，提升试验区国际知名度；最后是做大做强边民互市贸易区，深度整合各类专业市场，发挥自由贸易示范区的综合效应。建立和完善跨境加工制造、商贸、物流、旅游、金融服务等多重合作平台功能，采取多园、多区、多功能叠加的全新体制模式，重点实施开放式管理。

二是加强国际大通道等基础设施建设。实施国家沿边开发开放战略，加快实现基础设施功能全面升级。建设贯通陆海联运出海出边大通道为突破口，加快防城港至东兴的高速公路建设，推进潭吉港、中越北仑河二桥建设，开展南宁至防城港高速铁路延伸至东兴的项目前期工

作，加强南宁、北海和防城港空港联系与合作，着力构筑海陆空一体的区域交通网络体系。加大赴越旅游的东兴口岸和交通枢纽的基础设施建设，着力把东兴打造成为我国西南边境地区赴越南旅游最重要的窗口和枢纽。紧紧围绕建设全国一流的边境口岸城市和"打造迈向东盟第一城"的目标，大力推进城乡基础设施建设，补充和完善城市各项功能，大幅度提升城市综合管理水平。

三是营造良好的投资与发展环境。先行先试，建立健全适应东兴开发开放战略升级的体制机制，借鉴国际通行规则和理念，开展投资环境的整治工作，竭力营造一个良好的投资与发展环境。深化改革开放，实行"境内关外"的自由贸易政策，创新海关监管区管理制度，为扩大开放合作创造良好的体制环境。全面落实国家赋予各项优惠政策，在市场准入、国际合作、项目审批、土地、技术、人才等方面加大特殊政策倾斜，创建有利于吸引投资创业的政策环境。加快市场化、国际化步伐，建立与越南市场紧密联系并逐步向东盟市场辐射的区域性市场体系，创造公平有序的市场环境。加强法规和制度建设，在实施《东兴国家重点开发开放试验区发展规划》的前提下，尽早启动制定《东兴国家重点开发开放试验区管理条例（草案）》相关基础性工作，为试验区开发开放提供法律保障。同时，还应进一步加强思想舆论环境、政务服务环境、科技人才环境等建设。

3. 发展产业，增强实施国家战略的能力

一是加快发展，壮大产业经济基础。根据国家产业政策和市场需求导向，结合东兴产业发展现状、发展条件和发展目标，尽快编制和实施东兴市产业发展专项规划，举全市之力，促进产业大发展，壮大产业经济，增强实施国家战略的经济能力。

优先发展边境贸易和跨境旅游。充分发挥东兴的边贸优势，大力拓展边境贸易空间，开发新的贸易品种，积极发展商贸、物流、金融、信息等服务贸易，保持东兴边境贸易发展的强劲势头，提升对外贸易综合竞争优势。充分发挥东兴边关风貌、滨海风光、京族风情等旅游资源优势，加快推进跨国旅游区、国际旅游通道的建设，精心策划和统筹开发边境旅游与跨国旅游产品，提升东兴—芒街边境集购物、休闲、商务等于一体的特色旅游水平，尽快恢复边境旅游异地办证业务，积极打造边境旅游目的地。

加快发展商贸、物流、金融等现代服务业。推动生产性服务业和生活性服务业加速发展。深化改革，拓展金融服务业，创新服务产品和服务模式，开展边贸结算业务试点，为我国人民币走向区域化、国际化提供一个合法的平台。加快发展现代物流业，建设中越二桥口岸物流园、国际物流园以及服务于对外贸易的互市码头、货场、仓储、物流中心等基础设施，加强面向越南的区域性综合物流园区建设和衔接，推进农产品、海产品、矿产品、工业品等领域物流发展，扩大中国对东盟的物流供应链。加快发展商贸服务业，重点抓好商品和要素市场建设，建设面向越南和东盟地区的海鲜、红木、轻纺等专业品牌市场，力争把东兴打造成区域性商品集散中心，加强与越南商贸物流业合作。

大力发展贸易加工业。立足本地资源，善用全球资源，以优势资源聚集生产要素，通过大力招商引资，吸引国内外各类投资者和企业家到东兴各类工业园区从事加工贸易。择优发展轻纺、家电、农林渔产品精深加工、生物制药产业，重点发展与防城港大钢铁、大有色、大能源产业链相配套的产品，加快培育优势产业、龙头企业和品牌，构筑竞争力强的特色主导产业。

二是加快转型，形成特色产业优势。东兴实现产业大发展的关键是推动经济模式的转型，在发展中促转变，在转变中求发展。推动产业结构从以贸易型经济为主向以加工与贸易型经济为主的转变，大力发展商贸旅游、现代服务和进出口加工，促进产业结构优化升级。推动贸易运营模式从以边境小额贸易、互市贸易和旅游购物为主的初级状态，转向有较发达的区域性商品和要素市场、便利化程度较高的通关口岸以及相对规范的商贸物流体系和输运体系作为支撑的、一般贸易和边境贸易共同发展的国际贸易经济状态，实现过境型贸易向增值型贸易的发展。参与区域合作方式逐步实现由依赖优惠政策支撑向创新合作模式和平台转变，切实加强边民互市贸易示范区、跨境经济合作区、国际旅游合作区等合作平台建设，实现重点产业和项目的外向延展和战略升级，进一步增强和提升特色产业优势。

4. 建设园区，增强产业竞争力

着重抓好重点产业园区建设，强化园区项目承载力和配套服务能力，推动加工贸易型产业集中布局、集聚增长、集约发展。鼓励多种投资主体参与园区基础设施建设，完善园区道路、标准厂房、供水、供电、污水处理等基础设施，增强园区产业集聚功能。改善园区环境，增强园区产业配套和商务服务、物流配送等综合服务能力，完善生活配套设施，促进企业入园，提高园区承载力。创新人才引进和园区管理体制机制，把园区建成承接产业转移、打造产业集群、发展现代工业、发展循环经济的先导示范区。加快培育和发展一批农林渔产品加工、进出口加工产业集群，形成和发展东兴开放型产业经济体系。

5. 深化合作，重点加速推进中越跨境经济区建设

一是以更加积极的姿态参与多区域合作。高起点推进开放合作战略，全力参与泛北部湾经济合作、湄公河次区域经济合作、中越共建"两廊一圈"等合作，提升东兴在国际区域中的地位。发挥通道和桥梁作用，主动联合东部沿海发达地区和港澳地区、泛珠三角地区和周边地区参与到国际次区域合作中来，建立共同开发东盟市场的合作机制。发挥先行先试示范作用，在广西以深化与东盟为重点的开放合作格局中，率先实现合作模式创新、体制机制创新，大胆实践贸易自由化、投资便利化等，成为名副其实的对东盟开放合作的先行区。发挥出海出边区位优势，在深入实施北部湾经济区规划中，大强度增加基础设施投资，大力度建设合作平台、发展产业以及增强口岸功能，促使中越跨境经济区真正成为北部湾经济区开放型经济发展的重要引擎。

二是大力推进与越南宽领域、深层次、全方位合作。坚持合作共赢，充分发挥地缘优势，大力发展与越南的经贸合作，扩大双方在工业、农业、贸易、科技、文化、旅游等领域的交流合作，加强双边工作沟通和磋商，形成与越南良好的协调互动机制与相互支持的常态合作机制，保持对越合作的积极性。坚持优势互补，充分挖掘和利用中越两国产业、资源、市场等经济要素禀赋的差异性效应，做到资源共享、促进相互投资，实现优势互补、联手互动前提下的产业分工与合作，保持对越合作的战略起点。坚持率先争优，找准中越战略合作中的定位和角色，按照

"完善城市功能，提升国门形象，扩大口岸影响"的总体要求，全力打造迈向东盟第一城，保持强大的城市竞争力和国际影响力。

三是重点推进中越跨境经济合作区建设。试验区建设要将中越跨境经济合作区列入两国政府的重要议事日程，务求实效地推进东兴—芒街跨境经济合作区建设，提高中越经贸合作水平。集中力量抓好中方规划区的建设，完善基础设施，加强口岸建设，优化配套服务，在试验区新模式下，实行完全的自由贸易政策，实行实质性的"境内关外"，实现货物、服务贸易和投资自由、便捷，为国际国内各类投资者和企业提供良好环境。多样化拓展国际合作新领域，推进在来料来样加工、保税及加工贸易、国际物流中心建设、涉外金融服务创新、人员流动、法律法规建设等领域的合作，让各方共享中国—东盟加快一体化进程带来的商机。积极探索中越边境双边共同规划、联合建设、统筹经营、互惠互利的国际合作模式和方式方法，建立合作协调机制，加强在机制和政策上的协商和衔接，推进跨境合作区加快步入更加务实的发展阶段。

6. 统筹协调，促进城乡经济一体化

协调城乡关系，统筹城乡发展，在国家新的沿边开发开放战略布局中，实现工业化、城镇化和农业现代化的顺利推进和同步发展，率先在广西北部湾经济区实现城乡一体化。

一是产业发展与城市发展结合起来。遵循城市发展规律，将城市发展总体规划与产业发展专项规划有机衔接，高起点规划布局产业园区和产业发展基地，加快建设具有东兴特色的先进制造业、现代服务业、现代农业等现代产业体系，不断增强产业经济对东兴经济社会发展的推动和支撑能力。实现产业与城市互动发展，注重补充和完善城市产业功能、公共服务和居住功能等，大幅度提升东兴城市的市政基础设施水平、综合配套服务水平和城市综合管理水平，实现与北部湾经济区中心城市协调发展，与越南芒街市合作发展。全社会的中心工作要紧紧围绕建设全国一流的边境口岸城市和打造"迈向东盟第一城"的目标积极推进。

二是强化"三农"，构建新型城乡关系。把统筹城乡发展的立足点放在加强"三农"上，继续加大对"三农"投入力度，全面落实国家强农惠农政策，进一步强化农村农业发展基础。着力推进城乡改革联动，破除城乡二元结构，建立有利于激发城乡发展活力、促进城乡经济社会一体化发展的体制机制。着力推动资源要素及公共服务向农村配置，统筹教育、卫生、社会保障等公共资源在城乡之间的均衡配置，建立健全城乡统一的基本公共服务制度框架。着力推进农村土地管理制度改革，加快土地经营权流转，促进农村与城市融合和农民向市民转化，构建以工促农、以城带乡的新型城乡关系，力争在"十二五"末期形成城乡一体化新格局。

7. 实现城镇化与新农村建设良性互动发展

借助东兴开发开放先行先试的模式探索、制度设计和体制创新等有利因素，走出一条建设面向东盟边境口岸城市的发展道路，优化城镇化布局和形态，使城镇化的成果更多惠及农村和农民。重点是加强城市和小城镇的发展建设，按照建设东兴国家重点开发开放试验区的基本需求，加快建设城镇基础设施，完善城市功能和规划布局，提升城市文化内涵，大力增强城镇综合承载能力。扎实推进新农村建设，抓好城乡风貌改造，建设现代农村，繁荣农村经济，统筹推进和整体规划城乡产业发展，形成城乡产业合理分工、生产要素和资源优化配置格局，使城镇化和新农村建设相互促进、协调发展。

第 | 八 | 章 |

广西国际河流区开发新路径：
建设南崇经济带

　　广西国际河流水资源以及开发利用不仅对广西与越南边境地区具有极其重要的意义，而且对实施我国与东盟国家以构建南宁—新加坡经济走廊为重点的次区域合作也具有极其重要的意义。自2008年起，广西积极务实地推动南宁—新加坡经济走廊建设，南宁—崇左经济带是实施构建南宁—新加坡经济走廊战略率先启动的重大项目。南宁—崇左经济带（以下简称"南崇经济带"）北起广西首府南宁，西南接越南谅山，战略意义十分明显。目前，广西大力建设南崇经济带，编制完成总体建设规划并开始实施，同时在推动南宁和崇左同城化方面取得较大进展。南崇经济带与国际河流左江密不可分，既是沿南友高速公路布局的经济带，又是沿左江布局的经济带，沿江开发和发展，是南崇经济带发展的突出特点。建设南崇经济带，涉及区域内部水资源、土地、矿产等自然资源要素的开发利用以及重组配置，其中，国际河流水资源的开发利用必将成为一个关键因素。实行南崇经济带整体规划建设，贯彻落实中国深化与东盟合作的战略意图，这是其重大战略意义所在，同时，还体现了坚持可持续发展理念，推进左江国际河流整体开发利用，实现区域开发建设与水资源协调的目标。因此，发展南崇经济带是广西国际河流区开发利用的创新途径，可以为中国与东盟国家国际河流流域综合开发、整体开发进行实践探索，也为世界各流域国家的国际河流开发与管理积累经验。

第一节　可持续发展目标下的国际
河流与南崇经济带

在中国东盟自由贸易区建成运行的大背景下，中国提出的构建南宁—新加坡经济走廊（以下简称"南新经济走廊"）构想得到了东盟国家的高度认同，而南崇经济带先期发展，更是应有之意。发展南崇经济带，既是服从南新经济走廊建设的战略需要，又是以可持续发展理念促进国际河流流域整体开发利用、实现经济发展与生态环境协调的要求。

一　左江与南崇经济带

根据河流自然状况，国际河流左江在中越边境地区的靖西、凭祥、宁明、龙州等地汇集了数十条边境国际河流后，流至南宁市江西镇，与右江汇合注入郁江，经南宁市段称邕江。左江涉及南宁市区、崇左市区、扶绥、龙州、宁明、凭祥、大新、天等、上思、靖西、那坡等地。

根据规划，南崇经济带包含南友高速公路沿线的南宁市部分区域、崇左市区、扶绥、凭祥、宁明、龙州等县（市、区），辐射大新、天等两县，延伸至经济带东西两侧区域。

由此可见，左江流域大部分县（市、区）都属于南崇经济带规划范围，或者说南崇经济带主要布局在国际河流左江流域，规划上南崇经济带是沿南友高速公路布局的带状经济形态，实际上南崇经济带还是沿左江布局的流域经济形态。南崇经济带建设以整体规划、整体开发方式进行，对规划范围内的左江水资源也遵循综合开发、整体开发、协调开发的原则进行。

南崇经济带的功能定位：一是中国面向东盟的窗口；二是北部湾经济区及广西对接东盟的陆路主通道；三是中国—东盟开放合作的示范区；四是中国西南沿边地区国际商贸、循环经济、跨境旅游的重要基地。

南崇经济带发展目标：经过十年左右的努力，形成口岸、园区、城镇协同发展，开放度高、产业加快集聚、地域特色鲜明的新兴经济带。

南崇经济带的战略意义：①从扩大开放的角度来看，有助于大力推动南新经济走廊建设，形成连接东盟的重要通道经济带；有助于发挥南宁辐射带动作用，推进南宁与崇左一体化；有助于边境地区经济社会发展，提升沿边开放水平。②从经济社会资源环境协调发展的角度看，有助于国际河流整体开发利用，提升水资源开发利用的合理性；有助于国际河流流域整体利益和地区利益相互协调，合理配置水资源；有助于国际河流流域水资源永续利用，人与自然和谐。

二　坚持可持续发展理念，推动流域水资源永续利用

国际河流水资源是建设南崇经济带不可或缺的重要资源。在左江供水水平保持不变或下降的情况下，南崇经济带加快建设，导致工业投资项目骤增，流动人口快速增长、城市建设进程加快等，必然会带来需水量大幅度增长，还会带来用水结构从以非生产型为主向生产型为主的调整，必须优先考虑如何满足生活的同时满足建设用水需求，这就要求必须坚持可持续发展理念，提高水资源使用效率，推动流域水资源永续利用。

（一）尊重自然，重视经济带的水资源承载能力

尊重左江河道自然条件，开展对沿左江河段两侧 20 公里的区域进行水资源承载能力分析与评价，形成摸清本底、定期动态评价的工作机制和制度。按照水资源承载力状况，充分重视生活和农业需水要求，重视河道行洪、水生态环境保护、水功能区划的要求，重视经济带开发建设重大项目需水量的要求等，根据河道冲淤特点、河势演变、岸线稳定性和水深条件，合理布局港口、工业区、城镇，使工业化、城镇化和农业现代化项目建设必须充分考虑左江流域水资源承载能力。增强水生态系统服务功能很关键。要维护好左江流域生态系统平衡，严格遵照水功能区划分，对左江流域水生态系统影响重大的河段进行区别对待，注意引导有限度的开发行为，使经济带的生产、生活、生态空间得到合理分布，满足流域生态建设和区域环境保护的需要。

（二）实行功能区划，实现国际河流整体开发利用

南崇经济带按照"点轴集聚、分片组群、边海联动"思路，建构"一轴、三片、四核、两翼"的空间结构，南宁市区、崇左市区、扶绥县城、凭祥市区为南崇经济带主轴上的四个中心城市，南宁—崇左市区—

凭祥发展主轴的作用和地位进一步强化，形成层次分明、重点突出的空间布局。每个板块都有特定的功能定位，其功能作用的发挥，基本上离不开左江水资源开发以及左江国际黄金水道的支撑。左江事实上为一个自然的实际的整体，在可持续发展的目标下，左江流域生活和生产的淡水需求、保护水生态系统运行和水资源的持续性需要得到满足和协调。以区域空间布局为导向，以谋求左江整体利益作为基础，以保护整体流域生态和生态系统恢复为目标，采取合作开发和管理，以及法律支持等，推动左江国际河流综合开发、整体和协调开发。

（三） 保护和增加水资源在经济带建设中的价值

加强水利工程建设与水资源管理，实现保护和增加水资源在经济带建设中的价值。左江水利资源开发已经兴建了 8 个水电站，左江水利枢纽①是较早时期开发的。左江水利枢纽工程位于西江流域左江上游，宁明县辉村和江州区农江村之间，是以发电为主，兼有灌溉、航运、水产养殖和旅游功能的综合利用工程。电站设计水头 13 米，总装机容量 7.2 万千瓦，多年平均发电量 2.525 亿千瓦·时，电力抽水灌溉面积 18126.7 公顷，还有助改善左江干流辉村至龙州 82.5 千米长河段和明江河口至宁明 50 千米长河段的通航条件。类似左江水利枢纽工程的水电开发工程逐一安排在左江干支流上新建和改扩建，例如：崇左客兰水库、明江调水工程，先锋水利枢纽、左江治旱工程驮英水库及其灌区项目等，重在加强左江流域水资源合理开发和优化配置，提高综合安全供水保障能力，形成配置合理、利用高效的给排水及水利工程体系，为南崇经济带上的宁明、龙州至友谊关边境的旅游资源开发，为经济带水路交通的改善创造条件。

第二节　南崇经济带经济增长驱动因素分析

崇左市自 2003 年新建市以来，依托南宁中心城市，共同发展，并取

---

① 广西壮族自治区地方志编纂委员会编《广西通志水利志（1991～2005）》，广西人民出版社，2011，第 464 页。

得了较好的发展成就。南宁市地区生产总值从 2005 年的 723.36 亿元上升至 2011 年的 2211.51 亿元，年均增长 14.7%；崇左市地区生产总值从 151.13 亿元上升至 491 亿元，年均增长 13.6%，两市均高于全区年均 13.5% 的增速，显示出强大的经济活力，为构建南崇经济带、实现国际河流整体开发打下了较好的经济基础。本书通过建立数理模型，对南崇两市的全要素生产率进行估算，考察南崇经济带经济增长的驱动因素作用。

一　建模理论与方法

根据 Malmquist 生产率指数法的思想，利用 DEA 来估算南宁市、崇左市的全要素生产率，所涉及的模型和方法以及相关数据处理如下。

（一）Mamlquist 全要素生产率指数

研究中以 Mamlquist 生产率指数研究思想为依据，通过非参数两阶段 DEA 方法，估算研究地区的全要素生产率及其变动情况。参考颜鹏飞等（2004）论证方式，借用其模型因子设计记号，假设 t 时期 k 地区的第 n 种投入为 $x^t_{k,n}$，第 m 种产出为 $y^t_{k,m}$。本书中对应的投入指标为从业人员数和资本形成额，产出指标为 GDP。在 DEA、固定规模报酬（C）和投入要素强可处置（S）的条件下，t 时期内的生产可能集为

$$L^t(C,S) = \{(y^t_k, x^t_k) \mid y^t_{k,m} \leqslant \sum_{k=1}^{K} z^t_k y^t_{k,m}, \forall m; \sum_{k=1}^{K} z^t_k x^t_{k,n} \leqslant x^t_{k,n}, \forall n;$$
$$\sum_{k=1}^{K} z^t_k = 1, z^t_k \geqslant 0, \forall k\}$$

对应的线性规划模型为

$$F^t_k(y^t_k, x^t_k \mid C,S) = \min\theta^k$$
$$s.t. \quad y^t_{k,m} \leqslant \sum_{k=1}^{K} z^t_k y^t_{k,m}, \forall m$$
$$\sum_{k=1}^{K} z^t_k x^t_{k,n} \leqslant \theta^k x^t_{k,n}, \forall n$$
$$\sum_{k=1}^{K} z^t_k = 1, z^t_k \geqslant 0, \forall k$$

其中，$F^t_k(y^t, x^t \mid C, S)$ 表示 t 时期 k 地区的 Farrell 技术效率。为

计算 Mamlquist 生产指数，根据 Fare etc. （1994a），定义距离函数

$$D_k^t(y_k^t, x_k^t) = 1/F_k^t(y_k^t, x_k^t \mid C, S) \qquad (8.2.1)$$

由上述规划问题可知，当 $D_k^t\ (y_k^t,\ x_k^t)$ =1 时，$(y_k^t,\ x_k^t)$ 生产在技术上是有效的；而 $D_k^t\ (y_k^t,\ x_k^t)$ >1 时，$(y_k^t,\ x_k^t)$ 生产技术上无效。类似的可以算出 t 时期的技术条件下的距离 $D_k^t\ (y_k^{t+1},\ x_k^{t+1})$，则 k 地区 t 时期到 $t+1$ 时期的 Mamlquist 生产率指数定义为

$$M_k^t = \frac{D_k^t(y_k^t, x_k^t)}{D_k^t(y_k^{t+1}, x_k^{t+1})} \qquad (8.2.2)$$

类似的，当技术条件取为 $t+1$ 时，该地区 t 时刻的 Mamlquist 指数还可以定义为

$$M_k^{t'} = \frac{D_k^{t+1}(y_k^t, x_k^t)}{D_k^{t+1}(y_k^{t+1}, x_k^{t+1})} \qquad (8.2.3)$$

再参考 Fisher 指数的思想，用式（8.2.2）和式（8.2.3）两式的几何平均来定义以 t 为基期，$t+1$ 时期的 Malmquist 全要素生产率变化可以表示并分解为式（8.2.4）的形式：

$$M_k(y_k^{t+1}, x_k^{t+1}; y_k^t, x_k^t) = (M_k^t \cdot M_k^{t'})^{\frac{1}{2}}$$
$$= \frac{D_k^t(y_k^t, x_k^t)}{D_k^{t+1}(y_k^{t+1}, x_k^{t+1})} \cdot \left[\frac{D_k^{t+1}(y_k^{t+1}, x_k^{t+1})}{D_k^t(y_k^{t+1}, x_k^{t+1})} \cdot \frac{D_k^{t+1}(y_k^t, x_k^t)}{D_k^t(y_k^t, x_k^t)}\right]^{\frac{1}{2}} \quad (8.2.4)$$
$$= E_k(y_k^{t+1}, x_k^{t+1}; y_k^t, x_k^t) \cdot TP_k(y_k^{t+1}, x_k^{t+1}; y_k^t, x_k^t)$$

其中，$E_k\ (y_k^{t+1},\ x_k^{t+1};\ y_k^t,\ x_k^t)$ 表示 t 到 $t+1$ 期间 k 地区的技术效率变化，衡量在此期间对最佳边界的追赶情况；[①] 而 $TP_k\ (y_k^{t+1},\ x_k^{t+1};\ y_k^t,\ x_k^t)$ 则表示在此期间 k 地区的技术进步情况。

（二）数据和变量处理

这里采用的数据来源于中国经济网统计数据库中的 2002～2011 年的城市数据。选取的变量指标分为投入和产出两大类：投入指标含劳动要

---

① 颜鹏飞、王兵：《技术效率、技术进步与生产率增长：基于 DEA 的实证分析》，《经济研究》2004 年第 12 期。

素和资本要素，产出指标为经济增量。产出一般用地区生产总值来表示，本书用 GDP 作为产出指标。

在投入指标中，用人力资源来反映经济体中的劳动要素投入。人力资源的指标很多，这里参考李富强（2008）的做法，选取教育经费法对该指标进行替代，即单位社会就业人口的教育经费投入。

资本要素则需要对资本存量的状况进行估算。参考 Yanrui Wu（2000）的做法，假定初始时期的资本存量 K（1）为过去所有时期的固定资本形成 I（t）的总和，即

$$K(1) = \int_{-\infty}^{1} I(t)\,dt = \frac{I(0)e^{\theta}}{\theta}$$

同时，假设有关系 I（t）$= I$（0）$e^{\theta t}$，式中的 I（0）和 θ 均可通过两城市 1994～2011 年的固定资本形成额进行估计。则在确定的折旧率 δ 下［参考 Yanrui Wu（2000）的做法，取 $\delta = 0.05$］，各时期固定资本存量为上一时期的存量的折旧加上同期的固定资本形成，即式（8.2.5）的形式。

$$K(t) = K(t-1) \cdot (1-\delta) + I(t) \tag{8.2.5}$$

数据处理方面，在利用式（8.2.4）估算南宁市、崇左市的全要素生产率时，GDP 与固定资产投资均分别利用 GDP 平减指数和固定资产价格指数平减到 1994 年的水平。

此外，笔者还引入了其他变量来分析在样本期内对南宁市和崇左市经济增长的作用情况。参考干春晖（2011），选取第三产业和第二产业的比值来反映地区的产业结构状况；同时，引入 FDI 反映地区的对外往来，该指标利用万元 GDP 中的实际利用外资来表示，而且，实际利用外资用当年的美元汇率调整为人民币单位。

二 全要素生产率估算及结果分析

根据上文中描述的 Malmquist 生产指数和 DEA 方法，本书拟借助 Matlab 的程序来估算 2003～2011 年南宁市、崇左市以及南崇经济带全要素生产率的状况，估计结果如表 8-1 所示。

表 8-1 2003~2011 年南宁、崇左以及南崇经济带的全要素生产率

年份	南宁			崇左			南崇经济带		
	全要素生产率	技术效率	技术进步	全要素生产率	技术效率	技术进步	全要素生产率	技术效率	技术进步
2003	1.028	1.057	0.973	1.107	1.226	0.903	1.091	1.190	0.917
2004	1.024	1.049	0.977	1.141	1.302	0.876	1.103	1.217	0.907
2005	1.064	1.132	0.940	1.147	1.316	0.872	1.138	1.295	0.879
2006	1.037	1.075	0.964	1.261	1.589	0.793	1.126	1.269	0.888
2007	1.030	1.062	0.970	1.319	1.740	0.758	1.122	1.259	0.891
2008	1.027	1.055	0.973	1.008	1.016	0.992	1.104	1.219	0.906
2009	0.963	0.927	1.038	1.283	1.646	0.779	1.041	1.084	0.961
2010	1.092	1.193	0.916	1.183	1.399	0.846	1.167	1.362	0.857
2011	1.086	1.180	0.920	1.089	1.186	0.918	1.149	1.320	0.870
平均	1.038	1.078	0.963	1.167	1.362	0.857	1.115	1.244	0.897

全要素估算结果分析如下：

由表 8-1 可以看出，2003~2011 年南宁、崇左的全要素生产率（TFP）存在波动，并有小浮上升，南宁市 TFP 保持在 1 左右，波动幅度不大，平均 TFP 为 1.038；崇左市 TFP 在 1~1.4 范围内波动，平均 TFP 为 1.167；南崇经济带 TFP 整体状况较好，TFP 基本平稳。

从技术效率和技术进步变动看，TFP 应分解为技术效率和技术进步两类。崇左市技术效率相对南宁市状况要好些，但却呈现小幅下滑趋势，南宁市基本保持平稳，使得南崇经济带技术效率较平稳，并有小幅上升。南宁市技术进步值明显好于崇左市，虽然 2011 年比 2003 年有所下降，但还保持在 0.9 以上；南崇经济带平均技术进步值为 0.897，波动幅度较小。

由于技术变动，造成了对南宁、崇左以及南崇经济带 TFP 增长的影响。2003~2011 年南崇经济带平均 TFP 为 1.115，主要原因是技术效率的提高，该期间提高了 0.11 倍，拉动 TFP 增长了 0.05 倍，在技术进步值相对平稳的状况下，技术效率明显对南崇经济带全要素生产率发展形成正影响。

还可以进一步分析是哪些因素导致南宁市、崇左市技术效率的变化。通过计算全要素生产率及其构成因素与劳动投入要素变动和资本投入要

素之间的相关系数，来分析投入要素对技术因素的影响情况，结果如表 8－2 所示。

表 8－2　南宁市、崇左市投入要素的相关系数

	南宁市		崇左市	
	劳动投入变动	资本投入变动	劳动投入变动	资本投入变动
全要素生产率	0.212	0.972	－ 0.109	0.814
技术效率	0.215	0.971	－ 0.120	0.828
技术进步	－ 0.202	－ 0.975	0.087	－ 0.780

由表 8－2 可以看出，全要素生产率主要受到资本投入变动的影响：根据样本数据，2003～2011 年南宁市全要素生产率的变化与资本投入变化的相关系数为 0.972，崇左市为 0.814；而这一作用主要体现在资本投入对技术效率的影响，南宁市相应的相关系数为 0.971，而崇左市为 0.828。此外，可以看出，资本投入并没有带来实质的技术进步：两项指标之间存在很大程度的负相关。此外，劳动力投入变动在此期间对三项指数的作用均比较小。由此可知，在 2003～2011 年，南崇经济带主要依靠资本投入带来技术效率的提高，从而促使了全要素生产率的上升。

三　南崇经济带经济增长的驱动因素分析

在前面讨论的全要素生产率估算基础上，再把产业结构和实际利用外资变量引入增长模型，利用 2003～2011 年面板数据，揭示南崇经济带经济增长因素的驱动作用。

（一）模型描述

根据 Cobb－Douglas 的基本模型，考虑用南宁市和崇左市 2003～2011 年的面板数据对式（8.2.6）进行回归。

$$d(\ln GDP_k^t) = \alpha_0 + \alpha_1 TFP_k^t + \alpha_2 d(\ln K_k^t) + \alpha_3 d(\ln H_k^t) + \alpha_4 IS_k^t + \alpha_5 d(\ln FDI_k^t) + a_k + \varepsilon_k^t \tag{8.2.6}$$

其中，$d(\ln GDP_k^t)$ 是 k 地区 t 时刻的 GDP 变化率，TFP_k^t 是上文中

估计的全要素生产率，d（$\ln K_k^t$）是资本存量的变化率，d（$\ln H_k^t$）是人力资本的变动；同时，在此基础上，我们还引入了 IS_k^t，表示 k 地区 t 时刻的产业结构状况及实际利用外资情况 d（$\ln FDI_k^t$）；a_k 是地区的效应，根据模型选择结果，这里不认为存在地区间的固定效应差别。

（二）实证分析结果

利用南宁市、崇左市 2003～2011 年的实际数据，分别对引入产业结构和实际利用外资指标前后进行回归，结果如表 8 - 3 所示。

表 8 - 3   引入变量的拟合结果

	模型 1	模型 2
C	17. 8082	14. 4080
	[5. 0466]	[2. 2084]
TFP	0. 2836	0. 2745
	[2. 1658]	[1. 9869]
d(lnK)	− 0. 2513	− 0. 1991
	[− 1. 7719]	[− 1. 2426]
d(lnH)	0. 0808	0. 0996
	[1. 3095]	[1. 4596]
IS		1. 0737
		[0. 3440]
d(FDI)		− 0. 0022
		[− 0. 5130]
AR(1)	0. 2353	0. 0899
	[0. 9547]	[0. 3211]
R^2	0. 4400	0. 4751
adj. R^2	0. 2364	0. 1251
F stat.	2. 1611	1. 3575
D-W stat	2. 0091	1. 9095

由表 8 - 3 可看出，在引入产业结构和实际利用外资指标后，模型并没有明显的改善：模型的调整后 R^2 由 0. 2364 下降到了 0. 1251，而 F 统计量由模型 1 的 2. 1611 下降到了 1. 3575。模型的系数显著性检验也体现了产业结构和利用外资的变动并没有对当地 GDP 的增长造成显著的影响。

四　结论

上述建模与研究分析，首先对南宁、崇左以及南崇经济带的全要素生产率作估算，接着考察分析劳动和资本投入要素对技术因素的影响情况，再利用面板数据，考察产业结构、实际利用外资变量对地区经济增长因素的作用，经过评估分析，得出以下结论。

第一，2003～2011年南宁市、崇左市以及南崇经济带的全要素生产率基本上呈现上升趋势，技术效率因素对南崇经济带全要素生产率发展形成正影响。全要素生产率的增长主要来源于三个方面：一是崇左市在2003年8月建市，新的城市运行机制与当时的生产关系相适应。南宁市加快改革开放，不断完善体制机制，总体上看经济体制有利于生产关系发展，有助于地区的全要素生产率提高。二是崇左建市后，城镇化率大幅度提高，加快了农村劳动人口向市民转化的进程，实现了生产要素的重新配置，提高了生产的效率。三是南崇经济带地处中国—东盟开放合作前沿和窗口，国家实施深化与东盟开放合作战略，为经济带充分利用国内外资源和市场提供了历史机遇，使地区生产力的技术水准和效率在短时间内快速提高，推动全要素生产率的增长。

第二，进一步分析表明，资本投入变动影响全要素生产率，而劳动力投入变动对全要素生产率影响较小。2003～2011年资本投入对全要素生产率的贡献率逐年上升，南宁市达到了97.2%的水平，崇左市达到81.4%，说明资本投入对推动经济增长起决定性作用。劳动力投入对全要素生产率的相关性比较小，南宁市劳动投入对经济增长的相关系数为0.212，崇左市为-0.109。从全要素生产率与相关指标关系看，因为资本投入带来技术效率的提高，从而促使全要素生产率的上升。这一点南宁市和崇左市的情况均相同。

第三，综合上述多次建模结果，可以发现TFP对GDP的影响均显著为正，且水平基本稳定在0.28左右，也即技术的变化确实显著带来了经济的同向增长。而另一方面，资本投入变量在统计上并不显著，有可能是受到了该指标与TFP之间高度相关的影响而导致的。尽管如此，结合表8-2的结果不难看出，资本投入对南崇经济带经济增长有明显作用，主要通过提高该地区的技术效率而得以体现。因此，产业结构和利用外资的变动并没有对当地的 GDP 增长造成显著的影响，维持南崇经济带经济增长为投资拉动型的观点不变。

第三节　建设南崇经济带，推动国际河流功能开发

南崇经济带地处左江国际河流流域，这里基本上为广西的丰水区，气候条件和水文特征的地理地质特征明显。不仅拥有丰富的土地、能源、矿产资源，而且还拥有十分丰富的亚热带和热带资源、人文旅游、跨国旅游资源和劳动力资源，其中蔗糖、龙眼、香料、锰矿等在广西或全国占有较突出的地位。左江流域的边境县域有凭祥、龙州、宁明、大新，它们均处于广西西南部较高山区，所拥有的自然资源与人文资源形成了区域资源的同构性；各县域对外开放基本于 20 世纪 90 年代前期起步，则开放、开发的进程和水平基本上形成了同一性；它们均为贫困县，除凭祥外，其他县农业占很大比重，以"边"为特色的产业已经形成，边境县的产业基本雷同，具有产业结构的相似性。资源、区位状况相似，为国际河流综合开发提供了基础条件；边境县经济发展能力、经济增长水平、县域竞争力、对外开放率等存在明显的差距，为国际河流区功能开发提供了发展空间。从南崇经济带的战略定位、发展部署和板块设计出发，与经济带建设形成密切联系的国际河流区功能开发应着重在国际河流经济功能、通道功能和旅游功能三个方面。

一　发展边境口岸经济，促进国际河流经济功能开发

为使南崇经济带的先导和示范作用得到充分发挥，口岸经济、园区经济和城镇建设是经济带发展的重要领域，国际河流区是中国与东盟国家开放合作的最前沿，形成和增强边境口岸经济功能具有得天独厚的优势。南崇经济带重点发展的口岸经济分布于国际河流区内，口岸经济发展进程对构建南崇经济带起着举足轻重的作用。

（一）抓住机遇，加快口岸经济发展步伐

抓住中国—东盟自由贸易区建成，中越共建"两廊一圈"、湄公河次

区域合作等国际区域合作的机遇，在参与多区域合作中寻求口岸经济的更快发展。发展产业主要是利用越南及东盟国家的资源优势和市场需求，大力发展相关产业，扩大对东盟出口。产业开放主要是积极招商引资，按照市场需要，把握目前国际和区域产业转移的有利时机，制定规范的政策和法律文件，创建企业顺利发展的环境条件，服务好投资者正常的经营需求。着力在培育口岸经济新增长点做文章，大力发展边境外向型产业、边境仓储物流业，形成有竞争力的外向型产业集群。

（二）先行先试，创新口岸经济发展模式

一是明确先行先试的思路，充分发挥区位与政策优势，进一步扩大对内对外开放，积极融入多区域合作，谋求发展。二是构建先行先试的优势，整合资源，强化国际河流区连接国内国外"两种资源，两个市场"作用，发挥比较优势，形成特色鲜明的产业体系。三是战略意识要有新提升，依托国际河流区水路综合交通运输通道，以口岸经济区、跨境经济合作区、国际旅游合作区、综合保税区建设为先导，打造国际产业合作与商务合作平台，不断完善跨境加工制造、商贸、物流、旅游、金融服务等多重合作平台功能。以开放引领，致力于在利用国内外两个市场和两种资源上取得新突破，形成开发与开放联动发展、协调推进的局面。

（三）加强建设，强化基础设施对口岸经济发展的支撑

一是加大投入，在整合各类资金，完善交通基础设施，增强运输通道保障功能，加快国际河流水源保护与水利工程建设。二是推进边境城市基础设施建设，打造以国际商贸物流、边关旅游、进出口加工制造业为主导的区域性国际口岸城市。三是以项目为中心，扩大投资规模。要发挥资源优势和政策优势，改善投资环境，吸引国内外投资者在边境小水电、矿产、旅游、贸易等领域投资经营，促进投资主体的多元化。坚持项目工作"四个一批"，抓好基础设施、产业发展和公益事业三个方面的建设。四是推进亚热带果蔬、红木家具、五金机电、纺织服装、中草药、矿产品等专业市场建设，活跃中国与东盟国家贸易经济往来。

（四）加快口岸硬件建设，保障口岸经济发展需要

按照南崇经济带规划，口岸基础设施实行"大口岸""大通关"的标准建设，重点是提升凭祥口岸的综合服务功能；完善水口口岸和爱店口岸建设；发展硕龙、科甲、平而等二类口岸；扶持发展边贸互市点。措施是完善边境口岸、边贸互市点等交通基础设施及查验设施，完善各口岸查验设施、水电路等配套设施，达到各口岸相关设施齐全、联检装备一流、环境优美、通关便利快捷的目标。在实现口岸通关环境优化的前提下，扩大口岸开放范围和拓展新业务，满足口岸经济加快发展的要求。

二　打造左江国际黄金水道，促进国际河流通道功能开发

左江，是西江水系的一条重要支流，多年平均年径流量占西江多年平均年径流量的 9.5%。历史上的左江，是一条连通越南和广东的货物运输繁忙水道，但是，早在 20 世纪初期，中越边境地区一些重要公路建成后，导致水运渐渐分流，左江航运越来越萎缩。今天的左江，欲打造为连通东盟经济圈与中国华南经济圈的黄金水道。崇左市最为积极的行动就是编制了左江水运发展规划，对恢复左江航运功能、打造左江国际黄金水道具有重要的指导意义。

（一）打造左江国际黄金水道的可行性和意义

2008 年 10 月，广西提出了打造亿吨级的"西江黄金水道"的战略构想。由自治区统一部署，计划将连接百色、崇左、来宾、南宁、贵港、梧州 6 市的 1480 公里内河航道全部改造成千吨级以上的高等级航道。左江是西江水系的重要支流，每年携大量的国际跨境水资源注入西江，是西江水系唯一连接东盟的国际水路航线。从珠江全流域看，左江国际黄金水道是"西江黄金水道"的重要组成部分，建设左江国际黄金水道才能使打造连通东盟经济圈与中国华南经济圈水上运输大动脉的目标成为现实。

据了解，边境地区左江涉及的县域以及航道等级的情况是：左江在崇左至龙州的左江河段长 116 公里，为三级航道，可通 1000 吨船舶；龙州至水口的水口河段为 54 公里，为六级航道，可通 100 吨船舶；龙州至平而的平而河段为 47 公里，为六级航道，可通 100 吨船舶；宁明至上金河口的明江河段为 44 公里，为六级航道，可通 100 吨船舶；宁

明至在妙的明江河段为 118 公里，为七级航道，可通 50 吨船舶。未达等级航道的黑水河、归春河等通过整治也可以达到等级航道。长期以来左江水运通道开发滞后，造成了现在的突出问题：航道等级低，港口基础设施差，闸坝多、船闸少，边境地区的左江干流或支流只能通航 100吨级船舶。

加快推进左江国际黄金水道建设是十分必要和紧迫的。规划左江国际黄金水道建设周期大约为 10 年时间，目标是建成以左江干线和平而河、水口河、明江河支线（一干三线）为主框架，干支畅通、江海直达、跨国延伸、设施完善的国际水运体系，使左江成为综合运输体系的骨干、桂西南及跨国旅游产业的龙头、东盟国际交往的重要通道和优势产业集聚的依托。

（二）合理规划建设基础设施和布局产业项目

打造左江国际黄金水道是一项复杂的综合工程，突出抓好水运发展工程项目，还要重点抓好产业项目布局，有序、合理、高效、集约地引导产业向沿江园区集聚、人口向沿江城镇集聚，水运交通、产业与城市协调有序发展。水道工程建设重点推进修复左江 8 个水电站的过船设施、全线渠化左江崇左以下航道，以及崇左港的 5 个港区，15 个作业区工程，尽快实现开工建设。制订中远期方案，把上金河口至宁明、龙州至水口、龙州至平而河全段全部建成 500 吨级航道，将宁明至在妙河段全部建成300 吨级航道，形成以左江水运干线和平而河、水口河、明江河为主框架，干支畅通、江海直达、跨国运输、设施较为完善的国际航道网。到2020 年，大吨位船舶可从越南谅山省和高平省沿西江水路网直通我国港澳。产业发展重点抓好糖业、矿业、交通物流业、旅游文化产业和特色效益农业的规划布局，选取若干重点岸段，对岸线进行功能区划，充分考虑城建、工业、园区、港口、水生态系统和水环境保护用地和用水需求，在促使临江产业发展成为南崇经济带的新增长点的同时，使国际河流水资源得到有效保护。

（三）打造左江国际黄金水道，实现水运互联互通

左江国际黄金水道实际上是一条跨国延伸、设施完善的国际水运体系，届时，通过中越国际水路联运，往东直达我国粤港澳发达地区，往南直通越南，走向东盟。要做到水运互联互通，需要我国与越南共同推进跨国航道通航建设。先期可在广西段区内进行三级航道建设，拓展水运通道，提升通航能力。加强沟通协调，使我国与越南政府的协商机制常态化、规范化，激发双方参与实现中越水路联运的积极姿态，切实落实中国与东盟之间已经达成的互联互通方面协议和正在推进的国际交通便利化措施，提高黄金水道服务水平。

三 建设跨境旅游区，促进国际河流旅游功能开发

在两国交界、有丰富旅游资源和便捷交通条件的区域建设"中越国际旅游合作区"，是我国于 2009 年 12 月在中越两国高层领导人会谈时提出的，这是两国共建"两廊一圈"次区域合作的重要内容，也是继双方共建跨境经济合作区后的又一个重要合作项目。跨境经济合作区与跨境旅游合作区是互为补充、互相促进的关系，战略意义重大。目前跨境旅游区主要是依托广西崇左市大新县跨国瀑布景区和广西凭祥市友谊关景区。

建设"中越国际旅游合作区"，广西的积极性很高。不到 10 个月，广西旅游部门完成了《中越德天—板约旅游资源合作开发协议（草案）》和《中越德天—板约旅游合作区可行性研究报告（初稿）》，有关协议已送交越南有关方面。目前，中越国际旅游合作区推进工作比预期慢。其原因主要是：单靠地方政府难以推进，地方政府自身也缺乏一定的制度安排和组织协调能力。因此，目前重要的工作是加强中越双方的沟通和磋商，着力破解合作中的疑难问题，为决策提供参考依据。

（一）建设跨境旅游合作区的基本构想

中越国际旅游合作区是为了进一步加强中越旅游合作，增进中国和东盟各国之间的旅游交流。在中国—东盟自贸区正式建成后，中越国际旅游合作区将建立中国与东盟通关便利化的试点，争取实现中国和东盟旅游互免签证。中越两国除了在广西崇左市大新县跨国瀑布景区和广西凭祥市友谊关景区建设国际旅游合作区外，在广西东兴市及北仑河口和北部湾海域也有可能建立合作区域。中国已经明确提出建设东兴重点开发开放试验区，这为在东兴市建设跨境旅游合作区提供了条件。

关于中越国际旅游合作区范围和边界的讨论有不同的意见，边境地区地方政府比较认可的方案是：大新德天—板约跨国瀑布合作区，核心区范围为中国大新德天跨国瀑布—硕龙口岸—沙屯瀑布、越南板约瀑布至时板口岸；扩展区为中国大新明仕田园风光景区、恩城弄梅景区、宝圩上甲和龙州金龙民族风情区、靖西峡谷群（通灵大峡谷和古龙山峡谷）景区。凭祥友谊关—同登友谊关合作区的核心区范围应包括中国友谊关—凭祥大连城、平而关口岸，越南友谊关—同登市；扩展区为凭祥全境、宁明花山景区、龙州县城和越南的谅山市等。东兴—芒街合作区的核心区范围为中国北仑河口景区—京族三岛景区，越南北仑河口—芒街；扩展区为东兴全境、防城港口区、防城区和越南海宁县。仅从旅游业发展的角度考虑，跨境旅游区的范围过小，这样对旅游景区开发、旅游产品推介、当地群众的参与都会形成约束。建设跨境旅游区设置核心区和扩展区范围较为可行，开发步骤可先小后大，分期建设，实行分区管理、分阶段建设和开放。

（二）积极争取高层支持，建立上下推动机制

目前推进中越国际旅游合作区的前期工作，主要由中国广西崇左市人民政府进行运作，这里存在的问题是：作为地级市的崇左市人民政府，与越南地方政府谅山省和高平省洽谈国际旅游合作事宜权限上不对等，会商洽谈时不够顺利，影响合作区的推进。建议中国国家旅游局及时介入，代表中国与越南就两国旅游合作区建设问题开展各项谈判工作。建立上下推动机制，凡与越南广宁省、谅山省和高平省地方政府洽谈合作事宜，应由自治区政府出面洽谈，同时向国家旅游局汇报情况。这样自下而上地推动中国国家旅游局与越南国家旅游局开展洽谈、签约工作，有助于促进中越国际旅游合作区健康发展。

（三）加紧开展旅游合作区前期研究工作

在中国东盟自由贸易区建成之初，中越两国开展国际旅游合作区项目建设战略意义重大，但没有可借鉴的路子可走，有诸多理论和实践问题需要研究，如合作区范围、功能定位、合作内容、管理模式、免税退税、投资分配模式等。只有做好这些问题研究，从理论上作出回答，才能指导实践工作。建议先期成立一个中越国际旅游合作区专家工作组，吸收双方政府有关部门和地方科研机构的专家，对中越边境地区旅游资源进行系统调查。在摸清旅游资源"家底"后，形成合作区旅游资源开发、旅游项目建设、旅游市场管理、应急机制建设、旅游人才培训等专题研究报告，为地方和国家起草、制定合作区政策提供方案。组织力量，共同合作编制中越国际旅游合作区规划，并争取纳入中越两国总体规划，以指导旅游合作区的开发建设。在合适条件下，召开关于中越国际旅游合作区发展的研讨会，为合作区建设大造舆论，进一步促进中越国际旅游合作的发展。

第 | 九 | 章

广西国际河流开发与
保护的对策措施

　　广西是我国水资源丰富的省区之一，天然水资源为 1892 亿立方米，居全国第四位，仅少于西藏、四川和云南。广西边境地区国际河流数量众多，跨境共享水资源丰富，在中国—东盟自由贸易区中占有重要的地位。其中，主要的国际河流涉及境外流域国——越南，还涉及我国资源富集地区——西南地区和经济发达地区——粤港澳，具有连接不同国别、不同经济板块的通道、桥梁、纽带作用。广西国际河流流域覆盖整个边境地区，若将珠江流域视为国际河流的话，广西国际河流流域将覆盖大部分广西的国土面积，广西边境地区则为广西国际河流区的核心区。中外历史经验证明，国家间的经济融合程度越高，双方的互信程度就越高，边境地区和平与国家安全就越能得到保障。双方经济融合往往通过相互合作与协商取得，有助于化解国际河流的摩擦，避免"水冲突"纠纷发生，实现双方在跨境国际河流的共同利益。目前，中越战略合作关系持续升温，为双方深入开展多层次、宽领域、全方位开放合作提供了良好条件，也为广西国际河流开发与保护创造了难得的机遇。在中国—东盟自由贸易区建成，中国与东盟合作进一步深化，广西重点推进与东盟的开放合作等宏观形势下，我国大力推进广西国际河流开发与保护，对应对措施和政策开展专门地、综合地、前瞻性地研究，提出国际河流开发利用和协调管理的法规和政策。各级政府要正确行使职责，强化政策，统筹协调，确保各项措施积极推进。

第一节　广西国际河流开发与保护的原则

尊重国际河流自然规律，加强中越两国边境地区合作交流、沟通磋商，增进相互间的了解和信任，积极寻求共同的观点与可合作领域，通过协商实现相互利益的平衡方式，逐步实现国际河流流域的整体开发，使两国边境地区人民受益。

一　主要原则

广西国际河流及其流域的开发与保护，应该坚持以下主要原则。

（一）公平合理利用原则

将"增进友好互信、扩大经贸合作、加强协调配合"中越两国的总基调落实在共同开发、利用和保护国际河流的全过程中。以合作、相互信任、友好协商和互相尊重各方利益为前提，以实现合作共享、优势互补、生态良好循环、维护社会稳定、推动区域经济发展、保障国家安全利益以及维持良好国际关系为宗旨，实现信息共享、联合研究，推进全面规划、整体开发，使广西国际河流得到公平合理的利用。

（二）维持和保护水生态系统原则

正确认识自然，尊重自然规律，建立河流整体健康和生态良好的目标，避免因牺牲环境为代价的简单开发模式。强调必须保护国际河流生态环境，切实处理好经济发展和流域生态环境保护的关系，以保护自然生态环境和水生态系统为基础，补充完善广西国际河流水资源功能，改善水环境质量，实现广西国际河流区可持续发展。对原始的或未经破坏的国际河流生态系统切实予以保护。

（三）主体功能导向原则

根据广西水资源整体功能设置与规划布局要求，完善广西国际河流两级水功能区划，发挥协调跨境水资源开发利用和保护的作用，发挥协调地区之间、部门之间水资源开发、利用和保护的作用。合理调整水资源开发强度、规范水资源开发秩序、优化水资源开发结构。充

分考虑水土资源条件和生态环境保护要求，确立产业发展重点和合理
布局，使边境地区经济发展与资源环境承载力相适应，与水资源承载
能力相适应。

（四）深化开放合作原则

进一步加大对广西边境地区的开发力度，真正有效发挥中国—东盟
自由贸易区、中越共建"两廊一圈"、泛北部湾区域经济合作、泛珠三
角、广西北部湾经济区等多区域合作的结合部，西南腹地与边境沿海地
区的重要节点和出海出边的咽喉重地的战略作用，以开放促开发、促发
展，快速提高边境地区县域经济整体实力。在深化国际区域合作背景下，
中越双方加快开展国际河流合作开发，拓展合作领域，开展防洪、减少
水污染、水传染疾病控制、河流管理和环境保护等方面的合作。

（五）服从区域大局原则

强调区域融合与经济一体化，服从和服务于中国与东盟深化合作大
局，在市场化、国际化趋势下，妥善解决广西国际河流水资源公平利用
和协调管理问题；强调全流域、全广西一盘棋，服从和服务于珠江流域
水功能区划以及广西水资源整体功能区划。遵循经济规律、生态规律，
借鉴国际河流开发与管理的成熟模式和经验，积极调整发展理念、方向
和发展模式，促使边境地区经济社会资源环境协调发展。

（六）水资源管理法制化原则

在国际法框架下，开展有效的合作是国际河流开发利用的基础，也
是成功开发的保证。研究、运用国际公认的法律法规，借鉴、实施一般
性原则和规则，通过谈判、磋商，签订国际河流开发利用协议或协定，
建立合理成本分摊、收益分配和利益补偿机制，明确争端解决的法律程
序，以法律为依据从总体上推动中越两国合作，协调开发，实现开发与
保护的综合发展。

二 基本思路

确立广西国际河流开发、保护、利用的主要原则，目的是使各方形
成合理开发和协调管理的理念和行动准则；明确国际河流开发与保护的

主要思路，目的是确立国际河流整体综合协调开发以及维护河流生态系统的方向和路径，使国际河流的开发利用走上可持续发展的道路，实现中越双方互利共赢。

（一）逐步推动国际河流整体综合协调开发

中国—东盟自由贸易区建成之后，中越两国在经济上进一步融合，为边境地区旅游资源、矿产资源、水资源的合作开发创造了良好的条件和环境。广西国际河流开发利用也开始得到了两国高层的关注，在公平合理利用、维护生物多样性、保护河流生态系统、不造成重大损害等方面达成了共识。广西国际河流逐步走向整体综合开发，倾向于从流域总体上综合考虑经济、社会和生态多目标权衡，关注整个流域长期的、可持续发展的目标，把握好流域资源的优化配置和合理利用的突破口，紧扣流域的整体利益和两国边境地区人民的根本诉求，加强中越两国合作、协调及对话，遵循国际水法等国际法或国际惯例，解决目标冲突与分歧，推动国际河流公平合理利用与协调管理，实现广西国际河流资源开发与保护的可持续发展。

（二）逐步推进国际河流系统性、多元化开发

广西国际河流的公平合理利用的地域范围扩展到国际河流流域全系统，开发范围涉及流域社会、经济和生态等各个方面，需要从系统、全面、综合的视角对待国际河流开发，需要采取经济、社会、生态等各类建设性措施推动国际河流开发。因此，要做到国际河流公平合理利用，实现多目标协同开发，就需要提出推进国际河流系统性、多元化开发的各项措施；考虑国际化、市场化因素，充分认识双方共同关注的问题；对双方关心的旅游、航运、灌溉、水力发电等目标进行判识，划分优先权重、排出目标序列；以国际河流流域的整体利益为基础，开展双边沟通和多层次协调；结合流域的特征寻求合适的综合治理和开发的平台。

（三）逐步建立健全国际河流区开发的法律制度

在中国—东盟自由贸易区建成的大背景下，推进国际区域合作法制化既是顺应形势的需要，又是现实的迫切需求。国际河流开发关系国家主权，与政治、经济、外交密切联系，国际河流开发的法律方面问题应该慎重对待。我国国际河流开发的立法工作尽量遵循国际水法的原则条款，广西可先行建立对境内国际河流开发的相关法律制度，履行义务并承担责任，以维持国际水法的效力。在深化中越国际合作中，加强双方平等协商沟通，争取形成适用于中越国际河流开发需要目标的法律性条约或协定，从而使国际河流开发在法律框架下规范、有序地进行。

（四）逐步建立国际河流开发的制度和机制

在国际河流开发利用过程中，水资源因河流自然流动性质成为了联系和影响当事国家的主体，成为引发经济、社会、文化、生态、政治、外交等问题的源头。几个世纪以来，各国通过双边或多边条约或协议来解决国际河流开发中出现的问题，已经形成了成功的案例和可借鉴的经验。与在国际水法基础之上缔结的具体协议相匹配，广西应该建立国际河流区开发的制度和机制，一是约束各流域国以国际法为行动指南；二是监督和促进各流域国之间的合作；三是引导各流域国参与国际河流开发事项；四是加强相互的交流机制，实现国际河流的统一管理。

第二节　广西国际河流开发利用对策

广西边境地区国际河流数量较多，但目前绝大多数国际河流的开发利用程度较低，特别是在50公里范围内的国际河流河段、中越界河尚处于自然状态，只是在个别地方如大新德天瀑布、东兴北仑河口开展了旅游方面的合作。随着边境地区人口增长和国民经济对水需求量的增大，广西势必将逐步加大开发利用国际河流的力度。因此，对于广西国际河流开发利用要有明确的思路和积极有效的推进措施。

一　抓紧编制国际河流开发利用规划

边境地区是广西国际河流核心地区，加快县域经济发展是边境地区实现经济社会全面发展的根本要求。自"十一五"时期以来，边境各县域都编制了经济社会发展规划，从发展全局出发，确立了符合地方实际、顺应时代要求的发展目标、指导方针和总体部署。"十一五"期间，各地为推动规划实施，建立了强有力的组织体系，表现为政府充分利用所掌握的公共资源，极大调动全社会参与规划实施的积极性，确保规划目标和任务真正得以实施，使"十一五"规划全面胜利完成。

"十二五"时期，国务院出台了《兴边富民行动规划（2011～2015年）》，按照国家相关规划的任务要求，广西作出了"富民强桂"新跨越的重大部署，成为包括边境地区在内的各族人民共同的行动纲领。紧紧围绕广西"十二五"时期"富民强桂"的目标和任务，边境地区各级政府明确履行规划的职责，通过合理配置公共资源，正确引导社会资源，合理运用公共资源，全力保证规划实施和目标任务的完成。在实施"十二五"经济社会发展规划的同时，组织实施交通、科技教育、生态环保、水利、城市规划、土地利用等专项规划，各专项规划与总体规划有机结合，形成各类规划定位清晰、功能互补、统一衔接的规划体系。

广西国际河流开发利用的战略意义重大，是关系中国与东盟经济一体化进程的关键领域，是关系中越两国战略伙伴关系发展的关键领域，是关系广西深化以东盟为重点的开放合作的关键领域，是关系边境地区经济社会发展的关键领域。实施国际河流合理开发利用和协调管理是一项国际性的、复杂的系统工程，应由自治区组织力量进行编制。首先，对广西边境地区国际河流进行统一调查，摸清资源本底，分析主要问题。其次，从实际出发，按客观规律办事，以市场为导向，以资源作支撑，坚持全面规划、统筹兼顾、标本兼治、综合治理。既充分利用境内外各区域的自然资源，同时又兼顾与越南共享水资源的合理需求，因地制宜，选择广西国际河流开发模式和路径。再次，编制开发规划，国际河流开发利用规划要与项目开发的前期研究结合起来，认真履行严格的论证，充分听取各界人士意见，做好上下沟通，使规划项目与国家及广西的发展规划相吻合，与国家产业开发政策相一致，力争把一些优势资源开发纳入国家或自治区重点开发项目，使规划真正在指导国际河流开发中起到重要的作用。规划编制必须严格按科学化、民主化、规范化的程序办事，不能因行政领导的变更而随意改变，以保持规划的相对稳定性和延续性，使国际河流开发有序、可持续地推进。

二 着重抓好国际河流旅游功能的开发

广西国际河流具有水力发电、农村灌溉、跨国旅游、水系生态以及渔业、航运等多方面功能，需要进行多方面综合协调开发利用。目前，在国际河流区，唯旅游资源开发启动早、进展快、成效大，边境旅游和跨国旅游基本上构成了较为成熟的产业经济形态，成为繁荣地方经济、增加边民收入的主要途径。

（一） 发展以"边"为特色的旅游业

打造"南国边关风情旅游"品牌。以大新德天瀑布、凭祥友谊关、东兴口岸旅游区为龙头，将宁明花山壁画、靖西通灵大峡谷、龙州南国连城和龙州红八军纪念馆、那坡黑衣壮等景区景点配套连接形成沿边境线旅游的主框架，全面整合边境旅游资源，建设具有海滨、边境和民族特色的大旅游景区。以资源为本，以"边"为特色，以国内客源为主、国外游客为辅，加大边境地区旅游资源开发力度，重点建设凭祥友谊关旅游区、宁明花山景区、靖西通灵大峡谷景区、东兴万尾岛京族旅游度假区、龙州红八军纪念馆等，全力打造"南国边关风情旅游"品牌。发展自然山水风光类、边关民族风情类、历史人文类、科普科考类、休闲度假类、跨国类旅游，不断提高边境地区在全国乃至国际旅游市场的认可度和知名度，努力改善旅游的硬软环境，加强对旅游路线、景区包装，提升旅游文化品位，以旅游业为龙头带动边境地区县域第三产业的发展。

（二） 开发国际河流旅游资源

建设中越界河旅游开发项目，打造特色跨国旅游项目。一是以中越德天—板约旅游资源合作、东兴—芒街国际旅游合作区为重要平台，重点开发建设大新德天跨国瀑布旅游景区；推动沿北仑河两岸共同建设有本国和本地民族建筑特色的沿河景观带，形成有风格上互动的特色景点；稳定和完善防城区滩散河漂流项目开发和配套建设，加强与越南协商，共同开发那坡县老虎跳跨国漂流旅游项目。针对相关的度假、自然、购物、民族风情、美食、休闲等国际旅游发展趋势，特别是针对欧美发达国家需求层次高的游客，通过产权多元化，借助国内外一流策划机构的智力，将德天瀑布规划开发成一个国际性的综合旅游景区，并将旅游产品、服务、旅游文化、健康和回归自然概念产品、跨国休闲、国际教育、旅游会展等产业带动起来，以德天品牌激活边境地区其他旅游资源，配合广西实施六大旅游区战略，形成一个以德天品牌带动的大旅游区域，使跨国旅游与边境贸易、加工、物流一道成为边境地区新兴品牌、支柱产业。

（三）建设左江"百里山水大画廊"

左江的山水资源并不亚于广西其他山水景区，左江流域风景区种类多、品位高，明江段、丽江段、黑水河段的美景各有千秋；德天瀑布、花山壁画、左江斜塔、明仕田园的景点美不胜收；左江岸绿、景丽、水清、山奇、石秀应接不暇，各景区和景点均连成一线，展现出迷人的原生态山水景观。"百里左江百里画"的名声日益响起，为越来越多的各地游客所青睐。目前，崇左市正在进行左江旅游资源的整合和开发，编制左江旅游开发总体规划，成立崇左市左江旅游开发有限公司，逐步实施左江景区各个旅游项目的开发。左江流域历史上还是几代伟人奋斗过的地方，因此，可以大胆地提出：一条左江，孕育了中越深厚友谊（胡志明与周恩来边境地区的会晤），见证了几代伟人（孙中山、周恩来、邓小平）的功绩，以这样的构思去深挖左江的文化底蕴，将特有的山水景观与伟人的重大活动以及边境民族文化资源有机地结合起来，这将是边境地区旅游与文化结合的魅力。

2010 年广西壮族自治区党委书记郭声琨在崇左考察工作时提出打造"北有漓江、南有左江"的旅游发展新格局，为左江旅游文化产业指明了功能定位与发展方向。建设左江"百里山水大画廊"，是整体开发 100 公里文化左江旅游线项目的战略设想。发展目标是把左江建成具有深厚文化底蕴的高级旅游产业链，从局域性变成国际性文化旅游之地。近期应主要采取在部分畅通河段开设左江游览线路、开展边境旅游异地办证工作、整合旅游资源和优化旅游环境等有效的措施，加快左江旅游资源开发，让游客们尽快领略文化左江、自然左江的魅力。

（四）积极推进与越南的旅游合作

一是加强与越南旅游资源的开发合作。边境地区许多景区包括著名的德天瀑布景区都是与越南山水相连、资源共体的，因此，应加强与越方合作，使这些景区更为完整，更具有整体的吸引力。二是加强与越南在旅游产品、旅游路线、旅游宣传方面的合作，通过越南连接东南亚各国大旅游圈，拓宽旅游发展空间和扩大旅游市场。三是落实中越"两廊一圈"合作项目，加快推进中越两国边境地区旅游业合作，共建中越国际旅游合作区，进一步提高边境地区对外开放水平。

三 重点发展边境口岸经济

在中越边境地区国家和自治区设立的各级海关口岸，与广西国际河流无不相关，北仑河、水口、大新德天、靖西龙邦等口岸就设立在国际河流沿岸，因此，发展口岸经济是边境口岸地区经济发展的支撑点，要把口岸经济提高到战略、全局性高度来认识，以边境贸易为主导，谋划和实施边境口岸经济的发展。

（一）发挥区位优势，发展边境贸易

抓住中国—东盟自由贸易区带来的发展机遇，充分利用现有口岸和边民互市点，大力发展边境贸易。用好、用足、用活国家和自治区的边贸优惠政策，紧紧抓住边境贸易政策调整不大的有利时机，力争边贸每年上一个新台阶。积极调整边贸进出口商品结构，扩大机电产品出口，增强出口商品在东盟市场的竞争力。要把边贸与国贸结合起来，扩大规模、提高档次、增加效益。重点抓好边境地区有进出口权的企业的整合，走规模经营的路子，以此带动边境贸易事业的发展，推进在跨境贸易和投资中的人民币结算业务。围绕边境贸易，依托凭祥保税区、跨境合作区、边境合作区等载体，发展相关配套型产业，发展加工仓储业、服务业等，形成以口岸、边贸市场为载体的边境贸易板块经济。

（二）口岸建设，规划先行

在进行边境口岸建设规划时，要根据边境贸易发展特征及内在运行规律考虑国内外市场变化趋势，对边境地区各口岸合理分工和定位，东兴口岸以旅游、综合物资进出口为主；凭祥友谊关口岸以旅游、商贸为主；龙州水口口岸以矿产品进口、加工及边境贸易为主；大新硕龙口岸以旅游和矿产、土特产进口并重；宁明爱店口岸以中草药贸易为主等，使边境地区各口岸在明确分工的基础上，实现协调发展。

（三）扩大口岸开放范围，发展口岸经济

加大口岸基础设施建设力度，优化口岸经营环境，通过口岸的建设和繁荣，发展国际贸易、贸易加工和国际物流，培育和发展物流业，不断完善口岸的物流配载、仓储贸易、仓储运输等综合功能，努力使边境城市的物流业迅速强大。利用边境经济合作区、跨境经济合作区载体和平台，建设集加工、运输、物流、仓储等于一体的边境对外贸易区和各具特色的加工区，重点发展农副产品加工、林木加工、五金机电、矿产冶炼等产业，形成外向型的工业产业集群。根据国内和东南亚市场的需求，建设包括商贸市场、运输、包装、仓储、分销、商品展销中心等现代物流体系，建成辐射我国内地和东南亚市场的物流配载和集散中心。

四 加快发展边境地区经济

广西国际河流不仅覆盖边境地区，还延伸至广西南部和广东珠三角地区。国际河流区在边境地区的经济社会中具有无可比拟的凝聚力，使国际河流流域成为广西沿边开发开放重要的经济地域。流域经济开发是世界各国普遍关注的问题，时代赋予广西国际河流区经济开发同样的机遇。国际河流区经济开发的根本路径是实现边境县域经济加快发展、协调发展。只有实现边境地区县域经济协调发展，才能为国际河流开发利用奠定基础、创造条件。边境地区经济发展成果，就是国际河流流域得以有效开发的最好体现。

（一）形成各具特色的县域经济，实现协调发展

左江为珠江上游的一条支流，是中国与越南两国共享的重要国际河流之一，每年有205.4亿立方米的水量注入珠江。左江流域涵盖广西边境地区那坡县、靖西县、大新县、龙州县、凭祥市、宁明县，体现广西桂西资源富集区的区域特征，是在广西边境地区重要而特殊的河流。左江流域战略优势突出，一是区位，二是水资源，三是矿产、生物和旅游资源。左江流域整体开发的总体功能表现为三个方面：一是促进全流域的经济发展，二是促进广西与越南合作交流的发展，三是促进中国与东盟自由贸易区的发展。

以左江流域为例,推进形成各具特色的县域经济,实现协调发展具有战略意义。实施左江流域整体开发战略,应该立足于自身综合优势或独特优势,充分利用国际、国内两个市场、两种资源,培育竞争力强的主导产业,发展优势特色产业,合理确立功能定位,推进形成各具特色的区域协调发展格局。

充分发挥比较优势,促进生产要素合理流动,形成产业合理布局和产业分工,实现区域协调互动发展。左江流域各边境县域的发展定位如下:

宁明县发展定位。宁明县有资源、边关、民族文化三大优势,应巩固和壮大蔗糖产业,做强做优林化产业;抓好壮族文化的第三代文化产物——花山文化的资源和旅游开发,形成宁明的产业优势;利用爱店口岸中药材销售市场的优势,发展东南亚中药材产品加工、物流业。因此,宁明县成为蔗糖业和林化产业较发达的县域,以及东南亚中草药加工销售基地。

凭祥市发展定位。凭祥的独特地理位置和市的建制,决定了其在广西以至整个中国—东盟自由贸易区的特殊地位,凭祥的繁荣和发展对边境地区至关重要。凭祥发展要以口岸经济作为主攻方向,重点发展贸易加工、物流、国际交流合作等口岸经济。凭祥拥有著名边关、古战场遗址以及丰富历史文化资源,可开发边关旅游和跨国旅游,成为国际性口岸城市、边贸城市和国际旅游前沿城市。

龙州县发展定位。龙州是革命老区之一,也是边境开发最早的古老商埠,中国—东盟自由贸易区的建立,为这古老的商埠注入了新的活力,龙州抓住机遇就可以获得大的发展。龙州是边关线上的重要一域,拥有国家一类口岸水口口岸,并已逐步形成贸易规模,利用沿路和沿边优势,主动接受东部和粤港的产业转移,形成以加工业为基础的口岸经济和通道经济。大力发展以热带、亚热带作物为主的特色产业,加快发展蔗糖业以及以亚热带作物为主要原料的食品加工业;龙州作为革命老区,红八军的发祥地,龙州的文化旅游有很深的底蕴,完全可以与百色革命老区共同开发旅游产业。龙州县将发展成为口岸经济、特色农业、文化旅游特色突出的边境县域。

大新县发展定位。大新县是边境地区资源最丰富、发展潜力最大的县域之一。依托资源优势,大新可以做大做强四大产业:一是发展以1.6万公顷甘蔗生产基地为基础,以制糖企业为龙头的蔗糖产业;二是发展锰矿资源开发以及冶炼加工为主导的矿产业;三是以德天跨国瀑布为龙头的旅游产业;四是发展以水果、苦丁茶种植基地以及农副产品加工为龙头的特色农业产业。其应从产业化和产品的品牌化、特色化着手打造这四大产业,成为面向东南亚开放的区域性锰矿生产中心、区域性边关跨国旅游中心、区域性特色农产品加工中心。

靖西县发展定位。推进农业产业化,建立一批规模较大的市场相对稳定的烤烟、大肉姜、大果山楂生产基地,注重发展有特色的农副土特产品,培育农产品加工业,发展矿产业和旅游业,使靖西县成为特色农业发展步伐较快,具有一定产业优势的县域。

那坡县发展定位。那坡是国家级贫困县,应注重发展南亚热带特色农业,建立大红八角、玉桂生产基地,加快发展“黑衣壮”等特色旅游业。那坡县将发展成为农业综合开发不断取得进展的县域。

此外,虽不属于左江流域,但关乎边境地区区域协调发展的防城区、东兴市也应明确其产业定位。

防城区发展定位。防城区主要依托防城港市,按照城市分工要求来合理定位,积极发展贸易加工工业、临海加工工业和仓储物流业;调整农业生产结构,发展规模农业和高效农业,以及开发科技含量高的海产养殖基地。所以,防城区成为建设基础设施较完善,第二、第三产业较发达,服务功能较健全的市辖城区。

东兴市发展定位。东兴要以发展旅游、边贸和仓储加工业应对中国—东盟自由贸易区带来的发展机遇,迎接东部沿海地区的产业转移。其应就近接受北部湾城市群的影响,大力发展特色资源型、劳动密集型、边境加工、新型、环保、生态工业;利用口岸优势,重点发展旅游、边贸、物流、商业、房地产开发、金融保险和信息产业。东兴市将发展成为国际旅游和边境贸易活跃的特色鲜明的边境城市。

总之,边境地区县域经济发展的主要任务如下。

第一,以人为本,优先使贫困人口、少数民族、社会弱势群体受益。在坚持兴边富民、社会优先发展的基础上,努力解决好人口资源开发、产业结构调整、基础设施建设、生态环境改善等问题，积极发展劳动密集型，关系农民脱贫、生存和发展的产业或建设项目。

第二，调整优化产业结构，推进三大产业发展。确立亚热带、热带特色农业经济，着力建设在东南亚有一定影响力的亚热带、热带农产品生产加工基地；加快推进以制糖、矿产、水泥等为基础的工业体系建设；全面提升第三产业，建成国际贸易、边关旅游和壮族文化区域中心。

第三，立足于边境地区区情，充分利用国际国内分工的积极因素，依据产业比较优势，发展区域性特色经济，力争在国际国内分工中取得有利的地位。整合各县域优势，努力构建面向东盟的口岸经济和通道经济，努力构建沿边经济带、沿边旅游带，形成广西乃至全国面对东盟的生产、加工、组装和商品集散基地。

（二）发展优势特色产业，壮大经济实力

实现边境县域经济加快发展、协调发展，需要规划、开发建设一批与之相配套的项目，通过项目的实施和推动，使产业发展取得实质性效果。

1. 优势产业、特色产业发展和支撑项目

（1）蔗糖产业

糖蔗种植业和制糖行业不仅是边境地区县域经济的支柱产业，还是主要的财源产业，蔗糖产业在未来一段时期对地方经济和社会的贡献均起主导作用。发展蔗糖产业，按照"围绕糖厂建基地，连片开发建基地"的思路，以龙州、大新的制糖企业为中心，在龙州、宁明、大新等县建设优质高产高糖的糖蔗生产基地。龙州、宁明、大新分别建设10万亩糖蔗"六化"综合技术开发基地和5000亩甘蔗良种繁育推广基地，形成规模化生产。目前边境县域制糖成本与东盟国家相近，因此，提高糖业综合利用效率是提高产品国际竞争力的唯一选择。一方面以提高压榨能力、提高出糖率为重点，适度增加扩产项目，与此同时，加强制糖企业的技术改造，降低成本；另一方面加大力度促进蔗糖产品深加工，拉长产业链，重点抓好糖业的综合利用项目，利用蔗渣生产浆纸、可降解餐具和活性饲料，利用废糖蜜生产酒精、味精、柠檬酸等，力争糖综合利用产值占制糖总产值的43%。全面提高企业的经济效益，支撑农民和地方财政的稳定收入。

（2）矿产工业

进一步发挥边境县域和越南的矿产资源优势，配套广西沿海新建1200万吨大型钢铁基地对硅锰合金的需求，以市场为导向，优化产品结构，围绕锰系列产品的开发，倾力打造大新锰谷工业园，重点扶持大新锰矿的扩建、大新锰盐系列产品的扩建及下游产品的开发。以国内市场为导向，以大新和靖西为范围，着重抓好锰矿原生矿开采，大力发展锰系列合金及锰盐系列产品加工。运用先进技术改造传统工艺，提高锰矿深加工和综合利用水平，以区属大新锰矿为龙头，带动大新和靖西县的县、乡和私营锰矿开采加工企业全面发展，努力建成国内最大及国内外具有一定影响力的锰合金生产基地。加快宁明膨润土矿的深加工步伐，重点扶持柳钢宁明膨润土厂和广西丰泉公司的技改扩建。积极推进靖西铝土矿资源开发，力争成为桂西氧化铝工程的原料供应配套项目。到2020年，矿业工业产值达到100亿元。

（3）其他工业

林产林化工业。发挥林地、林产的优势，发展林板和林化加工业，扶持松香、八角茴油香料的深加工，开发新产品，以宁明某公司为龙头，投资1亿元，建设年生产4000吨松油醇和有市场的松香改性制品项目；投资6000万元，在凭祥建设中密度纤维板生产线，预计这两项新增产值1.2亿元。

制药业。扶持龙州、大新制药厂完成GMP改造，生产具有地方特色的痛肿灵、咳特灵、苦丁茶胶囊等产品，做大制药产业，力争2020年制药业增加至10亿元。

食品工业。利用边境地区盛产的各种粮食、水果、瓜菜、花茶、烟草、生姜、香料、畜牧、水产等丰富的南亚热带资源优势，重点发展保鲜、贮藏和深加工。大力发展具有边境特色的，适应市场需求的绿色食品、果汁饮料、肉类和水产品等系列食品加工，努力打造一批具有市场竞争力的产品品牌。

边境加工业。利用越南或东盟国家资源，发展边境加工工业，如橡胶加工、海产品加工、桂油桂皮加工、南亚热带水果加工等，积极开发系列产品，提高产品市场占有率，努力到2015年，使边境地区成为中国与东盟重要的加工贸易基地或两地资源加工基地。

（4）特色农业

特色农业是边境地区县域的经济支柱，龙州的南亚热带作物，大新的龙眼和苦丁茶，靖西的生姜、烟叶，防城、东兴的香料等在国内外都有优势，关键要提高产品科技含量，打造品牌，提高营销能力，吸纳社会资本的投入，实现产业化发展。以大新为龙头，龙州、宁明为重点，建设龙眼商品生产基地，良种种植面积应占总面积的90%，种植面积发展到3.3万公顷。以宁明、龙州、大新为重点，建设面积为1.3万公顷的香蕉商品生产基地；利用独特的杂果资源及气候、土壤等优势，以边境各县域山地丘陵为重点，发展山黄皮、木菠萝、李、桃、梨、牛甘果等加工型名特优稀杂果类，建立南亚热带果脯原料基地。大力推进特色农业基地化生产，走内涵式发展的路子。到2015年，在宁明、大新、龙州建设1.5万公顷的中草药种植基地；在大新建设0.5万公顷的生态苦丁茶园；在靖西建设1万公顷生姜种植基地和1万公顷烟叶种植基地；在宁明建设5万公顷桐棉松种植基地；在防城、东兴建设6万公顷八角种植基地，以及建设1万公顷对虾养殖基地等，实现农业增产，财政增收。

（5）电力工业

在电源建设方面，加快建设龙州驮奔、宁明驮英等一批中型水电站；在电网建设方面，在全面完成农村电网建设与改造工程的基础上，开工建设县域城区电网与改造工程，争取每个县域和主要工业园区都通220千伏主干电网。推进电力产业产权改革，整合各县水电产业，将这一优势产业转向资本市场，从资本经营中获利。

2. 商贸物流产业群和支撑项目

（1）凭祥边境贸易专业市场

广西边境贸易规模首先取决于主要口岸凭祥的贸易规模。按发展定位东兴的主要功能，应为口岸经济，因而要按国际化、信息化、综合化、效益化的标准，规划设计"中国—东盟自由贸易城"，按国度和产品序列进行双向布局，具备会展、交流、餐饮娱乐、旅游业、信息、服务、仓储、贸易等功能，以一个"自由贸易城"便可支撑凭祥这一边境城市的美誉，像浙江永康、义乌那样具有独特的吸引力并带动加工、仓储、物流、旅游、文化业发展。

（2）凭祥浦寨综合市场

凭祥浦寨综合市场 1992 年开发建设，面积约 2 万平方米，累计投资 5 亿多元，已建成商业铺面 1000 多套。市场内建有水果、建材、红木家具、上海城等多个专业市场，投资 1.27 亿元的凭祥（浦寨）永康五金城建成运营。浦寨市场服务设施齐全，水、电、路、通信、宾馆、餐饮、娱乐、边境文化、医疗保健等基础设施完善。浦寨边贸市场将建设成为中越边境线上最大、最繁荣的边贸市场和旅游购物中心。

（3）龙州水口矿产品交易市场

水口口岸主要以进口越南各类矿石为主，是越南铁矿、锰矿、锌矿进入中国的集散地。近年来通过水口口岸进入我国的各类矿石约 10 万吨，是理想的矿石进口、加工专业市场所在地。水口矿产品交易市场开发建设，将利用越南高平省铁、锰及其他有色金属矿藏资源和已经与国内一批大型金属冶炼企业建立的合作关系，引进技术资金对进口的矿产品进行深加工。龙州水口口岸将建设成为集贸易、加工、物流于一体的边境商贸加工中心。

（4）宁明爱店中草药材市场

以中草药为特色的宁明爱店口岸经济应大力发展，可以借助自由贸易区的投资机会，建设爱店口岸中草药贸易中心。发展国际中草药及相关产品的贸易市场，逐步培育成东盟与中国中草药互换的重要集散地，以此带动广西西南地区中草药加工产业的兴起，甚至发展成为中国—东盟边境最大的中草药制作销售中心。

（5）东兴国际旅游产品市场

东兴的旅游要真正国际化，必须品牌化、产业化，其中旅游产品经营是旅游产业化的关键。东兴要借边境优势，开发旅游工艺产品、旅游美食、旅游食品、旅游服务。集旅游、购物于一体，将市场销售融于山水美色之中，增加市场的可游性和游客的购买欲，树立市场形象的差异化，全面提高东兴旅游产业层次和文化品位，打造东兴边境旅游城市独特形象。

（6）边境县市物流中心

各县域应利用边境区位优势和出边通道优势，引进国内外资金，建设仓储、加工、物流、信息四位一体的国际产品物流中心，形成中国、东盟产品特别是农产品的重要流通、交易集散地。用 15 年左右的时间，将东兴、凭祥两市建设成为面向东盟的集口岸通关、货物中转、仓储配送、速递业、物流信息、金融服务管理等功能于一体的现代物流中心。宁明、龙州、靖西物流中心的建设，要与口岸经济、边境贸易相配套，有条件的县域的物流中心还要兼有仓储、加工的功能。逐步配套、整合边境地区农产品、五金机电、中草药材、矿产、文化纸为一体的信息物流中心。

五 加强水利、水电等基础设施建设

广西边境地区的河流较多，国际河流各地均有分布。国际河流区地处北回归线以南，属南亚热带季风气候。雨量充沛，但降雨量时空分布不均。边境地区农业是灌溉农业。由于自然地理条件制约，农业灌溉条件不好，农田灌溉面积有限，农业基本上靠天吃饭，每年都发生洪涝灾害，或者干旱灾害。即使是在目前有效的灌溉面积中，能够达到旱涝保收标准的仍较少。另外，边境地区农田灌溉设施兴建于 20 世纪 50～60 年代，老化失修极为严重。距边境线 50 公里以外国际河流河段的水电建设有了较大发展，以大新县为代表的边境地区农村电气化程度不断提高。"十二五"时期，边境地区全面加强农业农村基础设施建设：水利建设方面，重点对农田水利、中小河流治理、农村水电路气房等方面进行部署和推进；水电建设方面，稳步发展境内水电资源开发，让开发收益全体边民共享；航道建设方面，重点建设左江航道、港口设施，打造左江国际水路大通道。

（一）加强农田水利等薄弱环节建设

大兴农田水利建设，把农田水利作为农村基础设施建设的重点任务，加大投入，确保实施，力争通过 5～10 年的努力，从根本上改善边境地区农田水利建设落后的局面。大兴农田水利建设，因地制宜兴建中小型水利设施，支持山区"五小水利"工程建设。发展节水灌溉技术，新建一批水利灌区，提高农田灌溉水有效利用系数。

加强水利设施建设，扩大水利投资规模，建立投入稳定增长机制，发挥公共财政对水利发展的支持作用，切实加强水利设施建设，提高水利保障能力。加强病险水库除险加固，消除水库安全隐患，恢复库容，增加水资源调控能力；坚持蓄引提结合，综合治理，加强农村饮水工程、灌区节水改造工程、小型农田水利等水利项目的建设，建设一批规模合理、标准适度的抗旱应急水源工程，最大限度地解决左江流域治旱问题。

构建堤库结合的防洪抗旱减灾体系，加快小流域综合治理，通过加固堤防、清淤疏浚，使治理河段基本达到国家防洪标准。到 2020 年基本建成防洪抗旱减灾体系、水资源合理配置和高效利用体系，保障国际河流水资源安全。

（二）发展水力发电及农村水电

边境地区水电资源蕴藏量较大，分布较广，遍布各边境县域，发展农村中小水电站，是保护和改善国际河流系统生态环境，加快地方经济社会快速发展，解决边境县域农村用电的有效途径。随着一批农村中小型骨干水电站建设运行，县电网的供电质量和可靠性提高，边境地区农村用电需求越来越得到基本满足。但是，边境地区部分水电站投入运行以来，因设备陈旧、装机容量小、机组运行效率低、自动化水平低等问题，使有限的水力资源未能充分发挥作用，减少了水电站的经济效益。所以，要加强边境地区水电开发与管理，杜绝水能资源无序开发，确保水能资源的效益和公共安全。各级水行政主管部门应该实行从规划、设计、建设到竣工验收的全过程规范监管，加强水电站技术改造，完善经营与管理。加快农村电气化建设，促进边境县域经济的发展和农村生产、生活条件的改善。引导各地重视水电开发，使水电开发成为流域多目标综合开发、维护河流水环境、加强流域生态建设的重要组成部分，统筹规划、合理安排，实现全流域经济、社会、生态效益的统一。

（三）加强左江港口、航道基础设施建设

广西国际河流中，汇集平而河、水口河、黑水河等国际河流的左江是一条具有国际航道功能且开发潜力大的河流。左江上游为越南归春

河、奇穷河等河流，构成中越两国自然流动的水道系统，珠江因为拥有
左江这一重要支流而在联合国注册为国际河流。据有关资料，历史上的
左江就是我国西南地区较为繁忙的国际航运水道。上可达越南，下可通
梧州和粤港澳，仅 1993 年，由左江运往梧州、广东各地的货物达 2.1
万吨。

2008 年 10 月广西明确提出打造西江亿吨黄金水道的战略构想，崇左
市及时形成了"发挥左江支流优势，打造国际水路大通道"的发展思路。
为配合西江亿吨黄金水道建设，广西在编制内河水运发展规划中已确认
崇左作为 4 个地区性重要港口，规划 2011 年开工建设左江航道工程，完
工后南宁至崇左河段将达 1000 吨级航道标准，崇左以上河段达 500 吨航
道标准，并与越南平而河、水口河相对接。"十二五"时期左江港口、航
道基础设施建设重点主要是开工建设左江电站过船设施，疏通左江流域
内的 7 个电站碍航闸坝，建设崇左港口设施等，下一步重点推进水路与
铁路、公路交通基础设施衔接配套，形成左江水系水陆交通运输体系，
使左江真正成为一条连接东盟的黄金水道。

第三节　广西国际河流生态环境保护对策

广西国际河流流域存在水资源分布、供需平衡的差异性，水资源与
区域经济社会状况协调性情况也存在差异。首先国际河流区域地形、气
候等自然条件复杂，部分地区还是喀斯特岩溶山区，流域生态环境较为
脆弱，加之流域内水电资源开发、公路和铁路建设、城镇发展等开发活
动越来越频繁，以及人口增长较快和人口贫困带来的压力，使国际河流
区处于一种开发利用与水生态环境维护的矛盾和问题不断激化的状态中，
边境地区可持续发展受到严峻挑战。其次，国际河流区生态环境保护对
北部湾经济区、珠江流域等广大地区生态环境变化、经济社会发展影响
很大。因此，应该坚持流域综合开发、协调发展、可持续发展的原则，
在培育和建设水电、锰矿、林产、甘蔗等生产基地和加工基地的同时，
采取积极有效措施，切实保护国际河流生态环境，实现人口、经济、社
会、资源、环境相协调，造福国际河流流域地区广大人民。

一 加强流域生态环境建设

广西国际河流为山区型河流，边境地区多为崇山峻岭，或为喀斯特岩溶山地。要有一个整体思路来对全流域生态环境保护和建设进行全方位、综合性的考虑。流域生态建设主要包括森林生态建设、矿区环境建设、自然保护区建设、自然灾害防治等。

（一）实行封山育林、退耕还林，改善生态环境

广西自1998年西部大开发以来，在大石山区、石漠化地区持续坚持实行封山育林，成效突出。特别是崇左和百色的边境山区，由于湿热、雨水多等气候水土条件的原因，实行封山育林后，林木植被生长很快，恢复生态的效果显著。靖西、大新、龙州等边境县域分布着大面积的喀斯特岩溶石山，难以大面积人工造林，经过封山育林10～20年或更长的时间，森林就能自然恢复起来，并且收到了人工造林难于达到的效果。边境线一带与国际河流沿岸是重点实行封山育林的地域，灵活采取长期封育、先封再造、封造结合、轮封等封禁办法，利用林木自然更新能力、植物群落自然演替规律，使疏林、灌木林、散生木林、荒山等林业用地自然成林，逐步恢复山地植被。大力进行退耕还林和植树造林，坡度在25度以上的陡坡必须全部退耕还林还草，使其自然恢复植被。植树造林以防护林为主，提高森林覆盖率，减少土壤侵蚀，防止水土流失，重建边境地区生态环境。

（二）对边境地区锰、铝等矿区实行生态综合治理

边境地区是广西有色金属资源富集的地区之一，靖西和那坡的铝土矿，大新、龙州、宁明的锰矿、稀土矿等具有较好的开发前景。但是边境地区的地质、交通、河段自净条件均较差，必须抓好重点矿区土地的复垦和生态地质恢复工作，实现生态地质恢复及治理达标率达到30%以上。具体做法如下：一是做好矿区土地复垦工作，主要目标是消除因采矿产生的自然生态地质环境问题，恢复矿区废弃土地的生态平衡。在采矿时，应及时修复治理矿区废弃土地，将采矿过程中的废水、废渣、废气进行规范治理，尽量避免污染河道、土壤，使矿区土地变成良田绿地，实现生态建设目标。二是建立矿区生态保护责任制，按照《广西地质环

境管理条例》，向从事矿产资源开采的企业收取矿山生态恢复保证金，修复、重建受损害的生态环境。严格控制不合理的资源开发活动，严格执法，防止造成新的生态破坏。三是采用先进合理的矿山生态地质环境治理模式和技术，学习借鉴和推广应用中铝广西分公司的边开发、边治理模式，及时抓好矿区土地复垦，恢复矿区生态地质环境。组织特殊类型矿山复垦技术、边坡植被技术攻关，解决复垦土源、土壤培肥等问题，因地制宜种植桉树林、蔬菜、经济农作物，实行以生物技术修复为主，努力恢复生物的多样性。四是提高矿产资源开采和回收利用率，改进适合矿产资源的采、选、冶工艺和技术，提高矿产资源回采率和综合回收率，降低采矿贫化率，延长矿山寿命。推动尾矿、废石的综合利用。开展矿产资源深加工，提高产品附加价值，实现矿产业升级。

（三）支持并加强自然保护区建设和管理

涉及广西边境县域的国家和自治区级自然保护区有 10 处，面积达到 22 万公顷，约占边境地区土地总面积的 1.22%，各地各级自然保护区对白头叶猴、黑叶猴等物种和亚热带石灰岩季雨林等珍稀植物的保护起到了重要作用。边境地区正是因为拥有了对广西地方生态环境建设具有重要影响的自然保护区，才成为广西乃至珠江流域当之无愧的绿色屏障。自然保护区建设和管理依照《中华人民共和国自然保护区管理条例》进行，依法制定自然保护区的建立、管理、保护、建设、发展、变更、奖罚和管理职责分工等，将保护区管理和建设相关的目标和任务纳入年度考核范围，使自然保护区管理和建设逐步走上法制化、规范化管理的轨道。坚持以人为本，从扶持保护区内贫困人口脱贫致富着眼，支持群众在不破坏保护区生态功能的前提下，发展经济效益明显的经济林和果林，发展能够实现增收的林下养鸡等；鼓励农民参与保护区的旅游开发活动，实现扶贫增收。

（四）抓好应对水旱灾害的防灾减灾措施

广西国际河流区是水旱灾害频繁发生的区域，每年均有不同程度的水灾和旱灾发生。二十多年来，发生过几场百年不遇的水旱灾害，给当地带来了特大灾难。目前，防汛抗旱成为边境地区一项十分重要的经常性工作。重要的是狠抓防汛抗旱工作，依靠多年建设形成的水利工程体系，通过周密部署，科学预测预报，合理调度水利工程，提高防灾减灾的能力。建立水旱灾害重点防治区，以监测、通信、预警、预报等非工程手段与工程措施相结合的防灾减灾体系，立足于防大汛、抗大旱、抢大险、救大灾，把保障人民群众生命安全放在第一位。继续抓好以行政首长负责制为核心的各种防汛抗旱责任制的落实，做好防御水旱灾害的各项准备工作，完善各类防汛抗旱应急预案和应急响应机制，及时充足储备防汛抗旱物资，加强防汛抗旱机动抢险队伍组织的建设管理和演练。完善台风灾害防御预案和防台风预警系统，把防台风责任落到实处。高度重视和切实做好水情、雨情、旱情的预测预报工作，增强预报时效，提高预报精度。加强水资源统一调度，强化节约用水，统筹安排生活、生产和生态用水，提高抗旱能力和减灾效益，全力保障城乡居民生活用水安全，千方百计满足生产和生态用水需求，最大程度减轻水旱灾害损失。

二　加强小流域综合开发治理

以国际河流水系为基本单元开展小流域综合治理应该作为流域生态环境建设的重中之重，辅之以植树造林、发展沼气、生态扶贫等措施，促进国际河流生态建设取得新进展。

（一）推进小流域综合治理

以国家重点开展"珠治"试点工程为契机，大力推进小流域综合治理。按照"五统一"原则，即统一规划、统一质量标准、统一物资供应、统一监督、统一验收；"一分"原则，即分部门实施；"三结合原则"，即与农业开发相结合、与水柜建设相结合、与产业结构调整相结合，采用以工代赈等方式，生物措施、工程措施、耕作措施并举，遵循"治理一条流域，发展一方经济，造福一方百姓"的指导方针，坚持山、水、田、林、路统一规划，以保护水土资源为中心开展治理，提高土地生产力，增加资源的利用率和承载力，构建小流域可再生资源的良性循环系统，改善农业生产条件和生态环境，打牢农业可持续发展基础。

（二）因地制宜地采取治理措施

对小流域进行综合整治，结合植树造林、封山育林等工程手段，防止水土流失，加强水土保持。广西目前普遍的做法是，以小流域为单元，实行山上封禁，山腰退耕种植水保林、经济林，对山脚小于 25 度的坡耕地进行坡改梯改造，并辅于集雨节水灌溉工程——地头水柜，在封禁治理区辅于沼气池工程。这些治理措施行之有效，值得推广。因地制宜地采取治理措施，包括以坡面水系、沟通治理和基本农田为重点的人口治理和以管护、补植及沼气入户建设为主的封育治理。大力兴建沼气池，改善农村能源结构，降低农民个体经济行为对自然生态的破坏。采取综合治理水土流失、遏制土地石化的方法和途径，加强对生态修复试点工程管理，建立投入运行机制。通过采取综合治理措施，防控人为水土流失现象，逐步建立水土保护产业，实现生态效益、社会效益和经济效益的统一。

（三）引导群众参与，拓宽贫困农户脱贫增收途径

广西国际河流区是典型的贫困地区，绝大部分县域为贫困县，贫困的原因之一是水土流失、生态恶化，这使群众贫困成为一种顽症。实践证明，小流域综合治理，促进生态修复是造福当代、惠及子孙后代的工程，各地经过小流域综合治理后，走上了可持续发展的道路，群众脱贫致富取得了很好的效果。一是加大水土保持宣传教育，让广大群众充分认识到水土流失是贫困的根源，增强广大群众治理水土流失的意识。二是积极引导群众参与各项生态建设，大力支持农民建设蓄水池、沼气池等，引导群众参与水保林、经济林建设，教育群众遵守封禁治理规定，让群众充分享受到实施小流域综合治理带来的好处，从参与保持水土、生态治理工程中实现增收。三是建立生态建设激励机制，制定各种村规民约，实行"谁受益，谁管护"的原则，建立管护责任制，实行以单项或多项措施承包到户，或实行拍卖、租赁等多种有关政策，形成引导群众参与生态建设的激励机制，调动群众管护的积极性。

（四）建立健全制度，完善小流域综合治理管理

编制和实施广西国际河流小流域综合治理的统一规划，各级政府和部门有责任配合水利管理部门开展小流域水土保持综合治理工作。层层落实小流域综合治理与水土保持责任制，确保水土保持综合治理工程的有序实施建设。坚持预防监督、保护环境和综合治理、建设生态相结合。

加强资金筹措工作，以群众投入为主，国家补助为辅，多渠道、多层次引进资金，保障封禁治理、小水利水保工程、沼气池工程、退耕还林工程建设项目实施进度。加强治理工程管理和制度建设，保证经常性的水土保持监督执法和林政监督执法。

三　加强水资源的保护和管理

加强广西国际河流水资源管理和保护，工作重点主要放在境内水资源的管理和保护上，建立健全水资源管理和保护制度和运行机制，严格按照相关法律法规开展日常工作，以合理利用水资源为前提，有效控制水污染，以水资源可持续利用促进边境地区经济社会可持续发展。

（一）抓好国际河流水资源保护

依据《中华人民共和国水法》以及广西已经出台的有关水资源、河道、防洪、水利工程、水土保持、水文设施保护等地方性法规和政府规章，加强水资源管理和水环境保护。着力强化依法治水、依法管水，推进水利法治化进程。具体做法如下：一是严格实行用水总量控制。依据国家和广西水资源综合规划，确立水资源开发利用红线，强化水资源统一调度，协调好生活、生产、生态环境用水。二是加快推进节水农业发展。普及推广节水技术，大力发展节水灌溉，引导矿产加工业转型升级，促进工业和城镇生活节水。三是不断加大水资源保护力度。从严核定水域纳污容量，严格入河排污口的监督管理，加强河流控制重要断面的水质监测及水功能区的监督保护。四是积极推进水生态保护修复。加快划定水域岸线控制利用分区，严厉打击非法采砂活动，严禁建设项目非法侵占河湖水域。加强水利水电工程生态影响评估论证。对生态用水及河流生态进行动态评价，遏制水生态环境恶化趋势。

（二）抓好国际河流水资源管理

突出抓好水资源节约保护、社会管理、公共服务等方面的法律制度建设。全面实施最严格的水资源管理制度，以总量控制为核心，抓好水资源优化配置。进一步规范水行政许可，全面落实水工程建设规划同意书、洪水影响评价、水功能区管理等，强化水资源、水能资源、水域岸线、河道采砂、水工程建设等方面的管理。相对集中水行政处罚权，整合水行政执法力量，推动水利综合执法。着力构建统一、协调、规范、高效的水利突发事件监测预警和应急处理机制，不断完善信息交流、发布和共享机制，畅通公众参与和社会监督渠道，全面提高水资源管理能力和水平。切实落实水资源管理责任。把水资源开发利用、节约和保护的主要指标纳入地方经济社会发展综合评价体系，实行水资源管理行政首长负责制。加大水污染防治力度，保护好地下水，以强化依法治水管水，促进水利社会管理和公共服务能力的不断提高。

（三）抓好水资源统一管理和基础工作

坚持对洪涝灾害、干旱缺水和水环境恶化等问题实行统筹规划、综合治理，强化水资源统一管理，积极推进城乡水务一体化，完善流域管理与行政区域管理相结合的水资源统一管理体制，建立健全水资源保护和水污染防治协调机制。加强流域管理机构的监督管理能力建设，提高流域机构的监督管理、行政执法能力。加强基层水利服务体系建设，完善有利于鼓励、保护和引导基层水利健康发展的政策措施，着力解决基层水利单位的突出困难和问题，切实增强基层水利发展实力、服务能力和改革动力。积极推进水价改革，形成合理的水价形成机制，有效发挥水价对促进节水的杠杆作用，逐步建立广西国际河流水资源监控管理平台，做好水资源统计及信息发布工作，全面提高水资源管理水平。

（四）抓好水文基础保障能力建设

根据广西国际河流区特点和经济社会发展对水文工作的要求，合理布局和增设水质、旱情、地下水、水土保持以及大中小水库、暴雨区和地质灾害多发区的水文监测站，建设边境地区县一级水文巡测基地。采用先进的水文技术，加快水文信息采集、传输、数据库、旱情监测、洪水预警预报、水资源预测预报、水资源监测、水资源评价、应用服务等系统建设，提高水文化预测预报准确率和效率。建立中越边界国际河流水文信息会商制度，实现水情防汛信息共享。制订广西国际河流各种突发公共水事件的水文应急测报实施方案，建立反应迅速、运行高效的水文应急测报响应机制，增强突发公共水文事件的水文应急测报保障能力。将边境地区水文事业纳入本级国民经济和社会发展总体规划、相关规划和年度计划，统筹协调有关促进水文事业发展的政策、规划的制定和实施，监督检察落实情况，促进水文更好地为地方经济社会发展服务。

四　加强生态建设的政策支持

"十二五"时期，是全面建设小康社会的关键时期，是深化改革开放、加快转变经济发展方式的攻坚时期。2011 年中央一号文件明确提出，要把严格水资源管理作为加快转变经济发展方式的战略举措，实行最严格的水资源管理制度，确立水资源开发利用控制、用水效率控制、水功能区限制纳污三条红线。到 2020 年，全国年用水总量力争控制在 6700 亿立方米以内，万元国内生产总值和万元工业增加值用水量明显降低，农田灌溉水有效利用系数提高到 0.55 以上，主要江河湖泊水功能区水质明显改善，城镇供水水源地水质全面达标，地下水超采基本遏制。这是中央作出的一项重大战略决策，表明今后我国将实行最严格的水资源管理制度，各地都要认真贯彻落实中央决策部署，着力强化水资源管理，切实加强监督考核，坚决守住三条红线，优化配置、全面节约、有效保护水资源。

（一）深化水资源管理体制改革

着力深化水利各项改革，健全水利良性发展的长效机制。推进水利基础设施投资改革，建立以公共财政为主的水利投融资机制；推进农业水价综合改革，建立水价形成机制；推进水利工程管理体制改革，保障水利工程良性运行；推进水资源管理体制改革，建立水资源的权属管理和实行水事活动全过程动态调控的统一管理和监督体制；推进小型农田水利工程产权制度改革，建立农村小型农田水利乡管民用运行机制，以水利各项改革的不断深化和拓展，为水利发展提供体制机制保障和动力源泉。拓宽群众参与渠道，推动和促进环境保护领域的群众参与，增强民间环境保护力量。

（二）促使国际河流流域综合治理规范化

根据《中华人民共和国水法》，深化水资源管理体制改革，鉴于中国国际河流的国际性、政治性以及水安全性等特殊要求，应该明确由国家有关部门制定出国际河流统一协调的治理战略，并通过中长期规划和重点专项规划的方式，确立东北地区、西北地区和西南地区国际河流全流域治理的目标和领域治理方案，以此形成流域环境与发展综合决策。建立健全促进流域人口、经济、资源、环境协调发展的政策体系以及统筹协调的流域治理措施，完善政策措施实施的绩效考核制度。地方政府按照国家生态建设和经济发展政策的要求，结合实际，制定有区域特色的流域治理战略，合理规划不同阶段的生态环境建设目标和任务，实施分级管理，落实目标责任制，确保国际河流综合治理战略顺利实施。

（三）给予边境地区财政转移支付支持

加大财政转移支付，是中央对边境地区、民族地区一以贯之的政策支持。"十二五"时期，中央的各项转移支付规模比以往都有更大的力度。中央和自治区的财政转移支付资金，能够让边境地区人民享受同等的公共产品和服务，同时能够帮助边境地区解决好县乡财政困难问题，为边境地区发展提供保障。在生态建设方面，中央财政转移支付资金通过"退耕还林""天然林保护工程"等生态建设项目来支持边境地区的生态保护。建议在国际河流水资源补偿方面，建立横向财政转移支付制度，按照"谁受益，谁付费"的原则，由下游受益地区向上游地区支付一定的补偿资金，以促进国际河流水资源开发和保护。同时，根据边境地区的特殊困难和人口贫困程度，可以调整转移支付比例结构，提高一般性转移支付规模和比例，改进一般性转移支付测算办法，加大对边境地区的支持力度。建立县级基本财力保障机制，确保县乡政权正常运转的需求。建立财政转移支付评价、监督和考核机制，用法律手段来约束转移支付资金使用，发挥中央财政转移支付兼顾效率与公平的作用。

（四）建立健全流域水资源保护补偿机制

探索建立流域性补偿机制，才能使广西国际河流流域水资源保护管理取得实质性成效。东部发达地区目前正在积极探索四种水资源保护补偿机制：一是建立流域总量控制下的排污量分配及相应的补偿制度；二是流域内行政区域间水污染治理代价分担与补偿机制；三是河流治理与生态修复补偿机制；四是建立流域内排污权交易制度。探索建立上下游地区生态补偿联动协调机制和生态补偿长效机制，总体方向是通过市场机制达到防治效果。以深化水资源管理体制改革为前提，推进广西边境地区建立流域性补偿机制的探索性实践。尽快完善生态补偿制度，规范生态协调管理与投入机制，建立政府和社区共同管理的生态补偿管理模式，完善生态环境质量监测、评价体系。建议支付生态补偿费用采用横向补偿的方式，生态补偿金直接发放到县、乡、村（屯）和个人，使边境地区群众生活和生产条件得到直接改善和受益。

五　加强中越两国在跨境河流生态建设方面的合作

在加深中越国际区域合作的大背景下，推进国际河流流域生态建设的合作是比较可行的。目前，双方在这方面的合作只是处于初级阶段，各领域进展不一。跨境旅游合作发展过程中，双方对旅游环境建设问题开始关注；在河堤建设和海堤建设上，双方在尝试做相互协商和沟通的工作，各项工作均会存在好的预期。

加强中越双方在建设跨境旅游环境上的合作。在跨境旅游资源开发中，双方应在对国际河流严格保护、合理开发和永续利用方面达成共识，处理好旅游开发与环境保护的关系。依据跨境旅游合作区建设规划，提出旅游景区环境资源保护和开发利用的方案，精心保护好目前仍处于良性状态的自然环境和人文景观，在重要的河段沿岸，实行封山育林，维护风景区生态平衡。各自对旅游景区加强环境建设和管理，及时治理和修复被污染的环境，保持生态景观价值，保护中越边境地区旅游环境，促进跨境旅游业发展。

加强中越双方在跨境河流生态建设方面的合作。通过加强合作，建立互利共赢关系，尽可能避免纠纷，建设和平、和睦、和谐、友好的中越边境地区。国际河流特别是跨境水资源的有效管理和合理利用，维护双方的跨境生态安全，需要中越双方尽快依法制定、完善相关管理和监督机制，目前重要的是健全和完善水政机构以及运行机制，使其各自承担不同的职责，负责境内河流水政监察工作，同时加强双方在跨境问题管理方面的沟通协调。做好国际河流水政监察工作，相关的政策和法律法规应相互让对方了解，保证公开、透明，执法严肃、严谨。依照国际惯例，实行文明执法，妥善处理两国间的水事纠纷。采取预防为主，预防与调处相结合，工程措施与非工程措施相结合的指导方针，按照有利于生产、社会稳定、方便生活、照顾历史习惯、尊重现实的原则做好国际河流水事纠纷调解工作。加强集中排查与日常巡查，开展调处、预防和预警工作。建立中越两国互通水情信息渠道和平台，提升防灾减灾能力。广西水政监察部门应深入纠纷现场，观察国际河流水资源污染，以及各自修建河堤、海堤基础设施等所引发的双方事态，及时将矛盾化解在萌芽状态，维护国家的尊严和威望。

参 | 考 | 文 | 献

何大明、冯彦：《国际河流跨境水资源合理利用与协调管理》，科学出版社，2006。

何大明、冯彦、胡金明等：《中国西南国际河流水资源利用与生态保护》，科学出版社，2007。

国际大坝委员会编《国际共享河流开发利用的原则与实践》，贾金生、郑璀莹、袁玉兰、马忠丽译，中国水利水电出版社，2009。

叶舟：《中国流域水资源配置机理研究》，中国水利水电出版社，2009。

马永胜、刘东、王立坤、时秋月：《水资源保护理论与实践》，中国水利水电出版社，2009。

刘登伟、李戈：《国际河流开发和管理发展趋势》，《水利发展研究》2010年第5期。

汪群、陆园园：《中国国际河流管理问题分析及建议》，《水利水电科技进展》2009年第29卷第2期。

曾文革、许恩信：《论我国在国际河流开发中存在的问题及法律对策》，《水资源可持续利用与生态环境保护的法律问题研究——2008年全国环境资源法学研讨会（年会）论文集》。

刘恒、耿雷华、钟华平、顾颖：《关于加快我国国际河流水资源开发利用的思考》,《人民长江》2006 年第 37 卷第 7 期。

丁桂彬、毛春梅、吴蕴臻:《国内关于国际河流管理研究进展初探》,《中国农村水利水电》2009 年第 8 期。

胡辉军、陈海燕:《国际河流的开发与管理》,《人民黄河》2000 年第 22 卷第 12 期。

高晓露:《现代国际水法的发展趋势及对中国的启示》,《学术交流》2009 年第 4 期。

戴长雷、王佳慧:《国际河流水权初探》,《水利发展研究》2003 年第 12 期。

刘戈力、曹建廷:《介绍几种国际河流水量分配方法》,《水文水资源》2007 年第 1 期。

金菁、贾琳:《国际河流冲突的国际法思考》,《南京政治学院学报》2009 年第 2 期。

赵永、王劲峰、蔡焕杰:《水资源问题的可计算一般均衡模型研究综述》,《水科学进展》2008 年第 19 卷第 5 期。

张美玲、梁虹、祝安、汤日红:《贵州水资源承载力基于熵权的模糊物元评价》,《人民长江》2007 年第 38 卷第 2 期。

黄娅婷:《基于极大熵原理的水资源承载力模糊评价》,《广东水利水电》2011 年第 2 期。

陈南祥、王延辉:《基于熵权的水资源可持续承载力模糊综合评价》,《人民黄河》2007 年第 29 卷第 10 期。

杨秋林、郭亚兵:《水资源承载能力评价的熵权模糊物元模型》,《地理和地理信息科学》2010 年第 26 卷第 2 期。

熊晶:《国际河流管理和内河流域管理比较研究》,《长江流域资源与环境》2005 年第 14 卷第 2 期。

李现社、杜霞、耿雷华、王淑云:《中国水资源安全战略研究》,《人民黄河》2008 年第 30 卷第 5 期。

樊纲、王晓鲁:《中国各地区市场化相对进程报告》,《经济研究》2003 第 9 期。

李富强、董直庆:《制度主导、要素贡献和我国经济增长动力的分类检验》，《经济研究》2008 年第 4 期。

林毅夫、刘明兴：《经济发展战略与中国的工业化》，《经济研究》2004 年第 7 期。

林毅夫、姜烨：《发展战略、经济结构与银行业结构：来自中国的经验》，《管理世界》2004 年第 1 期。

刘小玄：《中国转轨经济中的产权结构和市场结构——产业绩效水平的决定因素》，《经济研究》2003 年第 1 期。

邱晓华、郑京平：《中国经济增长动力及前景分析》，《经济研究》2006 年第 5 期。

王小鲁、樊纲等：《中国经济增长方式转换和增长可持续性》，《经济研究》2006 年第 1 期。

颜鹏飞、王兵：《技术效率、技术进步与生产率增长：基于 DEA 的实证分析》，《经济研究》2004 年第 12 期。

中国经济增长与宏观稳定课题组：《资本化扩张与赶超型经济的技术进步》，《经济研究》2010 年第 5 期。

周立群、夏良科：《天津滨海新区的技术进步、效率提升与全要素生产率增长——基于 Malmquist 指数的测度》，《科学学与科学技术管理》2010 年第 31 卷第 115 期。

Barrett, S. (2003), *Environment and Statecraft*：*The Strategy of Environmental Treaty-Making* (Oxford：Oxford University Press, 2003), 280f.

Bernauer, T. (1997), "Managing International Rivers," in Oran R. Young, ed., *Global Governance*：*Drawing Insights from the Environmental Experience* (Cambridge：MIT press), 155 – 195.

Browder, G. and L. Ortolano, "The Evolution of an International Water Resources Management Regime in the Mekong River Basin. " *Natural Resources Journal* 40, no. 3 (2000)：499 – 531.

Caose, R. , "The Problem of Social Cost," *Journal of Law and Economics* 3 (1960)：1 – 44.

Conca, K. , F. Wu, and C. Mei, "Global Regime Formation or

Complex Institution Building? The Principled Content of International River Agreements. " *International Studies Quarterly* 50, 2 (2006): 263 – 285.

Dombrowski, I. , *Conflict, Cooperation and Institutions in International Water Management*, Edward Elgar Publications, 2007.

I. Dombrowski, "Integration in the Management of International Waters: Economic Perspectives on a Global Policy Discourse," *Global Governance* 14 (2008): 455 – 477.

Lindemann, S. (2006), *Water Regime Formation in Europe: A Research Framework with Lessons from the Rhine and Elbe River Basins*, Fu-rep 04 – 2006 (Berlin: Forschungsstelle für Umweltpolitik, Freie University Berlin, 2006).

McCaffrey, S. , *The law of International Watercourses: Non-navigational Uses*, (Oxford: Oxford University Press, 2001).

Simon, H. A. (1957), *Models of Man*, (New York: John Wiley, 1957).

Turton A. R. , "A Critical Assessment of the Basins at Risk in the Southern African Hydrological Complex," CSIR Report ENV-P-CONF 2005 – 001, Council for Scientific and Industrial Research (CSIR), 2005.

Williamson, O. , *The Economic Institutions of Capitalism*, (New York: Free Press, 1985).

Williamson, O. E. , "Comparative Economic Organization: The Analysis of Discrete Structural Alternatives. " *Administrative Science Quarterly* 36, no. 2 (1991): 269 – 296.

Williamson, O. E. , "Public and Private Bureaucracies: A Transaction Cost Economics Perspective. " *Journal of Law, Economics, and Organization* 15, no. 1 (1999): 306 – 342.

后 记

本书为我们在 2009 年承担的国家社科规划办"西南边疆项目"中的"广西中越国际河流开发、保护、利用问题研究"（课题编号：A09035）的研究成果。

我与美丽神奇的广西边境地区结下了不解之缘。记得我 1988 年刚调入广西社会科学院参加的第一个课题就是广西边境地区龙州县经济社会发展研究课题。从此，我对边境地区的调查和研究一发不可收拾，几十年来到底到边境地区进行了多少次调研已经记不清了。所完成的课题涉及边境地区县域经济、口岸经济、开放合作、边境贸易、跨国旅游等。在广西，边境地区是我开展课题最多、调研活动最频繁的地区，我深深地喜爱这片土地，因为每一次深入到边境地区调研，都让我对它有新的认识，不仅积累了理论和实践的基础，而且在情感和理性上也得以升华。可以说，本书是基于我数十年来实地调研与理论研究的成果。

广西边境地区集中分布了十多条国际河流，由于地处边陲，经济贫困，发展滞后，有关广西国际河流的研究几乎空白。本书是在"广西中越国际河流开发、保护、利用问题研究"课题于 2012 年 12 月 15 日获得良好结项的基础上，进行补充、修改和完善后完成的。课题组分工如下：莫小莎撰写导论、第一、第二、第三、第六、第七、第九章，并负责全书整稿工作；刘深撰写第四、第五章；黄玮撰写第八章；刘若景、刘艳艳分别参与了导论、第六章的撰写；蓝常高、梁华腾等参与了课题的前期工作。

在著书的过程中，我们参考了何大明、冯彦等国内知名学者的精辟观点和科学分析方法，在此，向他们表示诚挚的敬意和由衷的感谢。我要特别感谢国家水利部科技司巡视员兼中国水利学会秘书长郑连第先生为本书作序；感谢广西水利厅刘仲桂副总工程师，是她为我们提供了广西河流大量的专业性资料以及宝贵的意见和建议；感谢广西师范学院资环学院的陈务开老师的大力支持。

限于水平和时间，本书还有许多不足之处，敬请读者不吝指教，我们在此感谢。

莫小莎

2013 年 6 月于广西南宁岭上嘉园

图书在版编目（CIP）数据

广西国际河流研究/莫小莎等著. —北京：社会科学文献
出版社，2013.12
（西南边疆历史与现状综合研究项目. 研究系列）
ISBN 978 - 7 - 5097 - 5043 - 8

Ⅰ.①广…　Ⅱ.①莫…　Ⅲ.①国际河流 - 研究 - 广西
Ⅳ.①K928.42

中国版本图书馆 CIP 数据核字（2013）第 214086 号

西南边疆历史与现状综合研究项目·研究系列
广西国际河流研究

著　　者／莫小莎 等

出　版　人／谢寿光
出　版　者／社会科学文献出版社
地　　　址／北京市西城区北三环中路甲 29 号院 3 号楼华龙大厦
邮政编码／100029

责任部门／人文分社（010）59367215　　　　　　责任编辑／王玉霞
电子信箱／renwen@ ssap. cn　　　　　　　　　责任校对／丁立华
项目统筹／宋月华　范　迎　　　　　　　　　　责任印制／岳　阳
经　　销／社会科学文献出版社市场营销中心（010）59367081　59367089
读者服务／读者服务中心（010）59367028

印　　装／三河市尚艺印装有限公司
开　　本／787mm×1092mm　1/16　　　　　　印　　张／15.5
版　　次／2013 年 12 月第 1 版　　　　　　　　字　　数／237 千字
印　　次／2013 年 12 月第 1 次印刷
书　　号／ISBN 978 - 7 - 5097 - 5043 - 8
定　　价／79.00 元